名师工程
名师名课系列
新课程·新理念·新教学
丛书编委会主任：马立　宋乃庆

名师如何
炼就名课
美术卷

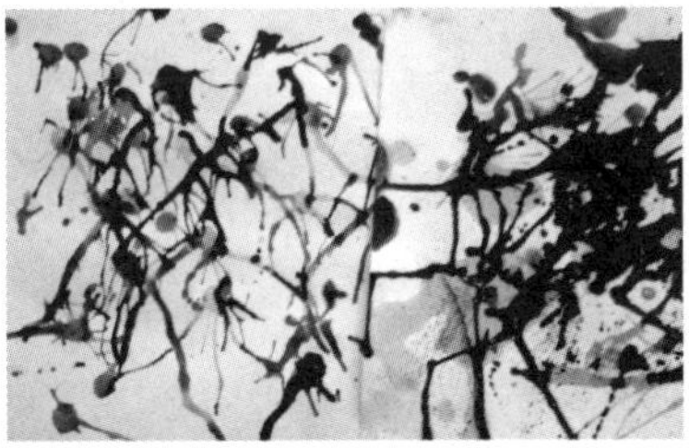

专 家 品 评 美 术 名 师 的 教 学 智 慧

美术教师的成长，离不开课堂教学的历练。在成长过程中，研究课堂教学是其主要任务。有了研究，教学自然就出彩，有了深入的研究，成为名师就水到渠成。

21位中小学美术名师的课堂教学案例集中在一起，以结集出版的方式呈现给全国的美术教师，使其分享名师们对中小学美术教学的理解，思考名师们对美术课堂教学的研究。李力加教授对课例的研究与思考更是从理论与实践结合的角度为美术教师的能力提升提供了充足的精神源泉和实践方向。

◎李力加 主编

西南师范大学出版社
全国百佳图书出版单位　国家一级出版社

图书在版编目（CIP）数据

名师如何炼就名课．美术卷／李力加主编．—重庆：西南师范大学出版社，2010. 10

（名师工程系列丛书）

ISBN 978-7-5621-5065-7

Ⅰ.①名… Ⅱ.①李… Ⅲ.①美术课－教学研究－小学 Ⅳ.①G623

中国版本图书馆 CIP 数据核字（2010）第 186999 号

名师工程系列丛书

编委会主任：马　立　宋乃庆

总策划：周安平

策　划：李远毅　卢　旭　郑持军　郭德军

名师如何炼就名课（美术卷）

李力加　主编

责任编辑：任志林　任占弟

封面设计：吕　龙

出版发行：西南师范大学出版社

地址：重庆市北碚区天生路 1 号

邮编：400715　市场营销部电话：023－68868624

http：//www. xscbs. com

经　　销：新华书店

印　　刷：重庆共创印务有限公司

开　　本：720mm×1030mm　1/16

印　　张：23

字　　数：345 千字

版　　次：2010 年 10 月　第 1 版

印　　次：2021 年 9 月　第 5 次

书　　号：ISBN 978-7-5621-5065-7

定　　价：55. 00 元

《名师工程》

系列丛书

《名师工程》系列丛书

征稿启事

《名师工程》系列丛书是西南师范大学出版社策划、组织出版的大型系列教育丛书。丛书以新课程下的新教学为背景，以促进施教者的教育能力为落脚点，以提高教育质量、提升教师水平为宗旨。

丛书首批推出的“名师讲述”“教学提升”“教学新突破”“高中新课程”“教师成长”“大师讲坛”“教育细节”“创新语文教学”“教育管理力”“教师修炼”“创新数学教学”“教育通识”“教育心理”“创新课堂”“思想者”“名师名课”“幼师提升”“优化教学”“教研提升”“名校长核心思想”“高效课堂”“创新班主任”“教育探索者”“名师解码”“名师教学手记”“国际视野”等系列，共200余个品种，其余系列也将陆续出版。为了让广大教师有一个交流、借鉴的机会，同时也为了给广大教师提供更多、更好的图书，《名师工程》系列丛书编辑出版委员会特向全国教育工作者征集稿件。

稿件要求：

1.主题鲜明、新颖，有独创性。

2.主题以提升教育能力为主，也可适当外延。

3.主题要有一定规模、有典型案例支撑。

4.案例要贴近教育实际，操作性强。

5.文章、书稿结构清晰，语言精彩。

书稿作者在选题确定之后，请及时与我们做好沟通，具体事宜确定好之后再进行创作；也欢迎用已经完稿的稿件投稿。一线教师如希望参与图书案例的创作，可联系我社策划机构，由策划机构备案，在适合的图书中参与创作。

真诚欢迎各位教师踊跃投稿。

联系方式：

西南师范大学出版社高教分社北京策划部

电话：010-68403096

E-mail：guodejun1973@163.com

CONTENS

目　录

序言一

源自现象的经验和思想

尹少淳[1]

在我的印象中，力加对现象学饶有兴趣，言谈之中也多有流露。众所周知，现象学的鼻祖是德国哲学家胡塞尔，要理解现象学其实并不是一件容易的事情。剔除其哲学的深奥，我们需要选择的现象学的思想精髓包括对人所生活的世界的倚重，鼓励回到事物的本身，倡导一种反思和分析的方法。“直面事物的本源”是现象学的著名观点，而方法则是“加括号”，将一些影响我们直面事物本源的先在观念、逻辑“悬搁”起来，以免在它们的遮蔽之下，难以寻找到“本源”的踪影。

力加认识美术教学本质的方法的确偏重于现象而非一些先在的理论。深入课堂，对他而言是经常性的，通过将自己置身于情境之中受到触动而获得鲜活的感受和思想。他的几本著作好像都非常注重对教学现象的观察、分析，而不是像一般理论家那样做纯粹的理论思辨，不是先确定理论框架和观念，然后在现实中寻找“证据”或“案例”。这种关注现象的做学问的方法，对具有强烈操作性的美术教学而言是再合适不过的了，值得夸赞和推广。

这本《名师如何炼就名课（美术卷）》也延续了力加一贯的学术态度和学术方法。

书中所选择的名师，依我的陋见，应该是属于众望所归、认同度极高的教师。他们在教学一线辛勤经营了十几年乃至于数十年，他们所有的思想和经验都是勤劳和智慧的结晶。这些思想和经验不是外加的，而是置身于教学情境中的发现、感悟和思考，而且每位名师的擅长、取向也不尽相

① 尹少淳，首都师范大学美术学院教授、博士生导师，中国美术家协会少儿艺委会主任，国家《美术课程标准》研制组组长。

同。有的任教于小学，有的供职于中学；有的长于教技法，有的长于教欣赏。但其共同点则是对美术教育的执著、个人的聪慧和不断反思与总结的态度。这些宝贵的思想和经验局限于个人的范围，其价值就难以得到充分的体现，力加将这些名师的思想和经验集结出版，也就完成了“私有制”向“公有制”的转变，功莫大焉！而力加作为一名美术教育学者，以旁观者的身份对这些名师的授课所做的相对客观的点评与分析，则提纲挈领、切中肯綮，赋予了其更强的理论意味，让分享的读者范围更大，同时读者对名师的思想精髓和方法要领也能有更准确的把握。

实践是理论在情境中的一种操作和运行过程，包含目标的设定、重点的安排、程序的设计、方法的选择……而以叙述为主的方式展示实践过程，使其更具形象性、直观性。因此，也最具有模仿的可能性，榜样的力量也就由此产生了。一位大学美术教师说过，一个班级如果没有几位在学习上的佼佼者，那么这个班级的整体学习就只会平平的；如果有几位拔尖的学生，整个班级的学习水平就会得到提升。诚哉斯言！同样道理，我们也需要一些具有示范和带动作用的美术教学精英，只有这样，中国美术教师的整体水平才会得到提升，中国美术教育的整体水平也才会水涨船高，得以提升。

是所望焉！

2010年首日

序言二

致中小学美术教师

对于一位中小学美术教师来说，课堂教学是看家之本领。在美术教学领域有所建树，是每一位美术教师所追求的目标。因此，在日常教学生活中，如何更好地实施自己的美术教学，如何使自己更快乐地教学，是大家都时刻考虑的问题。

一、为什么要研究课堂教学

美术教师的成长，离不开课堂教学的历练。在一个美术教师的成长过程中，研究课堂教学是其主要的任务。基础教育美术新课程改革后，各级各类的美术公开课、录像课、展示研究课等比赛、活动，激发了广大中小学美术教师研究课堂教学的热情。近年来，基层美术教师专业化成长的积极态势，为中小学美术教师提供了学习与发展的良好环境，《名师如何炼就名课（美术卷）》的编写与出版，是基于全国中小学美术教师对美术课堂教学研究、对自己专业成长与发展的迫切需要。

二、为什么要推出美术名师教学

由书名来看，《名师如何炼就名课（美术卷）》有一个界定——名师，顾名思义，就是著名的中小学美术教师。名师之名，是因为入选本著作的各位美术教师都是当地美术教学领域的名师，也是全国中小学美术教学的名师。他们中间有各省、直辖市的美术特级教师、高级教师，有全国美术公开课、录像课的一等奖获得者，有各省公开课一等奖的获得者，有各省市美术学科带头人，他们之中有的还担任了教研员、校长、学校各级领导。他们之所以有名，是因为在课堂教学中有着自己独到的研究。有了研究，教学自然就出彩；有了深入的研究，成为名师就水到渠成。把21位中小学美术名师的课堂教学案例集中在一起，以结集出版的方式呈现给全国的美术教师，使其分享名师们对中小学美术教学的理解，思考名师们对美术课堂教学的研究，是本书的基本宗旨。在基础教育新课程改革已进行9年的基础上，审视和学习这些名师的课堂教学及其反思，我们得到的启示会有很多、很多。

三、这本书与大家分享些什么

本书的内容是按照人类认识形成的顺序，结合美术名师教学实践的研究来组织呈现的。

序言为国家《美术课程标准》研制组组长、首都师范大学美术学院博士生导师尹少淳所作。作为国家美术课程研究的领军人，他给美术教师们的美术课堂教学研究以全面的引领。

名师教学是构成这本书的主要内容，由课堂教学实录、教学反思、课堂教学图片及学生作业等内容构成。21位中小学美术教学名师展示了各自不同的课堂教学实录。这本书采用课堂教学实录的呈现方式，是因为这样的呈现方式比教学设计、教学案例文本在阅读中更有现场感。同时，为了体现各位名师自己的研究特点，本书对21个课堂教学实录的呈现方式不进行严格统一的规定与限制，主编仅仅对基本框架、部分格式、文字进行了调整。

研究与思考是本书专门设立的栏目。此栏目是主编对每个教学实录、教学课题进行的专题研究。它不是按照一般评课的程序去点评一节课，因为美术教师阅读课堂教学实录的时候就能够感受到名师教学的基本思路。这一栏目的内容包括每位美术名师课堂教学的理论依据、笔者由此教学产生的联想和引申出的思考，以及这位名师教学背后的故事和这样的教学在美术课程研究中的意义。目的是引导读者从整体的视角来研究美术课堂教学。

《论证：美术课堂教学即研究》一文，启示中小学美术教师能够从宏观上认识和理解美术课堂教学研究的内涵，了解这个领域今天与未来所关注的研究视角以及应该认识到的问题。

四、美术教师们如何读这本书

请每位中小学美术教师把自己看做研究者，以独特的眼光来审视这本书，把21位美术教学名师的不同课堂教学当做研究对象，不要把自己局限于小学美术教师或者初中、高中美术教师的角色中。当你用研究者的眼光来看这些课堂教学的时候，你就能够从中获取对自己的教学研究的某点启发，能够举一反三，产生更多的教学思路。请各位中小学美术教师把这本书的所有内容，当做建造自己课堂教学研究大厦的基本材料，并把这些材料当做参照性资源，去建构自己大厦的新骨架。

本书与你分享的是美术名师和我们的认识与思考。

李力加

2009年岁末

浙江师范大学美术学院基础美术教育研究中心

1

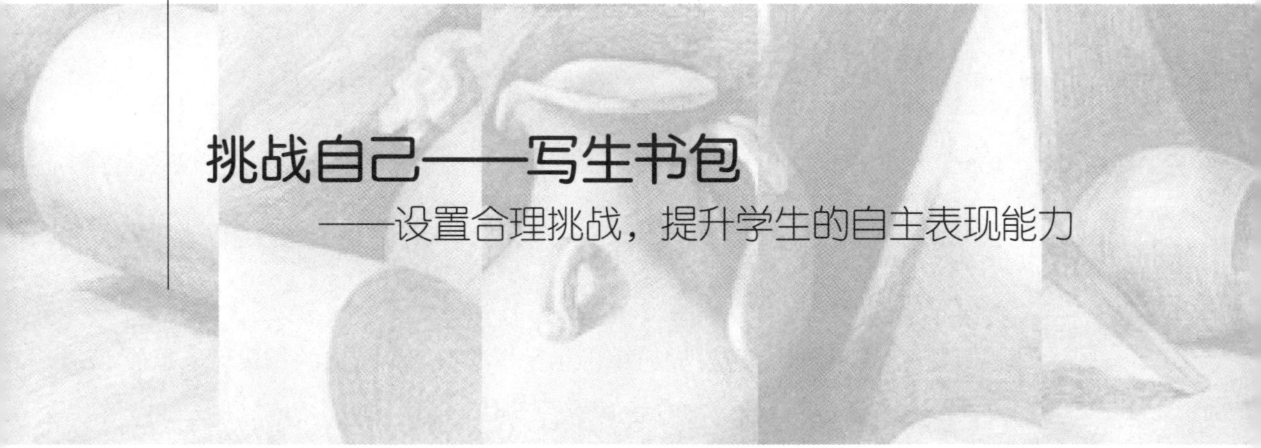

挑战自己——写生书包

——设置合理挑战，提升学生的自主表现能力

>>> 名师课堂

“挑战自己——写生书包”教学实录（六年级）

魏瑞江[1]

（一）引言导入

师：同学们好！

生：老师好！

师：同学们，如果我们把这里比做舞台的话，今天，这里将成为我们人生的一个舞台，我们应以最佳的姿态、最佳的表现在老师们面前展示我们自己。因此，我把今天这节课的题目定为“挑战自己”。

① 魏瑞江，天津市美术特级教师，天津市河西区教育中心美术教研员。

（二）提出问题

师：①什么是挑战？②什么又是挑战自己？③挑战需要具备什么样的条件？④挑战将面临什么样的结果？请同学们思考。（师板书课题）

师：好，谁来回答第一个问题，什么是挑战？请你说。

生：挑战有可能会成功也可能会失败。

师：什么又是挑战自己？请你说。

生：挑战自己就是挑战自己以前没有做过的事情。

师：非常好！挑战需要具备什么样的条件呢？

生：具备勇敢！具备一颗自信的心！

师：挑战会遇到什么样的结果？

生：挑战的结果有可能会遭到失败，有可能会获得成功。

师：同学们刚才对于挑战的解释让我非常满意，挑战的结果可能是成功或失败，那么对于今天的挑战大家是否有信心呢？

生：有。（声音很小）

师：这样的声音我不满意，对于今天的挑战大家有没有信心呢？

生：有！（大声）

师：刚才同学们说得特别坚定，特别有自信。那么，为了检验你们是否真的有自信，接下来我们进行一个小测试，看看你们是否具备挑战的勇气。这是我提出来的一个问题："谁敢挑战我的问题？"这个问题的条件是要求挑战者先起立，我再提问题。以往都是老师先提出问题，然后同学们根据问题选择是否来回答，今天我们换一种方式，谁敢挑战我的问题？（话音刚落就有同学起立）还真有勇敢的。要知道我的这个问题很难，是经过我思考设计的，目前我所走过的学校中还没有学生能答出来。要知道答不出来会很难为情的，在这么多老师和同学面前答不出来他们会笑话你的，有同学会说：就是你在这么多老师面前逞能吧，看你答不出来了吧。所以我给大家时间，如果放弃还可以坐下。（师夸大问题难度，但没有学生坐下）我们的同学这么坚定，这是我从来没见过的。现在我把这个问题给后边的老师，我们的老师有没有敢于挑战这个问题的，也可以起立。同学们可以转过身去看一看，（师生全都笑了）我们的老师以微笑回答你们。我们能不能给老师一些掌声。还好有两位摄影师站起来了。（笑声）我们倒数5个数，因为这个问题很难，在这个过程中同学们还可以放弃。

师（生）：5、4、3、2、1，开始！

师：（生没有选择放弃的）真是勇敢！我的问题是：每个人给你们100分（板书100），请坐！（生感到意外）今天我的问题就是“谁敢挑战我的问题”，在座同学的表现很好，可惜我们的老师没有获得成绩，这个成绩将记录在你们的成绩册上。实际上，我们在生活当中会遇到许多困难，当你敢于面对时困难也就迎刃而解了。但很多的问题不会像我们想的那么简单，接下来的挑战就不是一件很容易的事情了。请看（屏幕）今天我们要挑战的内容。（分析教材）这是我们教材中的第四课，这一课的内容是“铅笔画——文具”。教材要求我们在一节课的时间里对照文具进行写生，而且是用线描的方式。如果我们在一节课的时间里对照一支铅笔写生算不算挑战？

生：算！

师：用一节课的时间对照一支铅笔写生算挑战吗？

生：不算！

师：为什么？谁说？你说！

生：因为铅笔比较简单。

师：如果我们用一节课对一个书包写生算不算挑战？

生：算！不算！（众说不一）

师：到底算不算？（算）因为书包难度大，那么一节课对照2个书包写生算不算？（算）3个？（算）4个？（更算了）5个呢？（太算了）100个呢？

生：那简直就是很大的挑战！

（三）认定目标

师：我们今天到底挑战多少个呢？请同学们看前面（屏幕），我们今天这节课要求在25分钟内画5个书包，而且每个同学只能选择其中的一个书包来画。你们想一想今天的挑战难度大不大？（大）但是往往难度越大挑战越有意思，对不对？所以，接下来要做的是，请同学们看我进行挑战。看我能不能在5分钟之内画出一个完整的书包。如果不能，那说明我的挑战就失败了。我的失败可能会给你们带来影响，有可能会激励你们勇敢地再去挑战，也有可能使你们知难而退。如果你们有手表可以记录时间。在我画的过程中会暗示大家一些写生方法，希望同学一定要注意看、注意听。而且，我给大家提供了一个魏老师成功密码（3721）。我们知道达·芬奇有一个密码，我也有一个密码，希望接下来的时间我们有同学能够破译这个密码。

（四）双基传授

师：我画的书包是我眼前的这个。在画的时候我用很短的时间观察它的特征，同时用线条把它表现出来，一个小的细节我也不会把它放过。因为我画的角度是你们看不到的，你们可以想象。你们看我用的线条是非常流畅的，而且兼顾到了前后左右，有的书包带子在前面，同时每一个带子都有一个厚度，我也能够注意它的形体特征。这个同学的书包里还有些文具在里面（侧兜透明），可以把它画出来。现在谁可以提示我一下用了多长时间?

生：1分钟!

师：现在可以放慢速度了，对不对?（师继续演示，一点也没放慢）这个书包有一个特点，这个地方有一个什么?

生：饰物。

师：可以画书包上的小饰物。现在几分钟?

生：2分钟!

师：剩下的时间留给你们，我画完了，同学们感觉怎样?（生鼓掌）

师：（启发学生）这是用一种单线来表现的，还可以用重复的线条从局部进行表现，也就是用短线画出来的效果也很好。如果我赢得了时间还可以把书包整理整理，画一点明暗，把这个地方装饰装饰。有的书包有一些网格，你们可以把它细致地描绘一下。

（通过讲解并演示单线表现法和重复线法，在演示过程中采用心理暗示法打消学生顾虑，向学生注入自信）

（五）造型表现

师：好，现在看我们的作业要求：

1．纸张：可以用整张纸，也可以将整张纸叠成6个格，每1个格里画1个书包。

2．内容：画你眼前的书包，选择适合你表现的书包，要求从头到尾只能选1个书包画，不能随意改变。

3．规则：说画必画，说停必停。因为有时间限制。

4．画具要求：可以用钢笔或水笔，也可以用铅笔，但不许用橡皮。

最后再提示：5分钟内画出书包，只能选1个书包来画。

现在我们要进行挑战，刚才在挑战的时候，你们已经胜出了，你们敢不敢跟老师再来一次挑战？

生：敢！

师：你们要想好了，在座的老师许多都是艺术教师，他们有很好的艺术功底，你们有没有信心？

生：有！

师：请一位同学给在座的老师下一个挑战书，我是这样下的：我们比老师画得好！这样行吗？我们不如老师画得好，行吗？

生：不行！

师：谁能想出一种挑战方法，把在座老师的挑战欲望调动起来？

生：我们要超越自我，并且要超越老师，让我们一起来挑战吧！

师：好，同意吗？

生：同意！

第一关：勇敢面对，正视自己！（书包正面）

师：接下来我们将进入第一关，大家跟我一起读这句话：勇敢面对，正视自己！（书包正面）好，书包已经呈现在我们面前，请同学们拿起画笔开始。（生画前准备）

现在计时开始。第一个面对的就是选择哪一个书包，实际上在我讲课当中有的同学已经拿定

主意了，在学习中你们应该有这种事先的意识。（生开始绘画）

师：（巡视）好，现在看他（一位学生）这张，他用很短的时间就画出了书包轮廓，他是用铅笔画的，画的时候再用力一点就更好了。还有2分钟！

现在有的同学已经画完了。当我说还不到2分钟时，我发现有个同学瞪大眼睛观察，越是在最短的时间内观察，越是有效的，在绘画表现当中就能变得越加从容。

师：看这位同学同样是用铅笔画的，他比刚才那位同学画得用力，效果很好。同样的绘画因为用笔的深浅不同，效果也不同。

看这位同学的画，他没有用力，但比刚才那两位同学画得还要深，因为他用的是勾线笔。所以，刚才在选择工具的时候我有意识地提示大家注意。用铅笔的同学，你们也可以挑战用勾线笔画。还有半分钟。

师：好，时间到。接下来我们将进入第二关。

第二关：狭路相逢，勇者无惧！（书包侧面）

师：大家跟我一起读这段文字：狭路相逢，勇者无惧！好好体会这句话，看看前面的书包，（师开始变换书包位置）好，挑战开始。

如果你刚才还停留在第一个画面当中，现在就要很快转入第二幅画面，所以你的思想转变要很快。与此同时，我们要观察书包的侧面。而且，同样是书包，它们的侧面都不一样，在设计上也要符合我们的心理要求。比如，有时候我们买一个书包就是因为侧面的兜好看才买的。如果你是设计家，你在设计书包的时候也要考虑这些地方。

现在已经3分钟了，（一会儿后）现在已经4分钟了，有同学质疑我，当你注意时间的时候，时间过得非常快，刚才我是有意欺骗你们。

生：老师，我画完了。

师：当你赢得时间的时候怎么办？两种选择，一种是休息，准备迎接下一关，另一种是继续完善作品，进行细致地刻画。

大家看，我刚才拿的第一幅画就是他的，现在这幅画比第一幅明显感觉怎么样？（提高了）许多时候我们认为学习的提高依赖于时间的长短，其实短时间内也一样能够提高。

大家看他的第二幅画比第一幅好了很多，而且速度也比原来提高了。现在，看这两个同学画的画，他用的是短线，他是用长线，所采取的方式截然不同，呈现出两种不同的风格，也是两种不同的性格。他们都是用钢笔画的。

师：好，时间到，停！接下来，我们将进行第三关，大家想象一下，第三关书包会呈现哪一面？

生：背面！

第三关：眼到手到，心手相应！（书包背面）

师：还真猜对了，我们一起读：眼到手到，心手相应！好好体会什么是眼到手到，什么是心手相应。（师变换书包角度，并请同学过来帮忙）

师：好，开始。有没有累的、中途想退出的？

生：没有！

师：要是有累的跟我说一声，没关系的。看来大家是越战越勇啊！我们听课的老师有没有坚持再画的？（不少教师举手）看来真有不少。

大家看这幅，这么优秀的画有一点不足的地方，是什么？（太浅了）希望后两幅要深些。因为我们平常画画习惯了由浅到深，但这次不给你修改再描的时间，所以要追求一次成功。假如你是一名负责侦察任务的战士，就给你 5 分钟的时间把敌人的地形图画下来，今天你们是否具备了这个能力？如果你用6分钟完成了这项任务，战争有可能就失败了。所以我们今天学到的这些有可能在今后的生活中会用上。

（师巡视）看这位同学，这么短的时间内就用直线概括了书包的轮廓。现在是4分钟。

如果右手感觉累了可以换左手来画，在这么紧张的情况下有的同学会感觉到疲劳。如果你在执行任务时遇到问题，不幸右手负伤，那左手就要承担任务。你今天试一试，把不重要的线条交给左手画，这也是在挑战当中我们获得的乐趣。

好，时间到，停！接下来我们进行第四关！

第四关：发现感悟，坚持到底！（书包底面）

师：第四关难度相当大，如果现在同学们说我们已经可以了，我们成功了，我们可以停下。同学们可愿意继续？

生：继续！

师：第四关，一起来读：发现感悟，坚持到底！（师一边摆书包一边说）这一关使我们进入了疲劳期，能不能坚持到最后对我们的心理、意志都是一个挑战。好，现在，开始！

（师巡视）还看这位同学的画，同学们画画水平的提高速度都是非常惊人的，虽然有可能你自己都没感觉到。

这时候我们看到的是书包的底面，平时我们很难看到书包的这个面，我们在学习中要发现书包不同的面的美。看到这个面，你作何感想？它平时很难呈现在我们面前，有着默默奉献的精神。你们看，它的颜色怎么样？（都脏了）因此，我们看书包的时候要看到它不同的面。如果把书包比做班里的同学呢，我们也要看到每个同学不同的方面。

大家要注意，这时你所画的有可能不像书包，因为对平时书包所呈现的特征大家都很熟悉，可这时书包所呈现的角度是我们平时很难看到的，所以画出来的有可能不像书包，但它的的确确是什么？

生：书包。

师：好，时间到。接下来我们将进行第五关，第五关也是我们接近挑战成功的一关，希望我们同学一鼓作气。

第五关：超越自我，实现梦想！（书包顶面）

师：现在跟我一起读：超越自我，实现梦想。好，开始。可以说成功就在眼前，但是我们还要保持最佳的状态，因为有些事情往往是最后关头决定成败。

已经3分钟了。可能现在同学们都不在乎时间了，可对于一些职业来讲，时间与职业发展有相当大的关系，比如，刘翔，他的时间没有小时，对不对？那同学们的时间呢？是一学期、一学年。如果是那样的话，你可能离你要实现的目标越来越远，如果把一天划分成若干个时间段，我想同学们的学习效率会更高、学习效果会更好。如果在今天这节课上你学会了如何运用时间的话，我想这比你会画一张画更有意义。

还有半分钟。体验一下这半分钟你能做多少事情。好，停，时间到。

接下来，我给大家又安排了特殊的一关，因为我们已经成功了。所以这一关是“成败分晓，快乐分享”！

（六）评价展示

第六关：成败分晓，快乐分享！（展示）

师：通过今天的学习你发现了什么？体验了什么？获得了什么？我想同学们肯定有许多心理感受。接下来的这个环节就请同学们到前面来说一说，展示一下。你可以用各种方式做即兴的表演，我们看看哪些同学能获得老师的掌声，我们以掌声作为这次挑战最佳的一个标准。谁想上来，带着自己的作品？好，请你来！后面还有谁想来，请陆续到前面来。如果说今天只有他敢上来，我马上就宣布他是今天最勇敢的挑战者。谁来？后面还有谁来，这么好的画不在老师们面前展示一下太遗憾了。干脆这一排同学都到前面来。（师不停地调整和动员，最后对上来的那名同学说）你带头啊！

生：（一边展示自己的作品一边说）可以说今天的环境，（唱）眼前不是我熟悉的身影，但是他的故事让我怀念，我怀念。（掌声）今天的故事我为什么怀念呢？因为它让我们明白了一个道理：不管做什么事情都要注重过程。（掌声）

师：结果怎样？结果也是优秀的，过程优秀结果自然优秀。非常好，非常令我感动！其他同学？舞台就在前面，我今天不会再叫任何同学了，如果其他同学没有上来的，咱们这几分钟就这么静静地等待。生活当中做事情不可能每次都会有人推你，有时就需要自己推自己一把。谁上来？都很棒，没办法“点”了。（刚才那名学生不仅说得好，还唱得好，一下子没有敢上来的了）好，请你上去！

生：（将画刚放到实物投影仪下，即获得全场的掌声）其实一开始我画得并不好，因为线条太轻了，画面显得不够生动，不够完美。但经过一关又一关的挑战之后，我觉得自己作画成熟了，由一开始的不太成熟，到后来掌握了一些技巧。通过这节课，我不仅学习了绘画的技巧，也明白了：做任何事情，不管结果成败与否，重要的是过程，只要自己肯努力，最后一定会成功的。（掌声）

师：好的想法不要藏在心里，让大家来分享。谁来？你来！

生：我今天体验到了和时间赛跑的快感，也获得了成功。我现在想对时间说句话：咱们骑驴看唱本，走着瞧。（掌声！同时下课铃响起）

师：好，由于时间关系，还有些同学没能展示，但这个舞台是大家的。通过今天这节课，我看到同学们身上蕴藏着巨大的潜能，同时我们也发现绘画有很大的乐趣。另外，我们也懂得了在不断增加和延长学习时间的今天，缩短时间也是一种学习的策略，我们在学习美术时做到了，学习语文、数学、外语时能做到吗？总有同学幻想，什么时候能够摆脱沉重的书包。的确，你们的书包太重了，但你们有没有想过，这书包装载的不仅仅是书和文具，它还承载着父母、老师、学校和社会的期望，希望同学们能快乐地背起书包，担起这份责任，勇敢地向生活挑战！这就是我今天这节课要告诉大家的一个道理。我还有一个密码不知道大家有没有破译，我想占用1分钟。

生：我觉得是相信自己。

生：我觉得是挑战自己。

……

师：好了，这个密码可能有100种解释、上万种解释，我想在每个人心里都有一个密码。如果说我们挑战5个书包获得了成功，我现在把时间缩短，在1分钟的时间里让你们画100个书包，做得到吗？

生：做得到！

师：做得到吗？

生：做得到！

师：做得到吗？要实事求是。

生：做不到。

师：我能做到。相信吗？

生：不相信！

师：100加（书包），这不就是100个书包吗？（将黑板上板书的100和范画之间添了个“+”号）所以，挑战需要勇气，需要胆量，还需要什么？

生：智慧！

师：好，今天我们的课就上到这，同学们起立，把自己的作品向老师们展示一下。（全场掌声送给了学生）

>>> 教学反思

一次特殊的展示课

作为特级教师，展示教学的机会比较多。就我个人而言，做过不少大大小小的展示课，其中有成功的，也有失败的。但我没有过多地看重成败，只把它当做一种人生的历练，从中吸取经验。然而，这一次的教学展示可以说非比寻常，具有特殊的意义，令我至今难忘。因为这是我由一名美术教师成为美术教研员后的第一次教学亮相。大家对新教研员的关注程度远远胜过了对“特级”这个符号的关注。因为还没有教研员刚上任就面对全区领导和教师做课的先例。在常人看来，这不是一件幸事，而在我看来却是一件有意义的事，因为我把这节课看做一次特殊的教研活动。因此，我说这是一次有特殊意义的展示课。

一、研读教材，重构课堂

“研读教材，重构课堂”是我在教研中提出的教学研究策略和方法。所谓研读教材，就是将教材分析、学情分析和学习策略有机结合起来进行研究；重构课堂就是在研究的基础上对课堂进行再设计、再造和重构。因为一部教材一个世界，但教材不可能装载整个世界。因此，教材不可能是师生认知世界的全部，这也就给教师提供了1次、2次、3次……N次创造和重构的机会。著名美术教育家尹少淳教授曾指出：“美术教科书不仅仅是美术知识和技能的载体，而更应该是教师与学生互动的平台，是师生进行交流的共同‘话题’，因而教科书不是教师必须服从的‘圣经’，不是思想的樊笼，而应该是活动的、可发挥的。”

六年级“铅笔画——文具”一课，选自天津版的美术老教材（已退出历史舞台）。教材要求让学生从不同的角度观察文具，如书包、铅笔盒、橡皮，等等，发现文具体、面的不同变化，并用线条描绘的方法表现这些体面变化，进而通过练习提高学生的观察能力和表现能力。为了激励学生，我大胆地提出，让所有的学生在25分钟内写生5个书包，而且是从5种不同角度看到的同一个书包。这一富有挑战性的教学设计，所挑战的不只是学生，还有教师自己。是的，课堂上短短的40分钟，除去讲课、总结的时间，留给学生的只有25分钟左右。为了更好地完成教学任务，我将课题改为“挑战自己——写生书包”，使教学目标更加明确、具体并富于挑战性。课前，我曾问过一些教师，他们都认为实现这个教学目标是不可能的，再加上是在借班上课的条件下，更不可能了。然而，在课上我以自己挑战的成功唤起学生的挑战欲望，并在写生演示中向学生暗示写生方法，使其在有效的注意和欲望的驱使下主动学到了方法。教师挑战的成功无疑激励了所有学生的斗志。当学生们奇迹般地在规定的5分钟内画完第一个书包后，没有学生再说自己不行了，也没有学生再说时间不够用了。最终，所有的学生都在规定的时间里写生出以5种不同角度呈现的书包，他们在短时间内所画的书包，在某种程度上比用一节课的时间所画的书包还要生动。

当学生看到自己获得的成功后，那种快乐是难以言表的。我想，这快乐来自于他们自信心的确立，以及对自己潜能的发现与挖掘。这节课的成功，是在于让学生通过自己的努力将不可能变成了可能。这是学生学习的成功，也是教师教学的成功。通过这样的挑战，学生深刻地领悟到，在学习上不是拥有充足的时间就会有好的学习效果，相反，缩短时间往往更能提高学习效率。学生的学习如此，教师的教学也是如此。当让一个人在非常短的时间里去完成一个按常理来说不可能完成的任务时，不仅不会因困难而退缩，反而更能激发斗志，迸发出内在的潜能去挑战极限，这是人的本能，也是人与生俱来的品质。正如佐藤学先生说的那样：“与其说，我要观察课堂中发生了什么，不如说，我要将课堂中发生的一切都吸纳于心。”观察课堂与分析课堂，其最为本质的意义就是：珍视与每个生命的相遇，并努力创造与每个生命共同的心缘。

二、课堂教学即教研活动

其实，这次教学展示对我来说还是有压力的。将本课的课题设计为“挑战自己”，一方面是为了给自己鼓劲，另一方面是把此次做课当做一次特殊的教研，通过这节课将自己的教学理念和思想与教师们进行交流，以此拉近与教师之间的距离。

有一位美术老师在匿名邮件中写道：您的课，很精彩。知道教研员要做课时，大家有些幸灾乐祸：教研员终于也有被检查的一天了。可对于您来说，做课就是展示，因为您有真才实料。如果您做得不好，我们也会开心：因为大家都差不多，谁也别说谁。听了您的课，我了解了特级教师和普通教师之间的区别。

是的，哪个教师心底不盼望教研员给大家上一次课，就是我也这样期盼过……这一天终于来了，没想到做课的教研员不是别人而是自己。

还有一位骨干教师感慨道：您的课，真是令人耳目一新。原来美术课还可以这样上，而且可以上得这么大气这么有深度。我们几个教师都对您佩服的不得了。我从教虽然仅十余年，但在教学中已形成了一种既定的模式，缺乏教学机智，许多课堂亮点从身边悄然溜过，有时虽发现了却不知如何应对。通过今天的课，我知道了只有不断地充实、完善自我，博采众长，具备丰厚的知识积淀，才能在课堂教学中游刃有余。就像您说过的，没有磨练就没有收获。我已经做好了准备，因为我也是一个喜欢挑战的人。

更让我受到鼓舞的是，教育局孙惠玲副局长以“大爱无痕”来评价该课对学生的教育意义。

是的，一节展示课的意义不仅仅在于完成教学任务，更重要的是通过教学唤起学生对自己的信心，给一线教师们以启发并能够引发他们积极地思考。此后，我更加确信：课堂教学即教研活动，教研活动即课堂教学。因为教研的深处是课堂，课堂的深处是教研。后来，我对教师们说：“教研员上一节课并不难，难的是经常上课。教研员一旦离开课堂就意味着他所拥有的经验相对滞后，因为时代不断发展，新知不断出现，课堂在变，学生也在变。”

什么是课堂上的美术学科知识

李力加

基础学校美术课堂教学中的知识问题，是对美术课堂教学认识论进行研究的基本问题。其中需要揭示的问题有：第一，学校美术课堂教学中的美术学科知识与各学术研究领域的知识（人文、社会科学知识，部分自然科学知识）关系如何？第二，基础学校美术课堂教学究竟是传授“现成美术学科知识”的过程，还是创造新知识、理解文化的过程，或是二者兼而有之呢？第三，美术课堂教学研究的性质是什么？对这些问题的探讨不仅关系到我国基础学校美术课堂教学研究的课程“范式转换”方向，还会深刻影响未来我国基础学校美术课堂教学改革的实践。美术特级教师魏瑞江“挑战自己——写生书包”一课的实践，验证了研究、思考并深入实践上述问题的重要性。

学校美术课堂教学中学科知识传递的效果如何，是对美术课堂教学有效性进行检验的基本指标。在魏瑞江老师提出的“研读教材，重构课堂”的教学研究策略和方法中，他“将教材分析、学情分析和学习策略有机结合起来进行研究”，认为“重构课堂就是在研究的基础上对课堂进行再设计、再造和重构”。基于这一认识论的引领，他教学的方法论重点落实在美术课堂上的“教学知识”（美术学科本体知识）所具有的内在价值上。通过“挑战自己——写生书包”的课堂实践，达成了美术课堂教学即引导学生创造新知这一学习目标。

“挑战自己——写生书包”这一教学主题，选自已经退出历史舞台的天津版老教材六年级的“铅笔画——文具”一课。魏瑞江老师的教学目的是，引导学生“认真地观察，用线条描绘的方法表现这些体面变化，进而通过练习提高学生的观察能力和表现能力”。具体的美术学科表现作业是，“让所有的学生在25分钟内写生出5个书包，而且是从5种不同的角度看到的同一个书包”。要完成这样的“造型·表现”教学指标，正如魏瑞江老师所说的，是一个“富于挑战性的教学设计，所挑战的不只是学生，还有教师自己”。

国内教育界特有的公开课教学形式与展示，是最具有中国特色的一种教育研究方式。尽管这种教学形式与展示有着一些不尽如人意的地方，但是，公开课作为教育教学实践研究的方式，对于促进教师专业成长，推进课堂教学质量的提高，有着不可替代的功能。美术学科的公开课，自新课程改革以来发生了较大的变化。随着对义务教育阶段美术学科4个学习领域教学研究的深入，美术教师们在选择教学内容进行公开课展示或评比时，针对小学高段学生有回避“造型·表现”学习领域教学内容的倾向。因为，仅仅就绘画表现性学习来讲，在40分钟的课堂上，除去教师讲课、师生互动交流、总结评价时间，给学生留下的具体表现时间是超不过25分钟的。这样短的时间内，如何让小学生尽情地表达，充分地展示自己的能力水平，对于一个美术教师来说，难度太大，甚至可以说是无法完成的。

这个课题的教学设计提出之后，很多美术教师都认为其教学目标是不可能完成的，再加上公开课是借班上课，学生与执教的美术教师很难形成学习共同体等情况，更是增加了这种不可能性。面对困难，面对未知领域，“自我挑战”成为了魏瑞江老师的信念。最终所有的学生都在规定的时间里写生出以5种不同角度呈现的同一书包，而他们所画的书包在某种程度上比用一节课的时间所画的书包还要生动。

魏瑞江老师这一课的成功说明了什么？

一、美术课堂教学研究即对美术课堂教学目标的高层次理解

长期以来，我国学校教育中“反映论的认识论”以及相应的“现成知识的课程本质观”“传授知识的教学本质观”等论点，一直在影响着教师们的思想，指导着教师的课堂教学行为。在这些观点的影响下，一线美术教师长期以来在课堂里延续着传递教材里现成学科知识与内容的教学方式，导致学生对美术的学习处于一种被动接受和低水平临摹的状态。

面向未来社会的学校美术教育，旨在培育社会需要的创新型人才。因此，基础教育中的学校美术课堂教学，需要从教育观念上超越原有的认识论，从本质上改变教师传统的美术课堂教学行为。魏瑞江老师认为，“课堂教学即教研活动”。他的教学由挑战自己开始，进而挖掘学生的潜在能力，对教学转型期学生美术造型的表现方法进行探索性研究。

魏瑞江老师“把做课当做一次特殊的教研，通过这节课将自己的教学理念和思想与老师们进行交流，以此拉近教研员与教师之间的距离。”这“不仅仅在于完成教学任务，更重要的是通过教学唤起学生对自己的信心，给一线教师们以启发并能够引发他们积极地思考”。有了这样一种思考，一线教师对于美术课堂教学的认识就可以定位于研究，而不再仅仅是传递知识。更重要的是，教育、教学是不能重复的。所有的美术课堂教学个案论证出的某种规律和论点，只能是一种新创造的启发点，而不能在其他课堂里原封不动地套用。从这个角度讲，所谓的想听“教什么”或者是“怎样教”的意义就没有了。

二、确立“课堂上的美术学科知识”与转化重构方式

美国课程专家威廉·派纳提出“概念重建之后的课程开发”的理念。他的观点为，课程开发的目的是教师不再是知识的“消费者”，而是课堂教学中复杂会话情境里积极的参与者，教师将在自己的教室里自行引领这种文化的会话。学校、教室应该成为“学科知识”、公共领域、私人领域的汇聚点。按照派纳的观点，学校的美术课堂是一个处于“美术学科知识”和大千社会之间的“第三空间”。在这个文化空间里，魏瑞江老师与学生一起，通过“复杂会话”将“美术学科知识”（表现书包的不同形态、体积等）与学生的主体性有机融为一体，通过跨学科探究和批判性思维的生发与体验过程，寻求“美术学科知识”的主体意义（学生自我价值实现）和社会价值。由此，美术教育中的公共领域和私人领域得以重构，而且，这是一个包含了所有因素、所有层面、诸多内容的重构。

魏瑞江老师提出的“重构课堂就是在研究的基础上对课堂进行再设计、再造和重构”，实现了真正意义上的走向文化的美术课程，其所传递的“美术学科知识”不再是普通社会意义上的“学科知识”，也不是简单拷贝美术历史研究后已经固有的“美术学科知识”，更不是结论性的美术学科知识，而是通过学校的美术课堂教学，在美术教师的引领下，使学生、美术文化、美术学科知识、独特的课堂情境等相互融合，产生的一种共同的文化对话。孩子们画出的这5种从不同角度观察的书包，是他们在课堂上重构的属于自己的美术学科知识。这也说明，美术家总结的美术学科知识，艺术史家归纳的美术学科知识，专业美术学院、师范大学美术学院等所传递的美术学科知识，是不能直接照搬到基础教育学校的美术课堂上来的。因此，重新审视学校美术课程中美术教材所传递的美术学科知识，建设真正适应儿童心理、生理发展需要的美术学科知识，是基础教育学校美术教师的责任。魏瑞江老师以开放的教育理念，“再设计、再造和重构”了属于学生自己的美术学科知识，走在了最前面。

三、回到生命本体不断发展的美术课堂学习

在课堂上，当学生们获得成功后，那难以言表的快乐心情，促使魏瑞江老师更深刻地体会了“观察课堂与分析课堂，其最为本质的意义就是：珍视与每一个生命的相遇，并努力创造与每一个生命共同的心缘”。

教学即研究，而不是现成的美术知识和技能的传递与训练。在基础学校美术教育的第一线，美术教师的课堂教学与教学研究应该是完全融为一体的。美术教师依据自己的课堂教学做研究，或者把美术课堂教学本身变成自己的研究是最为重要的。由研究学生发展到研究课堂教学，真正把关注学生的发展放在教学设计的首位，这是魏瑞江老师教学成功的秘诀。在他的课堂上，学生们被唤起的不仅仅是自信，不仅仅是挑战美术学习转型期表现的能力极限，更重要的是学生对生命本体意义的内化。

仅仅就儿童转型期的心理发展来看，对于写实性造型表现的抑制心理，并非是孩子们对美术造型表现出的惧怕，更重要的是因为“形”是美术表现性学习中最关键的元素。认识、知觉、表现“形”应该说是美术技能学习中最重要的环节，而在我国小学美术课堂教学中，教师对写实性造型的误导，给绝大多数的学生造成了心理抑制。美国学者艾克·赫维茨、迈克尔·戴指出：“无论多大的儿童，鼓励他们画画达到照相般的准确是没有多大好处的……迫使学生做到照相般的写实主义，这种专业技能在小学阶段是不可能达到的。即使有足够的时间，达到这样的一个目标也是没有多大作用的。”①

在中国小学的儿童美术教学里，让孩子完成现实主义（写实性的）绘画，已经成为了一种教学的基本定式。好像不采取这样的教学方式，儿童将无法完成对美术的学习。孩子们创作的“写实性”的作品，可能已经成为社会、普通公民都已经认可的美术。

而真正意义上的美术教育，则是通过美术的活动帮助儿童把注意力集中在对自己经历过的某一项事物的经验上，这样，孩子们对自己生活的有关经验的陈述性表达就会逐渐完整起来。由此，儿童们知觉世界的认识才能达到一个新的水平。魏瑞江老师“挑战自己——写生书包”的课堂实践，正是体现了美术教育的本质，以“珍视与每一个生命的相遇，并努力创造与每一个生命共同的心缘”，作为自己教学研究的终极目标，这样的教学研究得出的启示极其深刻。魏瑞江老师把学生置于课堂教学的中心，启发学生“独立思考”“挑战自我”“自主表达”，引导学生达到教师所期望的思想境界。

很多美术教师经常说不知道如何做教学研究，有的说不知道应该做什么样的研究。实际上，美术教师的研究时刻体现在自己日常的课堂教学中，或者是把美术教育研究本身变为自己教学的内容。在“挑战自己——写生书包”的课堂教学以及课后反思中，魏瑞江老师正是这样做的。如果把日常的美术课堂教学和教育教学研究割裂开来，必然会异化美术教学，进而异化美术教师和学生，更谈不上回到生命本体的美术教育。由此，研究的深度可以更进一步深入挖掘，美术特级教师魏瑞江的课堂教学“挑战自己——写生书包”，能够引申出的思考还有很多、很多……

① ［美］艾克·赫维茨、迈克尔·戴著，郭敏译：《儿童与艺术》，长沙：湖南美术出版社，2008年版，第133页。

2

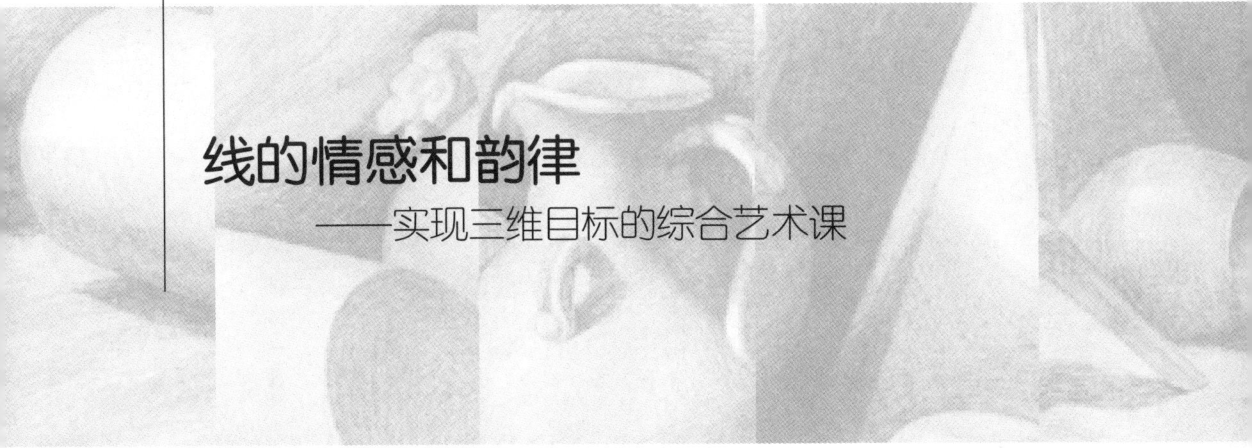

线的情感和韵律

——实现三维目标的综合艺术课

>>> 名师课堂

“线的情感和韵律”教学实录（七年级）

王五一[1]

（一）激趣感知

师：同学们在小学的美术课上已经初步学习了关于线条的一些基本知识和技能。那么，在各类艺术作品中，线有哪些丰富的表现形式和情感性呢？这节课我们就采取从美术学科的角度切入的方法，将相关的知识连接、综合起来，进一步感受和探究线的情感美和韵律美。

请观察屏幕上的图片（图略）。建筑被人们称之为“凝固的音乐”

① 王五一，浙江省特级教师，温州实验中学教师。

（背景轻轻播放《命运》交响乐），这是一张城市立交桥的图片，上面各种线条纵横交错，很有音乐感。大家观察一下，图片中有几种线的表现形式？请说出它们的名称。（生多人举手，分别回答：横、竖、曲、折、粗、细、长、短等，师进行鼓励性评价）

（师在黑板上边示范画各种线条边引导和启发学生）我们知道，点是最短的线，点的移动轨迹就形成了线，线的运动就成为面。点、线、面是构成画面的三个基本造型元素。那么，不同线的表现形式可以让人产生哪些不同的视觉心理感受呢？

我们来做个现场探究和体验练习，请同学们在作业纸上用不同形式的线条，将以下四组词（紧张、舒畅、烦躁、平静）表现出来。

（在生练习的同时，师在黑板上画出四组情感线，请一位学生上前将四组情感线和四组词联系起来）

师：（小结）通过刚才的观察和活动，我们认识到，线条无处不在，不同线条的表现形式可以使人产生不同的心理感受。

（二）审美描述

师：下面我们通过对自然、人物和艺术作品的具体观察和分析，探究线的各种存在形式。首先，我们来看一下，在自然界中，线有哪些变化形态和表现形式。（生观察屏幕上的图片“海边”）

师：天空和大海之间出现了一条什么形式的线？

生：海平线、水平线。

师：水平线给我们带来了怎样的视觉心理感受呢？

生：平静、开阔等。（生观察屏幕上的图片“旗杆”）

师：“旗杆”呈现的是什么形式的线？

生：垂直线。

师：使我们产生什么样的心理感受？

生：高耸感。

（师又启发学生观察一组图片并进行描述：图片中水波的曲线给我们带来流动感；图片中蜘蛛网的射线给我们带来方向感；图片中男性的轮廓线具有力量和阳刚之美；图片中女性的轮廓线有柔顺、盈秀之美等）

师：（小结）①水平线有宁静感、垂直线有高耸感、曲线有运动感、斜线有飞越感、射线有方向感。②不同的线表现了不同的情感和性格特征：直线刚劲正直，曲线活泼优美，粗线古朴强化，细线盈秀柔弱。

（三）讨论探究

师：接下来，我们以下面几组美术作品为例，通过对它们进行比较欣赏，重点讨论艺术作品中线的变化形态和表现形式。请大家观察屏幕上的《八十七神仙卷》和《奔马图》，比较两幅画的用线各有什么特点？

生：《八十七神仙卷》的线条细长，《奔马图》的线条粗犷有力。

（师引导生从内容到形式对两幅画进行描述和欣赏）

师：（分析）《八十七神仙卷》是宗教人物画，八十七神仙体态婀娜，列队行进，气质高贵，体态丰腴优美。其用线特点是游丝铁线描，细密均匀、气韵流畅，富有女性韵律美。《奔马图》的作者徐悲鸿注重写生，他对马的写生画稿不下千幅，对马的骨骼、肌肉了如指掌。该作品描绘了马的飒爽英姿，表现了马的剽悍勇猛，象征着中华民族的崛起，抒发了作者的爱国主义情感。其用线特点是凹凸技法，线条简练奔放、抑扬顿挫，用笔刚健有力，用墨淋漓酣畅。

请大家观察屏幕上的西画图片——印象派画家梵·高的《星月夜》和俄国画家康定斯基的《作品VIII》，比较两幅画的用线各有什么特点？

生：《星月夜》用了很多翻滚的曲线，让人看了感到激动，《作品VIII》的用线感觉比较抽象。

（师引导生从内容到形式对两幅画进行描述和欣赏）

师：（分析）《星月夜》现存于纽约现代艺术馆。该画面左侧是一棵燃烧的柏树，天空中有翻滚着的星星，圣雷米的那一夜果真如梵高笔下的那般扭曲、翻滚吗？梵高是个很容易激动的人，这幅《星月夜》是梵高深埋在灵魂深处的对世界（宇宙进化）的感受，所有的一切似乎都在回旋、转动、扭曲、翻滚。用线特点是颤动、旋转的笔触。画家用心灵和情感去作画，线条饱含着作者对生命强烈的热爱，对世界充满火一般的热情和探索精神。《作品VIII》是一幅抽象画。抽象艺术是指无形象、非理性、纯形式的绘画、雕塑和装置。俄国康定斯基的抒情抽象被认为是“热抽象”，而荷兰的蒙德里安的几何抽象则被认为是“冷抽象”，他们是抽象画两大流派的代表人物。抽象艺术源自人的内心精神和心理世界，是情感与情绪的自然流动。康定斯基是一个个性奔放的人，他直接以点、线、面、色块等纯抽象的造型元素来表达感情。他受音乐的启发，强调即兴式的情感宣泄，有“画布上的乐师”之美称。该画的用线特点是用点、线、面、色去表现纯精神的世界。

那么，在书法艺术中，线有哪些变化形态和表现形式呢？

师：（引导生比较欣赏唐代书法家怀素的作品《自叙帖》和张旭的《古诗四首》）两幅作品的用线各有什么特点？

生：《自叙帖》比较清秀一些。

师：（分析）《自叙帖》的用线特点是：字字飞动，圆转之妙，宛若有神；圆笔中锋，笔势雄强狂纵，变化莫测（一字值千金）。

《古诗四首》的用线善变、雄健豪放、清逸超迈，所以人们说“癫张醉素”，“张肥素瘦”。

（拓展内容）请大家欣赏课本29页的毛泽东书法——《六盘山》，其特点是伟人气质，潇洒、飘逸。

师：请大家看屏幕，欣赏雕塑作品——《凝固的旋律线》。

师：（展示图片——“线之舞”）作品《线之舞》呈现了哪些形式的线？（生答，略）

师：（小结）中西方绘画对线条功能的理解是：西画侧重对客观视觉的再现，也注重对心理和意象的表达；中国画和书法则侧重抒发内心情感，更注重追求节奏、韵律、气势、性格和意趣之美。

（以上是第一课时的内容，主要从美术学科切入让学生了解视觉中的线）

（四）体验表现

师：（引导学生比较欣赏）音乐中的歌曲、戏曲、器乐，各有哪些听觉中的形式线？（出示莫扎特的《小夜曲》乐谱）什么是“旋律线”？（师边画边唱“旋律线”，生学唱）

（师板书旋律线定义：在乐曲展开中由旋律呈现的线性形态称为旋律线）

（师引导学生比较欣赏和体验：歌曲《我的祖国》和戏曲《打虎上山》旋律线的异同；生学唱《我的祖国》片段，师引导学生注意歌唱时的情感和旋律线起伏；师清唱《打虎上山》片段："穿林海，跨雪原……"）

（师引导学生分析比较以上片段旋律线的特点）

生：《我的祖国》更抒情，《打虎上山》的旋律线起伏更明显。

师：（引导学生体验旋律线在民族器乐中的表现）现在大家都喜欢听流行音乐，但传统的民族器乐我们也要了解。（师二胡演奏《良宵》片段，并分析该片段旋律线特点）旋律优美，节奏平稳，音域控制在两把以内，随着情绪的变化，音域扩展，更增添了活跃、欢快的气氛。

（师引导学生体验：旋律线在西洋器乐中的表现，生用小提琴、萨克斯分别演奏乐曲片段）

师：（引导学生比较欣赏）在舞蹈中，线有哪些表现形式？

（师播放配乐《身韵舞》片段，生表演，师引导学生分析旋律线特点）

师：（小结）线分为有形的线（视觉中的线）和无形的线（听觉中的线），自然中的形式线、音乐中的旋律和绘画中的线条都有相通之处，即都具有线的节奏韵味和情感性。

师：（拓展）在各个学科领域和生活中，还有哪些"线"的表现形式？

生：诗歌中的线，如李白的《望庐山瀑布》和孟郊的《游子吟》。

生：数学中的线，几何线、抛物线等。

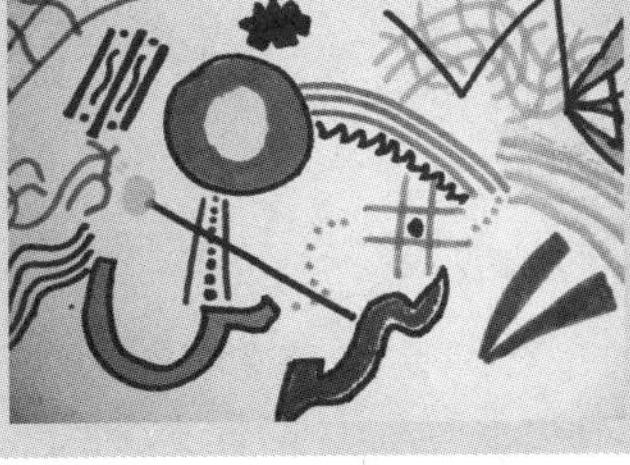

（师概括总结）　　　　　　　　**线的情感和韵律**

在自然、生活中	线装扮自然，无处不在
在绘画艺术中	线是造型元素，抒发情感
在书法艺术中	线条和点、划抒发心中的意气
在雕塑艺术中	线是凝固的旋律
在音乐艺术中	线有旋律美和韵律美
在舞蹈艺术中	线有形体美、韵律美和情感美

师：播放背景音乐——贝多芬的《欢乐颂》。大家先听一遍音乐，想想作品表现了什么气氛？请你即兴以“音感作画”，用线条表达自己此刻的感受。

师：《欢乐颂》原是德国诗人席勒的一首诗，也是贝多芬《第九交响曲》的终曲乐章。作品气势磅礴、意境恢宏，宣告了贝多芬的理想——全人类的团结友爱，其终曲音乐的艺术感染力超过了原诗。

（五）发展评价

（师引导学生自评、互评，体验成功的快乐）

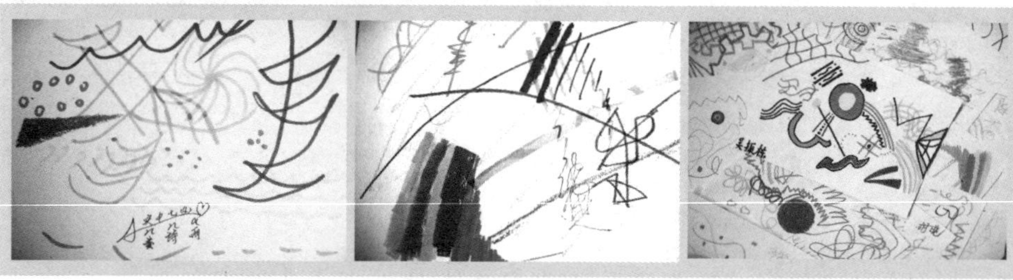

（课的结尾播放贝多芬的《献给爱丽斯》）

（以上是第二课时的内容，主要从音乐学科切入让学生了解听觉中的线）

>>> 教学反思

怎样上综合艺术课

记得2002年艺术课程刚在我校实施时，一位青年教师上完公开课后说，我们是美术系（音乐系）毕业的，叫我们教综合音乐（美术）真是太为难我们了。听课教师在现场讨论时也说，这种课对教师的综合素质要求太高，推广会有困难。一些美术教师甚至说，这种课不伦不类的，我们从来没有见过，太难上了。据我们当时调查，大部分美术教师反对上综合艺术课程，本学科的内容上起来轻车熟路，多好，跨学科的，累死啊！尽管这样，我们还是（我们学校有三个校区，十多个美术、音乐教师）克服困难，完成了一个轮回（3年）的综合艺术课程实验。

教育是讲求科学的。既然是“艺术实验课程”，就要通过“实验”，让“事实”“数据”和“规律”说话，客观地呈现研究过程，合理地解释研究结果。无论成败，都要有一个交代和说法。

这几年，教育界对艺术课程的争议较多。在这个背景下，我这次应浙江师范大学的邀请到平湖的“浙江省中小学美术名师课堂教学研讨会”上上公开课，感觉还是具有很大的挑战性：现在大家都讲新课程回归，没有听过艺术课的美术教师会接受艺术课程吗？将两节课的容量调整到一节课来上，教学任务能顺利完成吗？上课前我没有时间和教学班的学生见面，学生会配合吗？

由于搞科研养成的习惯，但凡上公开课，我必作课后调查和反思。一堂课的实效性如何，首先看学生的反馈。此次课后，我委托负责研讨会的冯国建老师办两件事，一是将学生的当堂作业收齐，二是对教学班的学生作书面调查，然后寄给我。今天这两样东西都收到了，我开始对这堂公开课进行客观分析。

先客观地呈现以下数据：由于“名师研讨会”的时间限制，我将两节课的内容调整到一节课（50分钟）来上，课的容量比较大。根据现场录像分析，这节课学生们都非常积极主动地参与学习，先后有12位同学举手发言，发言质量比较高；学生中1人上前“板演”，1人现场表演独舞1分钟；教师“板演”1次，示范（歌曲、京剧、二胡）片段共3分钟。这节课前半部分（视觉中的线）用时25分钟，之后电脑出现两次故障，排除故障用时2分钟（中间没中断教学）；后半部分（听觉中的线）用时15分钟，学生完成作业用时7分钟，评价用时3分钟，共用时52分钟。另外，下面听课的教师先后有9次为学生的精彩表现鼓掌，课后回收学生书面调查51份。

一、关于教学目标达成度

1. 知识点的落实。从学生写的51份课后感想来看，大部分学生兴奋和惊叹于线条世界的丰富多彩，并对其有着较深刻的感受、体验和认识。在融合与拓宽学科知识面的同时，学生能依稀对各个知识点进行回忆和描述。许多学生在感想中提到，“线条无处不在”“线有视觉与听觉中的线”，所以，本课始终围绕视听觉中线的存在和表现形式，有层次地展开教学的策略是有效的。沿着教学主线链接相关的学科知识让学生进行立体的审美感知和体验，对知识点进行落实与内化，从而使学生对线条的认识不局限在学科之内。

2. 能力的发展。在课堂上，学生在教师的引导下初步学会了对艺术作品从形式到内容的审美欣赏和描述，他们的发言很精彩。教学设计虽然对此有预设，但学生在互动和问答中还是生成了许多亮点。本课的现场作业虽然只是一个体验性的练习，但从学生交上的作业来分析，许多学生完成得很有特点。此处无声胜有声，学生所做的画能说明这堂课的许多问题。

3. 情感和价值观。这是三维目标中比较难体现的一个隐性目标。教师在课堂中有意识地引导学生在对中西方艺术的比较欣赏中，关注源远流长的本民族文化艺术，了解艺术家的爱国主义情感。例如，徐悲鸿的《奔马图》，通过描绘马的飒爽英姿，表现了中华民族的崛起，抒发了作者的爱国主义情感。有学生在课堂中说不喜欢京剧，教师指出京剧是国粹后当场试唱了两句，让学生对民族的文化艺术有一个直观的了解和深刻体会。学生在课后感想中写到，他们对课堂上的歌曲、京剧和二胡演奏都很喜欢。

二、关于课的结构、容量、方法和过程

1. 结构。本课导入内容的设计基于学生熟悉的生活和环境。课后反思，我觉得这部分内容交代的多了一点。课的前半部分主要从美术学科切入，侧重于视觉中的线；后半部分主要从音乐学科切入，侧重于听觉中的线。笔者自认为这几个环节安排得详略得当，层次清楚。然后，让学生联系所学的知识，做一个“音感作画”练习。最后，教师拍摄学生的作业，并将其当场输入电脑，让学生观看后谈感受和体会，并进行评价。在这

里，拍作业的时间早了一点，因为学生作业的效果当时还没表现出来，迟两分钟会更好，但收尾还算干净。

2．容量。听课教师远道而来不容易，课的份量和厚度很重要。当时和主办方商量，为了在公开课上完整地呈现这一单元的内容，将两节课的内容调整后合并为一节课来进行教学（时间是50分钟），但合并后课的容量还是稍大，如果将雕塑和身韵舞录像的内容删除可能更好一些（身韵舞录像中的学生独舞有重复）。此外，电脑出现故障后，因为临时的调整内容也有些重复。总之，各环节的时间分配和密度还可以，互动的节奏和师生的语言描述也算平稳自然，语言精练，几乎少有废话。

3．方法。本课的设计主要采取“一科切入，联系多科”和“案例分析，比较欣赏”两种主要方法。对于综合艺术课来说，“内容”是根本，“形式”是手段，忌“单科化”和“拼盆化”。这堂课的主要内容是“线”，与他关联的内容比较多，操作难度系数偏高，如何突出综合艺术课的学科特色，驾驭好课堂，把握好一个“度”字，对教师是个考验。在实施中我主要抓四点：把握主线、突出重点、详略得当、适可而止。有些内容我一句话带过，但在重点作品的比较欣赏部分我不吝啬时间。

4．过程。从过程来分析，学生的能力发展在各个教学环节都得到了具体落实。在教学中学生参与积极，发言适度，表达也精彩，课堂节奏有起伏和快慢，衔接和过渡还比较自然，但这节课的后半部分语速还是稍快了点。

三、怎样避免和处理课堂教学中的突发事件

在本次公开课中，我按教学展开的程序，创设情境、提出问题、探究新知，当我和教学班的学生正全神贯注地注视着投影屏幕上的图片，围绕本课核心内容进行教与学的双边互动时，大屏幕上的信号突然中断，图像和文字消失了。专题研讨会公开课上的这一“教学突发事件”使后勤工作人员始料不及，他们紧急出动，寻找故障。

教学班的学生素质很好，他们目视教师，静静地等候下一个环节的教学内容；现场的专家和300名听课教师很有修养，他们没有发出一点声音，生怕影响我的情绪。我一方面面不改色地迅速调整教学状态，用常规

教学方法围绕教学主线继续上课，另一方面紧急转换思维，寻找对策——这是一节视听觉艺术综合欣赏课，画面很重要，如果大屏幕信号1分钟后没有恢复我该怎么办？2分钟甚至5分钟后还没有恢复我又该怎么处理？不管怎样，现场有300多人在听课，教学任务必须完成，教学目标也必须达成！

后勤工作人员非常尽职，他们在2分钟内排除了故障，原来是电源插头松动，接触不好的缘故。从故障的发生到排除不到2分钟，从教学过程来看，学生的学习情绪和课堂氛围没有受到影响，他们的创造性思维不断生发，在问答和互动中也不断生成新的亮点，赢来阵阵掌声。我在2分钟的时间里对现代教学技术和常规课堂教学方法的运用和转换也很自然，思路也没有被打乱。听课的教师没有扫兴，在他们看来，这堂课似乎是水到渠成，没有出现过不和谐的音符。

下课后，我轻轻地舒了一口气。回想刚才的屏幕信号中断事件，虽然是短短的2分钟，我表面上镇静，但应急思维在那个瞬间已是天马行空，越过万水千山，十万火急地寻找对策。真不知大屏幕信号万一无法恢复，我将会怎样使出浑身解数来救这个场。

课后反思，我觉得怎样避免和处理“教学突发事件”这个问题，还真值得我们讨论和交流。因为一线教师在一生的教学生涯中，总会碰到那么几件不大不小的“教学突发事件”。例如，在1999年，我到杭州学军中学上公开课，上课前一天晚上我提出要试一下电脑，但工作人员说多媒体教室天天在用，没问题。第二天一上课，平时不出问题的电脑临时出了问题，维修人员怎么也修不起来，好在我准备了第二套方案，按常规教学方法完成了这堂公开课。还有的美术公开课中，发现有学生画水彩画时不小心弄翻了桌子上的小水桶，把桌子上的画和前排同学的衣服都弄湿了，年轻的女教师手忙脚乱，非常尴尬；音乐公开课上，上课教师临时发现录音带拿错了，该欣赏的歌曲无法欣赏；体育公开课上，教师示范时一脚把足球踢出了围墙外，学生全体哈哈大笑，教师不知所措，等等。

其实，大部分的“教学突发事件”可以通过课前的充分准备和检查加以防范和避免。比如，电脑可以辅助教学，但一旦停电或出现故障可能就会影响教学，所以课前要仔细检查，还要有两手准备；美术课公开课前，告诉学生画水彩画时用小一点、底盘大一点的盛水器就可以了，同时前后排同学不要共用，防止转身时胳臂碰翻盛水器；体育公开课前，教师要充分了解场地，还要考虑学生的安全因素，等等。课的类型不同，课前的准备也略有区别，比如，单一的技能课，教学的点比较集中，在直观示范教学和个别指导环节注意一下就可以了；综合的欣赏动手课，教学的主线上链接的内容比较多，互动也多一些，有时还需要各种材料、多媒体等支持，容易出现问题的概率也会高一些。有些课是“独奏曲”，有些课则是“交响乐”，课型越复杂，课前的充分准备和检查防范就越重要。如何处理“教学突发事件”，体现了一个教师的教学机智、应变能力和基本素养。只要平时对这方面的事情有所思考，就能够在出现问题时比较快地做出恰当反应。而且，一旦出现了“教学突发事件”，上课教师一定要冷静处理，否则越慌乱越糟糕。

>>> 研究与思考

这样的公开课，你喜欢吗？！

李力加

一、迟到的相遇

2006年11月23日上午，我在杭州参加全国高师美术课程会议，突然接到温州王五一老师的短信息，告诉我他已经把平湖公开课的文件发到我的邮箱里。当时，首都师范大学的尹少淳老师就坐在我身边，我把这一信息回复给他，王老师立刻回复了一条充满深情的信息：“尹老师是我的恩师，请代我问老师好。”

故事要从2000年6月说起，当时教育部委托首都师范大学承办“国家级美术教师园丁班”时，我有幸作为第一位外聘教师去授课。王五一老师就是“国家园丁班”的第二期学员，但是，因为他们进学校时国家的课程标准研制工作已经进行，尹老师和我都在大兴的“校长大厦”，所以一直也没有见过王老师的面，很是遗憾。

在参加浙江平湖市举行的“走向综合”美术名师活动时，我幸会了王老师。喝茶期间，我谈到尹老师，他充满感激之情。

在杭州会议时，与尹老师长谈中，我提及这件事，尹老师感慨地说：“‘园丁班’的效果还真不错，两期下来，促进了老师们的发展，到今天，当年‘园丁班’的学员，已经出了十几个特级教师了。王五一、朱国华、魏瑞江……都是那两个班的学员，我们当年的教学与努力是有收获的。王五一是不错的，他非常要强，是第二期的班长，当时他问我：‘老师，你在第一期都给他们上了什么课，我们都要超过他们。’那时，你已经进了课程标准组，在大兴就没有机会给他们上课了，过了这么多年才相遇。”

二、有一节这样的公开课

2001年，基础教育新课程改革刚刚开始，王五一老师在温州实验中学教实验综合艺术课。在“走向综合”美术名师活动中，他的公开课就是以国家初中艺术教材“线的情感与韵律”为主题来进行教学的。

对于从来没有接触过综合艺术课的初中学生来说，这样的课让他们大开眼界。

王老师的课让我知道了美术的多样化。特别是线条在我们生活中无处不在，在语文、数学和音乐中我们同样也能感受到线条的存在。不同的线条表现着不同的思想情感，从抒情到烦躁，从高昂到低沉，变化多端。

平湖实验中学七（4）班 张佳斌

课程是什么？

当今时代的课程，是一种穿越课堂学习复杂性情境，在学习共同体形成的过程中，有着多边会话和达到文化对话高潮的旅途。

美术教师们针对一节公开课，虽然会有不同的评价，但是，他们还缺乏从课程理解的角度去认识问题的意识。而初中学生们从王五一老师的课上认识到了“美术的多样化”，这种结果使综合艺术课在学生、教师、文化、教学情境、学科、表达等多种“复杂性”的课程元素中，形成了学习艺术文化的“共同体”。

这堂课上最有效的教学手段是“会话”。王五一老师用多元文化观与学生协商，达成了“会话”的“高潮”。在这次“穿越”上述过程的“旅途”中，学生感受到了艺术课程的魅力，同时也认识了王五一老师。

首先，这堂课绝对是堂好课。因为，老师是好老师，学生也是好学生。王老师的画（图片）让我们意犹未尽，王老师的口才使我们身临其境，王老师的二胡、京剧（表演）更有画龙点睛的功效。这堂课不仅仅是一堂课，还是一种享受，纯粹的艺术享受。

平湖实验中学七（4）班 吴振栋

探讨优秀的公开课，离不开对课程形态的理解与认识。在王五一老师的课上，我们看到他把显性课程、潜在课程两种课程形态整合于一体，最终形成了一种动态课程。学生认为好的课有三大元素：一是“好老师”，二是“好学生”，三是“好资源”（画与图片）。这些元素最终由“好老师”来演绎，学生的享受是在动态中实现的。本次课中，既有王五一老师对本课的“教学预设”，又有他的“即兴的生成”，虽然在教学过程中电脑出现了故障，但王老师的随机应变又让学生感受到了他的教学智慧。

王老师平易近人，态度和蔼，上课也与众不同，他用自己高超的教学艺术把知识形象地表现出来，使我们容易掌握，不易忘记。王老师还是个能随机应变的人，在这么多人的关注下，电脑出了故障，但他从容地把上课的顺序调整过来。此外，王老师还是个有才华的人，吹拉弹唱样样精通，真不愧为特级教师。

平湖实验中学七（4）班 沈涛

面向生态与文化的课程理解，应该是当今艺术教师和各学科教师共同思考的方向。在一节课上，教师的态度、众人的关注、课堂的文化、教材的主题是一个共生的系统。在这样的系统中，王五一老师为学生带来了“容易掌握、不易忘记”的知识——“线的情感与韵律”。这样的教学是有效的，是学生喜欢的，是富有生命力的。学生由此获得的东西，是难以忘记的。这样的艺术课是扎实的，深入学生心灵的，而不是“飘”的。

那节美术课真是令我永生难忘。坐在那里，台下那么多老师都看着我们，这无疑是一种光荣。王老师那和蔼的声音，无时无刻不在滋润着我们，那种亲切感多么让我们感动啊！不能否认，特级教师就是特级教师，讲的课是那么生动。总之，这个老师真好！

平湖实验中学七（4）班 郑泽炯

“幽灵”与课程，[①] 这是对后现代课程观非常重要的形象的比喻，在看似毫不相干的两个事物之间，找到其联系的关系或者“网”。课程与幽灵之间有一层隐喻的关系，幽灵是一种虚幻和飘渺的存在，在课堂上，可以让学生感受到，但又没有具体的形体。幽灵存在于学生意识的边缘，既真实又虚幻，若隐若现。

一个幽灵如果现形，就立刻会失去它的法力和特性。幽灵存在于任何文化中，让学生“永生难忘”的“那节美术课”，是因为有了幽灵的存在，使学生像被艺术文化的魔法击中一样，深深地感动着。幽灵的制造者，就是特级美术教师王五一，他的一言一行，让学生感受到了艺术的力量，所以，学生由衷地说出“这个老师真好”。

一进入会场，看到那么多听课的老师，第一个感觉是“紧张”，但是在王老师的课上，我渐渐被他放松的情绪和一颗平常心所感染，情绪慢慢变得放松起来，也全身心投入这堂课中，不再像原来那样紧张。

而且，我被王老师的多才多艺所震撼。一个美术老师能够用那么多多方面的课外知识，来引导我们走向美术，走进美术，是一件非常值得我们学习的事。

事实证明，知识是互通的，课堂是快乐的。

平湖实验中学七（4）班 陈茜雯

① 此观点请参见［美］多尔，［澳］高夫主编，张文军等译，《课程愿景》，北京：教育科学出版社，2004年。关于“幽灵”与课程的论述，请参见书中第三章“下一步怎么办？”第四章“杜威的‘幽灵’”；第十二章“谈谈幽灵”。

当今社会已经进入信息时代。学生没有想到美术课能够这样上，也没有想到美术文化的知识有着多种多样的形态。这让学生在个体经验中重新建立美术的概念时，发生了巨大变化。王五一老师的教学与学生潜在心灵中的既有经验产生了对话，并最终汇集成新的认识。

在重新建构知识概念的过程中，学生切身地认识到了一个真理："知识是互通的，课堂是快乐的。"而正是由于王五一老师的"全身心投入"才让学生得到了这样的感悟：

王老师的绵绵细语使我温心，
王老师的多才多艺使我钦佩，
王老师的凝神专一使我无从开小差，
王老师的课让我享受、体会到了美的世界。

平湖实验中学七（4）班 沈佳南

三、学生的评价与教师的专业发展

王五一老师的公开课后，我们收回学生的评价51份。王老师针对学生对这次课的评价，结合自己的感受对教学进行反思和研究，这是一位优秀教师的特有品质。对教学进行有效性评价，不仅可以从教师的反思中进行逻辑性的分析，还可以从学生对教师教学的评价中进行逐一的分析。

四、情感、态度、价值观与学科知识点的落实

新课程特别强调过程与方法，知识与技能，情感、态度和价值观的三维目标一体化评价。从平湖实验中学初一学生课后对王五一老师的评价反馈中，我们就能体会到这一点。

我觉得这节课内容丰富多彩，知识面广，而且是围绕一个主题——"线条无处不在"来讲。如果这节课的气氛再活跃些就更好了，不过有300多名教师听课也难怪。我很喜欢王老师，因为他各方面都好，在台上的表演更是让我大吃一惊，一名美术老师，却具有各种才艺，我很是佩服。在课前，我们虽从未见过面，却似曾相识，他是那么和蔼。这节我印象最好的美术课，不仅使我体会到了线的多、线的美、线的奇，还让我欣

赏到了音乐中的线、数中的线、舞中的线。总之一句话：我非常喜欢这节课！

平湖实验中学七（4）班 屠宇婷

用过程与方法，知识与技能，情感、态度与价值观三维目标一体化的评价方式看王五一老师的公开课，能够发现这样的问题：学生学习心理的转化与改变过程，是从这三个方面达成的。51份评价，表明了学生学习态度与情感的改变经历了认同与内化两个方面：首先，学生认为王老师“各方面都好”，佩服王老师的才艺；其次，学生认为王老师与他们有一种“似曾相识”的感觉。

当学生认同教师的心理占据了其主要的学习心态时，他们对教师传递的艺术文化必然产生内化的心理活动，由此，对王老师的教学产生了一系列的学习热情。从教与学的心理学角度分析，学生将自己所认同的思想与自己原有的观点、信念融为一体时，就必然会构成课堂学习时完整的价值体系。此刻，他们对美术的认识，由于王五一老师的教学引导，发生了根本的改变。因为他们原先并不明白艺术和美术的概念究竟应该怎样区别。

我觉得王老师的课十分轻松，没有压力。王老师给人一种很和蔼的感觉，不像一般老师对学生的那种态度，他对待学生就像对待朋友。即使是在众多的闪光灯下上了这样一节课，我也并没有觉得有什么不舒服，而是更多地投入学习中。王老师的课也有许多与众不同的地方，平时的美术课在我们眼里只能用无聊、乏味来形容，但上了王老师的这堂美术课之后，我改变了之前对美术课的看法，没有想到，美术课也可以创造那么多乐趣。

我真正体会到了什么叫艺术！

平湖实验中学七（4）班 张霜霜

朋友是现代社会的人特别珍惜的一个词语。因为，在当今社会物欲横流的影响下，“朋友”已经逐步远离了人们。学生也是一样，他们更渴望真正将他们当成朋友的老师出现。在对教师情感变化的基础上，学生对美术课的学习态度也必然发生变化。他们平常感觉最"无聊、乏味"的美术课，在王五一老师的演绎下变得如此精彩。

按照课程专家奥苏伯尔的观点，这一教学的有效性来自于教学的组织者——教师。因为，优秀的美术教师的观念水平要高于学习材料（艺术教材）中的观念水平，王老师在设计教学的过程中，迁移了美术学科知识（线）的学习。

五、"幽灵"——教师对教学的控制

讲课有激情，流利；备课充分，课件制作精美；应对突发事件处理能力较强；同学们学到了许多知识，希望您能记得我哦！

平湖实验中学七（4）班 费得雨

学生的兴奋以及对王五一老师本人教学的认同，原因有三：其一，源自于艺术课程本身的探究性特性；其二，王老师创设的教学情境；其三，王老师本身的素养。

杜威曾说："探究是将原先不确定的情境进行控制和引导，使原先情境中的因素转变为统一的整体，并使情境具有连续性和关联性的过程。"在这节艺术课上，学生对线的探究是在王五一老师对教学的控制与引导下展开的，学生在此感受到了线的表达的连续性与关联性，感受到了他们从来没有发现过的东西：原来在音乐里、在舞蹈中、在生活中，线无处不在，这样的关联是课程设计本身带来的。因此，学生感觉到"获益匪浅"。

"控制"是任何教育、课程最重要的"幽灵"，特别是在后现代课程中。杜威就持这种观点，他的"艺术即经验""生活即课程"的观点，被一次次验证。

啊！这节课多么有意思啊！慈祥的王老师，风趣的王老师，一节令人多么开心的课啊！"线"，在生活中无处不在，直线、曲线……都伴随着我们的生活。各种心情也是一种线——紧张、舒畅；各种音乐也如线——

轻、重、缓、急。

想不到音乐语言中都是线，真是让我大吃一惊。

平湖实验中学七（4）班 马烽

学生课堂学习开心，能够获得知识，对教师来说是最大的奖励。该节课教师对课堂教学的控制，是隐含于王五一老师的话语中的。他用亲切、幽默的话语，将教学意图贯穿于教学中。学生在其中感到学习美术开心，觉得课非常有意思。

我曾经反复提出一个观点——以文化的方式传递和教给学生美术学科知识，但对于这样的教学方法大多数美术老师总感觉把握不了，更不理解如何去教。出现这种状况的根源是教师对当代课程理论与课程思想的不理解。

传统的教育，特别是学科教育，总是把归纳后的概念、逻辑体系形成系统后才教学，这本身是没有问题的。而实践中的问题则是，概念性的知识重新教给新一届学生的时候，则需要教师再进行新的分解。例如，课堂中教师与学生的会话过程，学生表征性思维的出现、自我和思想都是可以探究、了解、转变的客体。那些已经归纳好的艺术学科的理性词汇，在美术教师口头的传达中，一般都成了真理的化身，这是大多数美术教师都认可的。但是，在这样的教学中，大多数学生则是不能接受美术知识的，因为这些学科的逻辑与概念离他们的生活实在太远。教师如果想取得教学的发展与自身的专业成长，就需要把学科概念解构，使其在与不同学生的重组中，促进师生的共同发展。

综合艺术课体现了世界课程发展的先进理念。最关键的问题，在于教师本身的素养与专业能力。艺术课程的实现，最为核心的元素就是艺术教师，人的因素是决定因素。教育理想与教育实践二者之间的平衡，呼唤优秀的艺术教师，而优秀教师的成长是在最基本的为师良知基础上的自我发展。因为，仅仅靠外力是不能推动人的内心变化的。

3

水墨佛像

——创造情境，提高学生美术表现能力

名师课堂

“水墨佛像”教学实录（五年级）

朱国华①

（一）课前活动

师：上课之前，我们先来活动一下，大家一起和我做一个动作。据说这个动作全世界有无数的人都很喜欢，说能让人忘却所有的烦恼，保佑平安！一起来跟我做吧！两手平举、上抬、合掌、下到胸前……（生在好奇中跟着教师做起了合掌拜佛的动作，并在一种意会中发出了一阵笑声）

女同学换一个动作，女同学的要好看一点，跟我来，大拇指对准你的

① 朱国华，浙江省美术特级教师，中国美术家协会少儿艺委会委员。

中指、放平、举高，左手低一点、右手高一点、往下，好。（生再次发出了会意的笑声）别笑！大家就以这个动作非常虔诚地来听我讲一个老掉牙的故事。从前，有一座山，山下有座寺庙，寺庙里有个疯和尚，这个疯和尚喝酒吃肉，实在不像个和尚。可是有一天，他掐指一算，有一座山峰将飞临寺前的村庄，他着急呀，跑到村里大喊“快跑啊，山要压来啦……”，村里有人正在办喜事娶新娘，哪有空理会疯和尚的胡言论语啊。疯和尚一着急，背起那个新娘就往村外跑，村民一看，这还了得——和尚来抢新娘！拿起锄头、扁担就在后面追。追到村外的时候，只听轰的一声，一座山峰刚好压在了村民刚才办喜事的地方，这下，村民们才知道这个疯和尚是来救他们的。于是，人们就把这座寺称为灵隐寺，把这座山称为飞来峰，也叫灵鹫峰，这个疯和尚就不叫疯和尚了，就把他尊称为什么啊？

生（齐）：济公——（师随机点击课件，屏幕上出现灵隐寺、飞来峰、济公的图片，图片略）

（二）教学过程

师：上课！（生起立，问老师好）同学们好！

哎！又传说，村民为不让这座山再飞到别处祸害百姓，就听从了济公的建议，在这座山上雕刻了许多佛像。其中就有这样一座佛像（点击课件，屏幕出现佛像的图片），我想看看同学们认不认识他，他叫什么佛？他给了你一种什么样的感受？请举手说，那位女同学你说。

生：我看到他在开心地哈哈大笑。

师：哦，他给了你一种开心的感觉，从他的表情上面，你知道他是什么佛吗？

生：弥勒佛。

师：哦，是的，他旁边还有一个布袋。传说中，他经常背着这个布袋去帮助百姓，所以人们也把他称做“布袋和尚”。还有没有同学有不同的感受？有人就有另外一种感受，还写了一幅对联去赞美他，“大肚能容，容天下难容之事；笑口常开，笑天下可笑之人”，谁理解这幅对联啊？能不能简单地讲讲，赞美了他的什么？

生：宽容。

师：这个词用得非常好。宽容，世上难容之事，他都能够容在心中。还有吗?

生：开朗。

师：嗯，宽容、开朗，其实做人能够做到这个份上，就会非常得开心。其实，在飞来峰上像这样精美的石刻雕像还有很多很多，我们选择比较具有代表性的几尊来欣赏一下，好不好啊?

生：好。

师：（点击课件，在有背景音乐的屏幕上出现各种飞来峰石刻雕像的图片，图片略）请大家仔细地欣赏。谁能说说你最喜欢哪一尊？并说说理由，这幅雕像图版你就可以收藏啦。（师出示了事先贴在黑板上的石刻雕像图版）谁有这个愿望啊？哦，还是那位女同学，你说。

生：我还是喜欢弥勒佛，因为他总是很开心，肚子很大，很可爱。

师：嗯，在你眼中他可爱，他的性格吸引了你。希望你好好收藏这尊雕像。（师揭下黑板上的弥勒佛雕像图版，当场送给了她）

还有哪位同学来说说看？前面这位女同学。

生：菩萨。因为她给人一种善良、纯洁的感觉。

师：我们这个地球上有许多人都喜欢菩萨，因为她非常圣洁，而且菩萨的心肠是非常好的。希望你也好好地珍藏这幅菩萨像。（师同样揭下黑板上的菩萨像图版，当场送给了她）

有没有男同学举手？后面那位男同学，你说。

生：我喜欢“白马驼经”。

师：它有个相关的典故嘛，说说你的理由。

生：因为它是有关西游记中唐僧取经的故事。

师：这个取经故事的雕像有三组，第一组确实像他说的那样，就是讲唐僧取经的故事，这个是另外一个讲取经的故事，把经都用马驼回来了。你也讲得非常好，下课的时候你来拿这尊雕像去好好地收藏。

（指着举手的一学生）你来说吧!

生：我喜欢多闻天王，因为他的雕像很精美。

师：多闻天王，这是飞来峰上比较经典的一座佛像，他给人一种非常威严的感觉，讲得很好。今天的女同学比男同学回答得好哦。

生：我也喜欢菩萨，因为她有一副菩萨心肠，很善良，总是救人。

师：飞来峰上的石刻雕像多是元代的作品，其他地方的雕像多是唐朝等年代的作品。飞来峰上的石刻雕像达到了一个很高的水准，这是很难得的啊。好的，最后，这位男同学举手了，你说。

生：我选择尊圣佛母，因为她有一颗善良的心。

师：这也是飞来峰上比较经典的一座雕像，这样精美的小雕像还有二三十座，这在全国也是比较少见的，所以你喜欢的这个很有价值、很有意义。我们再请一位同学来说说，那边边上（师指着远处的一位学生）的那位同学你来说说看，对，穿黄衣服的。

生：我喜欢金刚，因为他很威武。

师：其实他叫金刚手菩萨，只不过他的表情有点威严，又有点小孩子贪玩的那种感觉，所以非常的可爱。老师把他的图版给你，好好收藏。（师同样揭下黑板上的金刚手菩萨图版，当场送给了他）

还有两座，由于时间关系我们先放着。

其实，我们中国是一个佛文化悠久、雕刻艺术水平非常高的国家，老师再给同学们简单地介绍几座雕像（点击课件，屏幕出现著名雕像的图片）。这是四大石窟之一的山西云冈石窟造像，老师去过的；这是河南龙门石窟的造像，也是四大石窟造像之一；重庆的大足石窟是个精美的石窟，其雕像上面还有彩绘；在四川还有一个用整座山雕成的大佛，叫乐山大佛。这表明中国在石刻造像方面是具有非常高的艺术成就的。下面老师想问一个简单的问题：杭州的石刻雕像和它们相比有什么不一样？那位男同学你先说。

生：我觉得杭州的雕像很光滑，而它们（指图中那几尊雕像）都像是用泥土雕出来的。

师：对，杭州的雕像是在石灰岩上雕刻的，非常坚硬。因此，它们虽历经千年而难磨损，被雨水一冲刷，还更光滑，人摸过的地方也更加有光泽。你观察得非常仔细，有着艺术家的眼光。（师指一举手的学生）你说。

生：其他地方的佛像很大，杭州的很小。

师：对，杭州最大的也就两米多一点，它精巧、细腻，雕刻技法比较写实，而其他地方的佛像都是很宏大的。那位男同学你来说说。

生：杭州的佛像都面带微笑，而其他地方的佛像都比较严肃。

师：杭州的佛像题材很丰富，凶的、微笑的、端庄的都有，但是，大多都是比较端庄的。你对雕像的表情抓得很准。今天我们这节课可不全是欣赏，我们要学习一下怎么用水墨的方法来画杭州的石刻造像。比如，朱老师这里就有一个雕像的局部头像，如果我们要表现它，就要从形状、结构、明暗、还有石头的质感等角度去考虑。哪位同学简单说说，假如让你用水墨来表现这个佛像，你有什么好方法？那位女同学，你说。

生：用深浅不同的墨色。

师：对，可以用浓淡过渡的深浅墨色来表现，你说得非常经典。好，我想同学们可能都会有自己的想法，这样，请同学们用1分钟的时间在各自桌上的那一小张宣纸上研究一下，看看可以用什么样的水墨方法来表现这个石刻的造像。就表现这个（指屏幕上出示的石刻造像局部），如果来不及的话，画半张脸也可以。好，1分钟，我们来试试，看谁的水墨方法表现起来最有趣、最生动，或者说最能表现出石刻的特点。开始！

师：（在学生进行水墨表现的探究过程中，师随机解说）方法很多，刚才那位同学说的浓淡，有的同学好像在用勾线，勾线是个好办法。还有的同学在用别的方法，如果你能表现出你自己的感觉，就是好办法，明暗的感觉、石头的感觉、历史的感觉。用你的观察、你的思考、你的感受、你的理解、你的聪明，去想自己的好办法。如果你和别人用的是同样的方法，等一会儿老师就只选一张来展示，所以朱老师希望你们都用不一样的方法。

看来同学们都很聪明，都有自己的想法，跟别人很不一样，这是我喜欢的学生，这样的学生才是可能成功与进步的。

师：（生表现结束，师开始展示他挑选的学生的作品）我们来看看这个同学是用什么办法来表现的？

生：线条。

师：对，线条的表现力是非常强的，而且他的线条颜色是较浓还是较淡的呀？

生：淡的。

师：他的线条是比较淡的，可能是想表现一种历史悠久的感觉。（展示另一张学生的作品）这个同学画得跟别人就有点不一样了，嘴巴画得很清楚，上面好像很模糊，或者他认为历经千年了，有一种沧桑、模糊的感觉，这样就有种水墨的韵味。朱老师想请这位同学来说一说（展示第三张作品），他画的线条跟别人的有点不一样。那位同学，你站起来说说看：线条是画得很慢好呢，还是画得快一点使其（师演示了用笔的动作）飘逸点好呢？

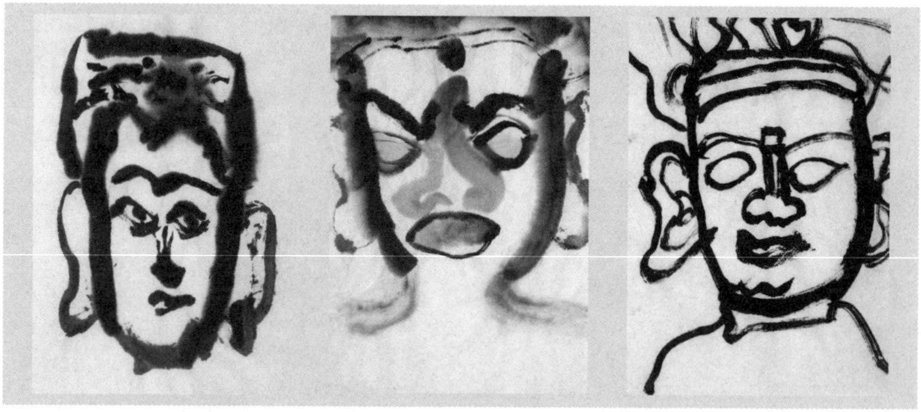

生：我觉得线条应画得粗一点、墨色比较浓一点好。

师：为什么呢？

生：因为他的脸比较简单，如果墨色再比较淡的话就会显得很单调。

师：嗯，她想用粗壮的笔法来表现一个相对简单的造型，这样比较概括，你的想法也不错。那你觉得是画得快好还是画得慢好？

生：画得慢好。

师：为什么？

生：因为画得慢点可以把他画得更细致。

师：可以刻画得细致，这样就可以把你的观察转化为丰富的水墨语言了。尤其是画得慢了之后，就会有一种什么样的感觉啊？这个同学画线就又慢又干，为什么呢？因为石头很坚硬，凿出来的嘛，对不对？这样的线条显得有力，而且还特别有味道。这个同学在画的时候呢（展示另一张学生的作品），他观察得非常细致，还注意到一些细节，这很好。这个同学（展示另一张学生的作品）在画面的安排上，你们看看，显得非常大气，画面有一定的新意。现在，我想给同学们看的是这两张（展示另两张学生的作品），他画画时除了用线勾勒形状之外还有什么？谁来说说，他用的这个方法和刚才别的同学用的方法有什么不一样？你说。

生：很粗。

师：什么很粗？我看有些线条很细的呀。

生：上面有一道很粗的墨。

师：噢，请坐。他的理解可能是，这个帽饰比较复杂，他用粗壮的笔法一笔概括，还不错哦。关键是脸上这块墨好像表现了石刻雕像有明有——

生：暗。

师：嗯，他这幅画给人的感觉就丰富一点，也不错。这个同学的（展示另一张学生的作品），你们看除了勾线之外，他这些淡墨的渲染，非常有层次。这个同学画画胆子非常大，你们看，这水一般人不太敢用的，而他用得很好，该清楚的地方清楚，该模糊的地方模模糊糊的，让人产生一点联想。

师：好！我觉得同学们都画得非常好，

想不想看看朱老师给你们演示一种我想到的办法啊?

生：想。

师：我画得很差，大家不要笑我啊。虽然画得不太好，但这也是我研究了一个晚上才发明的。怎么画呢?（师开始在黑板的宣纸上进行现场示范，边示范边解说自己的理解与技法）我是先蘸一点点浓墨，然后把它搅啊搅，搅成跟这个石灰岩的颜色很像的一种略深的淡墨，我选择的笔法是中锋下压的用笔，时间来不及老师就只画个局部，我就直接开始画了。先画眼睛，这是他的眼眶，该凶的嘛就凶，眼珠我就直接把它画出来啦，眉毛我就这样一笔把它画出来，鼻子我也一笔画下来，现在没有墨了，我继续蘸一点（在调色盘里继续蘸墨、调墨），眼泡我又一笔画出了，这是他的眼睑，也一笔画出，这是眼袋。画到这里我仔细观察，原来这里有鼻尖，有鼻孔，有鼻翼。然后，下面感觉好像还有一个嘴唇线，是这样在中间过来的，是吧?这是嘴唇和下嘴唇，佛的嘴唇很宽。接下来，这个脸型我这样一笔就画出了，这个脸是很慈祥的，对不对?我在画他的下巴的时候，这里勾一笔，那里勾一笔，给人的感觉是颜色比较深。这里是人中，在上面给它上几笔颜色，显出一个墨色的效果。还有额头，一笔一笔地画，当然，再刷几笔也是可以的，这里我可以表现得很粗犷，也可以表现细节。再画耳朵，耳朵还有轮廓，耳垂这里还有花纹，花纹好像太淡了，不好看，老师也用勾线就直接把它画出来了。所以，不要在乎你画得有多么精致，关键是你的想法，你的感觉。

比如，（点击课件，出示图片）画这幅图的画家（指其中的第一幅

图），他就是用线来勾勒，除了勾线之外，他还在两边淡淡地用了墨色，渲染出了一种历史沉淀、岁月悠久的感觉，很有立体感；画第二幅图的

画家，他几笔就把雕像概括成这样一种丰富的意象，感觉非常好；而画第三幅图的这个画家，你看，他画的画局部有点感觉就行，其他地方都虚掉了，但整体看起来很有那种水墨以及石刻雕像的感觉；最后这幅画，细节、明暗、立体等全用概括的笔墨画出来了。小朋友们也画得很不错，（课件展示学生的作品）比如，图一是用勾线，二年级的学生画的；图二是我儿子画的，用的是勾线加上设色；图三用的是勾线，而且做了一些效果，很有立体感；图四结合了染色，而且是一组人物，画得很漂亮：图五有些地方直接用水墨的效果，非常好。这些我们都可以作参考，大家想不想也来画一张？

生：想！

师：接下来，请同学们从抽屉里拿出一张资料图片（飞来峰石刻造像的打印图片），每个人的都不一样，再拿出一张宣纸，用你自己的最好的方法，把这个石刻雕像画出来，现在开始。

（生创作，师巡回指导，生把创作好的水墨作品贴在了一个个三角形的幻灯片上，最后教师把每个小组的三角形幻灯片垒叠成一座山峰的造型，并关掉了教室的灯光，打开了造型内部的灯光，使造型成为一个发光的水墨“飞来峰”，然后进行对学生作品的展示与评价活动经）

图一

图二

图三

图四

图五

师：好，同学们，刚才我们共同装置了一个水墨的飞来峰，哪位同学来说说，假如有一天夜幕降临的时候，你在西湖边走，突然看到这样一座飞来峰，你有怎样的感受，或者说你有什么话要说？谁来说一下？好，这位穿红衣服的男同学。

生：我觉得很美。

师：它是一种非常独特的，和我们杭州景色非常和谐的水墨景象，很美，很好。谁还能说得具体一点？那位女同学。

生：好独特呀！

师：独特，这是我们艺术要追求的。请坐，你讲得很好。那位同学，你说。

生：端庄。

师：特别是有一些佛像，让人一看就觉得圣洁，不能有非分之想。最后请那位同学说说。

生：非常的神秘。

师：嗯，神秘感，同学们表达得都非常好，每年有许多许多的人来到杭州，都要去灵隐寺前的飞来峰，和弥勒佛合影留念。但是，哎！（点击课件出示讽刺漫画：一旅游者在弥勒佛的脚底题字“到此一游”）你们看，有的游客到了飞来峰弥勒佛像前的时候，诗性大发，激动啊，于是，便有了这样一个举动（指着石刻像上乱题的字“到此一游”）。对这样的举动，你们有什么看法吗？我觉得蛮好啊，激动嘛。你说。

生：我觉得这样不文明。

师：不文明，讲得好，素质问题。那位同学，你说。

生：破坏了文明。

师：我们希望飞来峰的雕像能历经千年，你一下子就把它给破坏掉了，我们以后的人就看不到了，讲得非常好。那位同学，你说。

生：我们要把它们保护起来！

师：对，它们不但是我们国家的，而且是人类共同的遗产，我们要珍惜它们，爱护它们。

师：同学们，像飞来峰上这样精美的石刻雕像在我们杭州还有很多很多。它们是永恒的画，是最美的诗。对于它们，我们不能仅仅是欣赏，还应该有一份责任——让这份宝贵的遗产和人类、和灵隐寺的钟声永远相伴。今天这节课就上到这里，谢谢同学们，再见！

教学反思

如何更好地让学生进行水墨表现

这一节课的教学需要在学生具有一定造型表现能力和水墨画技法的基础上进行，要帮助学生通过观察与感觉直接利用水墨来表现，着重让学生学习一些写意表现、简意表现的水墨技法，降低学生表现的难度，增强他们对水墨表现的趣味。由于学生对飞来峰摩崖的石刻艺术的文化背景及其特点不太熟悉，教师在课前就要多收集与了解相关的资料，并根据学生的要求与学习特点进行有效的整合与处理，然后在课堂上进行展示与交流。教师可以通过对一些形象的分析、造型的对比、历史故事与传说的讲述使学生增强感性认识，从而帮助学生更好地完成自己的艺术创作活动。从学生的学习过程和作业看，这一节课取得了很好的教学效果。

研究与思考

三维目标下的创作与表达

李力加

三维目标是新课程的总体目标，是国家对基础教育阶段学生基本素质培养的要求。它体现的价值和追求是课堂教学不仅要关注知识教育，还要教学生学会认知，更要通过具体的课堂教学引导学生学会做人，并促进其智力和人格的和谐发展。对于美术这样一个技能操作性比较强的学科，如何使三维目标能够比较自然地落实于课堂，美术教师感觉还是有一定的难度。朱国华老师的“水墨佛像”一课，对三维目标的达成进行了有意义的探索，为小学美术在课堂教学中落实三维目标的方法提供了有研究价值的范式。

一、从三维目标看本课教学设计

本课的教学内容是“了解与感受杭州石刻的艺术特点与文化背景，并尝试用水墨的方式进行表现”，由此来看知识与技能目标在课堂上的达成：第一个层面的知识为“杭州石刻艺术的分布、艺术特点及其文化背景”，这属于广域性的文化知识，是学生必须知道的，具体到杭州石刻艺术，这是美术知识，是前人留下的对美术历史发展中客观事物的现象和规律的概括总结，其艺术特点及文化背景都是本课学习中需要涉及的，因此朱国华老师将其列在首位；第二个层面属于技能，如何用水墨表现的方法来表现摩崖石刻造像，这涉及具体学科中造型的知识与技能，这里的内容包括“运用勾线、设色、皴擦或晕染等方法进行构思与表现”。水墨表现的技能是美术知识的外在价值，为了在小学的美术课堂上表现摩崖石刻造像，朱国华老师选择的这一技能是与摩崖石刻造像能够相适应的一种行为方式。小学生在课堂上用好这样的表现技能，就是达到了对杭州石刻艺术这一美术知识概括化的描述。

这一教学设计，由把握课题内容的宏观到局部，对教学的具体要求、课堂上可能出现的问题与处理方法，都做了比较周密的思考。本课的教学过程与方法，朱国华老师通过6个环节进行实施：一是引入探寻活动，激发学习兴趣；二是感受石刻艺术，了解文化内涵；三是研究表现，构思创造；四是布置作业，鼓励创作；五是学生创作，教师巡回指导；六是成果展示，激励评价。布鲁纳认为，“认识是一个过程，而不是一种产品”。本课的教学过程是指为达到用水墨表现形式塑造佛像这个教学目的而必须经历的活动程序；方法是指师生为实现本课教学目标和完成教学任务，在上述6个活动中所采用的行为或者操作体系。朱国华老师提出，“引导学生在文化背景中开展研究性学习，在资料收集与实践活动的基础上、于自我探究的过程中去发现和创造这样一种学科研究形式和学习方法”。

本课的情感、态度和价值观的目标是让学生通过体验性的学习，能够“关注对本土文化与艺术热爱的情感和态度”，这包括“培养学生对家乡石刻艺术的热爱，树立保护意识”。同时，学生在课堂上对杭州石刻艺术有了亲身经历，有了对这一主题的水墨表现的体验性认识，也就能产生相应的态度和行为。

二、由课堂教学实施看本课三维目标的实现

小学美术课堂上，落实好三维目标，对提高教学的有效性具有现实的针对性。朱国华老师从课前活动的师生交流开始，就已经将学生的思路纳入了目标达成的轨道中。他由“一个老掉牙的故事：从前有座山，山下有座寺……”直接将学生的视线引向本课的教学主题——研究和表现佛像。三维目标倡导的是学生全面而和谐的发展，对这一有关飞来峰来历的故事的讲述，体现了朱国华老师对学生生命存在和身心发展的整体关怀，使融洽与和谐的学习情境立刻形成。

研究飞来峰的佛像，是这节课教学的重要环节。朱国华老师与学生热烈的对话与讨论，强化了学生的知觉体验和参与，并围绕学习主题、学习过程去落实三维目标，讲求效益、效果和效率。例如，学生们针对不同主题的佛像发表自己的看法；又如学生对用水墨表现佛像这一学科问题的认识是很到位的：“我觉得线条应画得粗一点、墨色比较浓一点好。”另一个学生说：“因为他的脸比较简单，如果黑色再画得比较淡的话就会显得很单调。”这些话说明学生对于水墨技法表现的分析经过了自己的思考，有个人的独特看法。对于小学生来说，把握好水墨表现技法并不是很容易的事情。美术课堂学习中，过程与方法目标的落实，最重要的特征就是学生要亲历体验，要对教学主题等经历一系列的质疑、判断、比较、选择、分析、综合等思维活动和认识活动，要对美术表现有自己独特的看法，而不能随着教师的意见说话和低水平临摹。这些体验本身要比具体的作业结果（结论）更重要。

在美术课堂上三维目标的达成中，教师的主要工作是要激发起学生潜在能力的释放。学生在课堂上能力的表现与教学过程的实施紧密相关。例如，朱国华老师在表现环节要求学生们：“请用你自己最好的方法，把这个石刻雕像画出来，要求是每个人画得都不一样”，这样的作业要求是挖掘学生能力并使其能量释放的过程。每个学生内在能量的变化是在水墨表现的过程中体现的，因为，教师要求每个人画得都不一样，学生为了达成不一样的目标调动自己思维的能量，从而使作业的结果非常精彩。同时，

学生良好的情感、态度、价值观在表现过程中得以产生，对传统文化的理解水平在提升。可以看出，本课的教学目标设计是朱国华老师教学活动的起点和归宿。朱国华老师制订了比较恰当的教学目标，在教学中既体现了美术课程标准所提出的人文性，又结合了学生的实际水平，通过对话与研究，有针对性地提高了学生对教学目标的理解水平，进而提高了整个教学的有效性。

三、由学生作业看三维目标落实的策略

新课程改革针对教学提出的三维目标是一种研究的需要，专业研究者、美术教师可以分别从不同的视角、维度去描述学生在本课学习中关于这三个维度的变化与细节。但是，教师在教学过程中是不能把三维目标切割开来，变成三维任务而分别完成的，实际上这也是做不到的。因为任何教学过程都是一个完整的过程。朱国华老师在这一课的教学目标达成过程中，学生的水墨表现作业质量很不错，很好地落实了美术新课程面向全体学生的美术学习要求。学生的表现为什么能够有这样好的结果呢？

第一，朱国华老师把教学设计里的三维目标在教学实施中形成一个整体。达成这样的目标，采用的教学手段是创设情境，由师生对话开始到进入教学——对佛像的研究，把三维目标创设成了一个整体的文化场域。这个研究佛像的场，自然地把本课所要达成的知识与技能目标、过程与方法目标、情感态度与价值观目标有机地融合为一体，实现了美术课堂教学三维目标的整体性。这个教学验证了这样一个问题：课程改革后，很多美术教师在教学设计的时候，为了让人看到其设计思路比较清晰，总是将三维目标分开来写，但是，具体到进入课堂教学的时候，最高明的美术教师是要把它作为一个整体来实施的。朱国华老师的本课教学为此做出了榜样。

第二，朱国华老师在教学中针对学习内容有所侧重地实现了三维目标。美术教师需要注意，在一节课中，不能将三维目标生搬硬套，像贴标签一样贴在教学设计的文本中，这样在教学落实的时候会脱节的。例如，本课的教学内容目标更多地体现在知识、技能层面上，是用水墨的形式表现佛像，朱国华老师所有的教学重点都集中于此。同时，这个教学主题的目标内涵丰富，既有文化意义，又有家乡情结。但是，教学中的有些内容

可能在过程与方法的目标层面上比较丰富，如对于水墨方法如何更好地表现佛像这一问题需要在过程与方法的教学中解决。但是，本主题却也要求学生学习后在情感、态度与价值观层面上要有所提升。要达成这样一个目标，教师需要在教学中使学生的情感、态度与价值观自然融合，于是，在朱国华老师的教学中，这一目标的达成是通过具体的水墨表现过程激发出学生情感上的共鸣。

第三，朱国华老师对本课的活动设计，体现了三维目标达成的本质：美术课堂教学更加倡导体验式的学习。美术教师讲授式的教学方法，对落实学生们在课堂上水墨表现的知识技能层次的目标还是有问题的，而体验式、探究式学习往往会给美术教师提供落实后两种目标的途径。在本课教学中，朱国华老师除了创设关于佛像的情境以外，另外最重要的、花气力最大的就是教学指导，是在对水墨表现的体验活动中，让学生们体会如何去画才能够更有意思地表现佛像。实际上，在师生共同讨论研究佛像的环节里，朱国华老师讲授式的学习方法还是用了不少，但是，用单纯的讲授法去落实学生在本课要达成的情感、态度和价值观目标是比较困难的。要达到这个目标，教师在教学中要让学生经历切身的体验后，形成接受性学习和体验性学习的统一，同时也使其达到个体学习和合作学习的统一。

四、在三维目标基础上落实有效教学

研究朱国华老师"水墨佛像"一课的教学，重点是研究其在三维目标基础上如何落实有效教学。首先需要研究的是小学美术课堂教学的价值和意义问题。只有先确定所需讨论的问题的价值和意义，才能在这个前提下判断课堂教学是有效还是无效，是高效还是低效。那么，为什么说美术课堂教学中唤起学生的体验最重要呢?

美术课堂上学生体验的达成，需要探究性教学。有教师会说，探究教学效率最低，让学生在美术课堂上自行探究表现方法，而有的学生聪明、有的学生迟钝，探究了半天，下课时间到了，也没有完成作业，还不如直接把结论告诉他们，让他们按照这个结论走，作业效果也许会更好。对于本课教学，怎么判断学生的体验性探究是否有效呢?

第一，要明白探究性教学的价值。本课是让孩子们在杭州石刻艺术中去发现问题，探究用水墨表现的方法作为对佛像进行表现问题的解决办法。学生在探究性学习过程中，既有对佛像造像历史、文化等知识的运用，又有对把握水墨表现能力的培养，还有大家在合作活动中产生的情感共鸣，以及同学们产生的对地方文化资源问题的兴趣，等等。朱国华老师的本课教学既落实了知识和能力目标，又讲究了学生在过程中的体验。整个教学过程，既培养了学生们对杭州石刻艺术的兴趣，又提高了学生用水墨形式表现佛像问题的能力。

第二，强调美术课堂上学生的体验，是让学生们在探究性学习中完成知识与技能、过程与方法的学习。朱国华老师这一课的教学过程本身，对学生情感、态度与价值观的培养具有很大的意义。假如本课学习研究用水墨表现方式如何表现佛像的问题的结论是由教师来告诉学生，用不了1刻钟教师就能讲完所有内容。虽然学生探究了半天也研究不出到底用什么样的笔法、什么样的墨色来表现佛像最有意思，但他们毕竟经历了研究的过程，尝到了探究的甘苦，你能说这样的课堂低效、甚至无效吗？因此，探究有效教学解决的问题，就是落实三维目标下美术教育的意义，因为有意义的美术教学才是有效的。

4

表现生活——走进齐白石的国画世界

——创造机会，让学生学会在生活中寻找美

>>> 名师课堂

“表现生活——走进齐白石的国画世界”教学实录（五年级）

朱敬东[①]

（一）情景导趣，链接感知

师：课前，我们一起用赞美的眼光对老师的普通手机、同学的小眼镜进行欣赏。我们会发现，用赞美的姿态可以获得对物象更多的了解和喜爱。老师这里还有一张生活中的普通照片，你们也用这种赞美的眼光发现一下，哪些地方很有意思，很好看？

生：花朵很漂亮！

① 朱敬东，浙江省特级教师，浙江省平湖市教育研究与培训中心教研员。

师：花朵的什么很漂亮啊?

生：花朵的颜色!

师：你发现了花朵的红色与叶子的绿色，形成了很好看的小天地，是不是这一部分啊?！（师利用多媒体将图片放大）

生：还有了花朵大小的变化啊!

师：你的眼睛很厉害啊！有了深入的发现。

生：我发现植物在阳光下高低不一的排列很有意思。

（生指着多媒体屏幕，请老师确定自己发现的部分）

师：有点逆光的感觉，轮廓的排列层次很美，很有节奏感。

（师边说边用手演示植物的外轮廓的高低变化）

生：那边的植物排得很整齐，像3个一起上学的小朋友。

师：呵呵！很有意思啊！这种植物是蚕豆苗，老师也把它放大。

（师放大图片中三株排列有序的豆苗）

生：我发现了好几个地方啊！吊着的花盆很好看，有的地方花朵很多，有的地方很少。

师：这是疏密的变化，哈哈，大自然在教我们美术吧！老师也把它放大。

生：还有后面的帘子也很整齐。

（二）探究建型，关联表达

师：关于这张图片我想每个人都有自己喜欢的部分，有的同学喜欢的是花朵的形态，有的喜欢的是叶子排列的顺序，有的喜欢的是色彩的对比！下面就请同学们用水墨画的形式画出你喜欢的部分，表达出你要赞美的地方。

（生动笔尝试绘画，师巡视指导，3分钟）

师：刚才画的时候感觉怎么样，你主要想表达什么?

生：有点难，很复杂，我画的是密密麻麻的叶片。

师：展示一下，让大家欣赏欣赏，大家看一下，他画的哪些地方表现得很有意思?

生：他的叶片画得有墨色变化。

师：是，丰富的墨色表现了叶子之间的层次感。

生：我画的是花盆，花朵有点多。

师：你的花盆概括得很简单，有线条的变化。哪位同学给个建议？

生：花朵可以再画大一点，现在还是有点小。

生：都可以画大一点。

生：我画的这些是豆苗，高低不一的。

师：你认为还可以怎样表达会更有意思？

生：墨色可以再变化一下，我画得太浓了，都是一种墨色。

师：这样一张普通的照片，我们每个人都会从不同的角度把认为好看的地方进行创作，创作的作品很有意思。看这张图片和旁边的作品有什么关联的地方？

生：这件作品好像只表达了这张图片中花的部分。

师：那有什么不同的地方？我们一起来看一下作品。

生：叶子变少了，本来是很多的啊！现在就只有几笔了！

师：这是一种什么表现方法啊？

生：概括。

师：很好，也可以认为是减法。（师点击出现：减法）除了减法还应用了什么方法啊？

生：加法，还画上了小花蕾。

生：还加了一只小蟋蟀。

（师点击出现：加法）

师：你们猜想一下，他为何要用加法？

生：这样就更热闹了！

师：只是热闹吗？

生：我认为这样把花的生长过程都表现出来了！

师：你读懂了画家的意思和想法。

生：小蟋蟀是画家过去发现的，因为很喜

欢，就画到画面中了，这样就有了生机。

生：可以看出画家对花、蟋蟀是很喜欢的。

师：是啊！画家通过对生活中的景象进行添加和概括，表达自己对生活的真实情感。这件作品是我国著名的国画大师齐白石爷爷画的。今天，我们一起走进齐白石的国画世界，领略大师是如何通过画画表现生活、表现自己的真情实感的。（出示课题：表现生活——走进齐白石的国画世界）

（三）欣赏拓维，联结情感

1. 解读内容意义

师：看一下齐爷爷的4件作品，都画了些什么内容？

生：日常生活中的事物。

师：这些日常生活中的事物是来自于哪里呢？

生：乡村的生活。

师：都来自于乡村的一草一木、一花一树，画家为什么要画乡村的景物？你们猜猜画家的想法。

生：享受乡村生活，要把乡村的美画到画面上。

生：画家可能到乡村去的比较多，就像我们现在的乡村旅游一样，他喜欢那里啊！

生：我猜测画家对农村有一种特别的情感，或者齐白石老爷爷原来就生活在乡村。

师：你的想法很有意思。真像你所说的，齐白石老爷爷从小生活在湖南的农村，50多岁才定居在北京。到了北京后，他又为何要画农村的景象啊？

生：表现出齐白石老爷爷爱自己的家乡啊！

生：我感觉齐白石老爷爷喜欢画农村的景物，他已经看得多了啊！

生：是想念自己的家乡，身在北京还想念自己的家乡啊！

生：我也认为是齐白石老爷爷爱家乡的表现。

师：作品表达了画家的一种乡心，作者爱家乡的那种心情呈现出来了！你们理解得很不错！

（师在黑板上板书——乡心，并出示齐白石的作品——《他日相呼》）

师：作品中，大家能看到画家怎样的想法呢？

生：画了生活中的小鸡抢食蚯蚓的内容。

师：对啊！这时画家把小鸡比做什么了啊？

生：比做小朋友，在争夺食物，画出了小朋友之间的小矛盾。

师：画家表达了什么时候的想法啊？

生：小时候。

生：与小朋友有了小矛盾的时候。

师：那画家为什么要这样去画啊？

生：怀念童年。

生：回忆童年的快乐啊！

生：可以看出齐白石爷爷童心未泯啊！

师：你真会解读齐白石老爷爷的心思啊！我们从作品中看到了画家的童心。（现场掌声响起，师板书——童心）

2. 分解构图形式

师：齐白石爷爷又是通过怎样的画面表达来传达他的乡心和童心的？根据这三幅作品，同学们在小组内讨论一下。（生在小组内讨论）

师：哪一组的同学来交流一下？

生：通过画虾来表达小时候钓虾的童心。

师：还是表现出作者的童心，画面是如何安排的？

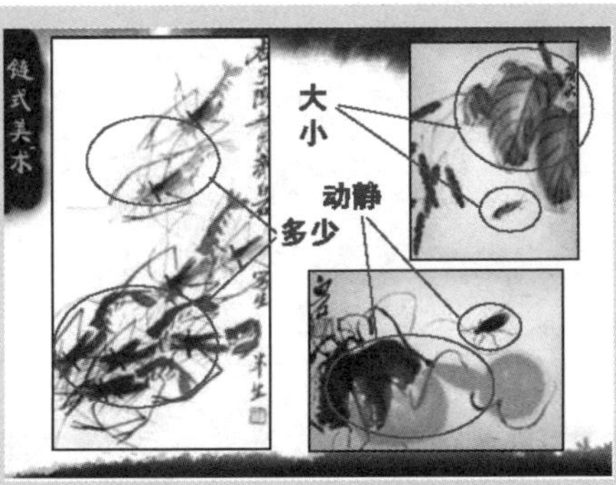

生：时疏时密。

师：哪些地方疏，哪些地方密？

生：上疏下密，体现生活气息。

师：这是一种疏密对比之美。

生：还有上淡下浓的对比。

师：浓淡变化。

生：色彩的变化。

师：还有呢？找不到感觉吗？

生：大小。

师：还有动静之间的变化，产生对比，画面更有生活气息了，也更生动了。那么，作品在用笔上有什么变化呢？（师在黑板上演示）

生：粗细变化。

师：粗。用笔大胆，会有什么样的感觉呢？

生：大气。

师：对，除了大气之外呢？

生：用笔时水分也有区别，画枝干时水分少，画花叶时水分多，使得画面更加形象。

师：笔画的枯和湿在表达上是不同的，蝉画得怎样？

生：逼真。从线条的细致上可以看出这一点。

师：在画面上既有粗犷的表达，也有细致的描绘，这也是齐白石老爷爷表达生活的一种风格——粗犷与精致的强烈对比。刚才有同学说色彩表达上也是不一样的，我们再来研究一下，到底有什么不一样。

3. 解析色彩特性

（师出示齐白石的一组作品请学生欣赏）

生：鲜艳。

师：从哪些色彩上感受到的？

生：表现在红色、粉红色上。

生：还通过黑色和红色之间的对比。

师：黑色和红色之间的对比，表现出强烈的色感。这是齐白石爷爷的一种非常著名的画法——红花墨叶法，这是他首创的啊！

（师将画面局部放大，呈现出红与黑的强烈视觉感受，生发出了“哇”的惊叹声，课堂上一时产生了骚动）

师：画家对于色彩的感觉究竟来自于哪里呢？怎么会有这么强烈的对

比感觉？你们猜想一下。（生没有反应）

师：老师来告诉你们，齐白石老爷爷在57岁以前一直生活在湖南，做过农活，学过木匠，善雕花，名闻乡里，后转入民间习画创作。湖南的民间美术作品丰富多样，这些民间美术作品会带给他怎样的启示呢？

（师出示两件湖南的民间美术作品）

师：这是湖南民间的刺绣作品和有名的滩头年画，大家看了以后有什么感受？

生：五彩缤纷。

生：色彩浓烈。

师：这样浓烈的色彩和白石爷爷的红花墨叶的对比有什么关联的地方吗？

生：红花墨叶的强烈对比来自于这些民间美术色彩的启发。

生：白石爷爷继承了民间艺术的特点。

师：这两位小朋友让老师另眼相看，你们找到了齐白石爷爷的红花墨叶的灵感来源。其实，白石爷爷在继承的基础上还进行了夸张，将这样的色彩用红与黑更强烈地表达出来，进行了很好地创新。其实，还有另外的密码藏在里面啊！谁能有所发现？（生好奇地思考，但没有什么反应）

师：白石爷爷定居北京以后，一直留恋着湖南的那片土地，这样的诗句可能给你们一些启发：回头有泪亲还在，咬定莲花是故乡，以及白石爷爷的印语“客久思乡”等，这些和红花墨叶有什么关联啊？！

生：有的，可能是白石爷爷用红花墨叶来代表自己的家乡。

师：你已经看到红花墨叶的另一个秘密了，谁能更清晰地表达出来？

生：白石爷爷借红花墨叶表达对家乡的思念。

师：思念的程度怎么样？

生：很强烈，红与黑的对比很强烈，表达了白石爷爷浓烈的思乡之情。

（现场的听课老师对此给予了热烈的掌声）

师：听课老师的掌声已经给予了我们充分的肯定，白石爷爷红花墨叶的画法寄托了自己的思乡之情，表达了自己的质朴乡心。

4. 感悟图像意境

师：白石爷爷通过画面和色彩的强烈对比，表达自己的乡心和童心。在这样的作品中你能感受到这些吗？（师展示作品，将齐白石的《十里蛙声出山泉》进行了处理，把6只小蝌蚪隐去了）

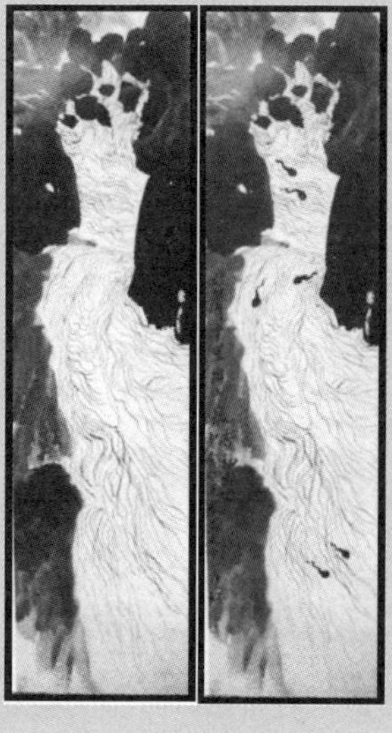

师：同学们给这个作品取个题目啊！

生：就叫河。

生：水流。

生：壮观的河。

师：你还看到了壮观，有眼力！

生：奔腾江水向东流。

师：很有诗意。老师再加上一点小东西，与刚才的这张画面有什么区别?

生：小蝌蚪。

师：现在再取一个题目吧！

生：小溪。

生：小蝌蚪找妈妈。

生：家。

师：有意思，哪里可以看出呢?

生：小蝌蚪在溪水中嬉戏玩耍，很开心，这种开心只有在家中才有啊！

师：家的环境呈现出来了，很自由。

生：涌动的生命。小蝌蚪这种小生命在水中游动，有生命的感觉。

师：你的理解很到位啊！值得我们学习！是啊！溪流中的小蝌蚪，就犹如大海中的一叶小舟，表达着自己生命的力量。我们从作品中看到了生命。我们来看看这幅作品原来的题目吧！

（师出示画作的题目——《蛙声十里出山泉》）

师：这个题目还有一个缘故呢，老舍先生到齐白石先生家做客，他从案头拿起一本书，随手翻到清代著名诗人查慎行（查初白）的诗，有意从诗中选取一句“蛙声十里出山泉”，想请齐白石先生用画去表现听觉器官感受到的东西。那么，你听到蛙声了吗？看到青蛙了吗？

生：我听到了蛙声！

生：蝌蚪长大后就成了青蛙，有了青蛙就有蛙声。

师：未来成青蛙，还有吗？

生：蝌蚪听到了青蛙妈妈的叫声，在找妈妈。

生：我在小溪的下面听到蛙声！（课堂中顿时发出学生怀疑的笑声）

师：把你的想法告诉大家吧！

生：我在乡下看到很多青蛙都喜欢藏在池塘底下的啊！所以小溪底下也一定有青蛙。（师竖起了大拇指，现场又一次响起了掌声）

生：我还认为蛙声在画面的另一头。

师：为何这样认为？

生：蝌蚪游来的地方一定有它的爸爸和妈妈啊！远方就有蝌蚪的家。青蛙们正在忙着捉害虫！

师：画的那一头是青蛙的“家”，这种联想很特别，所以齐白石爷爷画出的不只是溪流和蝌蚪，更呈现了一种富有诗意的意境，展现了广阔的联想的空间。（师在黑板上板书——意境）

（四）整合创生，关联心象

1. 形象鉴赏

师：齐白石爷爷通过对画面的色彩赋予特有的情感，以夸张的构图来表达对生活的体验和真实的情感，并通过一定的意境设置表现画家独特的生活感受。请同学们做一次鉴宝家，判断哪些作品是齐白石的？

（师出示作品请学生鉴别）

生：我认为2、3、4、7号作品是齐白石爷爷的作品。

生：我认为3、4号是，其他的好像都不是。

师：那我们一起来分析吧！1号大家都认为不是，2号呢？

生：是。因为有一只“鸭子”，这种动物在乡村很多。

师：这样看来，在体裁上可以看出这幅画是齐白石爷爷的。

生：我认为不是，因为画面的色彩对比不明显。

师：答案待会儿再讨论。那么，大家为什么认为第3幅作品是齐白石爷爷所作呢？

生：是红花墨叶的典型画法，而且还有蝉等小生命，画面的动静、大小对比强烈。

师：还表达了画家的一种乡心，很有说服力。那第4幅呢？

生：和第3幅是一样的特点，所以也是齐白石爷爷的作品。

师：第5幅为什么不是呢？

生：颜色不鲜艳，没有齐白石爷爷的画的大小、多少的强烈对比！

师：色彩之中更表现出一种儒雅的特性。这是齐白石爷爷所学习过的明代著名书画家徐渭的作品，他的画泼墨豪放、淋漓尽致，齐白石爷爷的作品对其有了很好的继承，同时，也进行了很大的创新。那第7幅呢？为什么大家都认为是呢？

（师放大第7幅作品）

生：色彩间对比很鲜明。

师：有认为不是的吗？看此画的构图如何？

生：非常丰富。

师：从颜色、内容上已经肯定是的。那从构图上呢？比如，大小、多少的对比？

生：叶子有大小，花瓣与花瓣、花朵与花朵之间的大小也是有变化的。因此，我认为这是齐白石爷爷的作品。

生：我认为不是，因为画面画得很密。

师：是啊！你看出了在画面结构上的不同，你的眼力真厉害！其实这是浙江画院的何水法先生画的。他在继承了齐白石先生的“红花墨叶”的画法上进行创新，所以才有了中国画的不断前进。因此，我们也可以在齐白石的方法上进行创新。我们再一起来看一下2号作品。

生：现在分析一下，应该不是齐白石老爷爷画的。

师：说出你的理由啊！

生：在画面的安排上没有齐白石爷爷的画的强烈反差的特点，而且在色彩上也不是很明显。

师：你已经具有了专业鉴定人士的鉴别力，这是齐白石爷爷的第一个学生——著名的画家李苦禅的作品，在用笔上继承了白石爷爷的大气，在构图以及色彩的处理上进行了创新，所以，看起来有点白石爷爷的画的意境。今天我们也来尝试一下齐白石爷爷表现生活的方式，当然也可以进行继承性的创新啊！

2. **创作内化**

师：（出示在校园里拍摄的部分照片）想不想创作一幅？我给大家提供了一些图片，大家看一看，这些图片大家熟悉吗？

生：是有关我们学校的。

师：你们平时关注吗？

（生笑着摇头）

师：是熟视无睹，现在你们用赞美的眼光来画一下你们认为学校好看的地方，画出来大家一起分享啊！（生创作，5分钟后大部分学生已经完成）

（五）评析悟美，链接意义

（展示作品，开始评价）

师：你从齐白石爷爷这里学到了什么？

生：大小的强烈对比。（生举起自己的作品进行展示）

师：你学到了构图上的大小对比。（师指着另一张画）

师：从这张画中大家看出他学到了什么？

生：疏密的反差对比。

生：内容也是对乡村生活的表现。

师：那么再加点什么好呢？

生：加一只归巢的鸟。

生：还可以体现动静的对比，花丛下加一只在找食物的小鸟。

师：这是对童心的一种美好描述，你们能否接受同学的意见？同学们在创作中肯定都有自己的想法，表现出很不错的意境，课后，我们一起来办一个《走进齐白石爷爷》的画展，来细细地欣赏我们的每一件作品。今天，我们一起走进了齐白石爷爷的国画世界，领略了齐白石爷爷的艺术特点，你们想不想看看齐白石爷爷啊！今天，老师把他请来了！

（课堂中一下子热闹起来，有的学生还四处张望）

师：齐白石爷爷已经永远地离开了我们，今天我带来了他的照片，我们一起对他默默地仰望1分钟，表达我们对齐白石爷爷的怀念和崇敬。

（师出示齐白石的照片及部分文字资料，生默默凝视齐白石的照片）

师：为什么要授予齐白石爷爷 “中国人民艺术家”的称号?

生：齐白石爷爷的作品中表现了生活当中的事情。

师：画谁的生活啊?

生：农民的生活。

师：很好，齐白石爷爷的画表现了农民生活的平实、普通，画出了人民生活的质朴，表现了人民的情感。还有其他的吗?

生：承上启下。继承古代中国画的优点，又加入了自己的创新，让老百姓都能看懂。

师：看着很亲切，画出了老百姓的心声。

生：通过对色彩的表达，画出对家乡的赞美和热爱，也画出了对家乡的思念之情。

生：我还体会到齐白石爷爷画出了自己对老百姓的喜爱之情，所以要把他评为“人民艺术家”。

师：同学们说得都很精彩，白石爷爷不仅在作品中画出了人民的朴实生活，而且也画出了自己对人民的那份炽热的情感，理所当然要被评为“人民艺术家”。他不仅表达了生活，也创作了生活，同时表达了对生活的真实感情。因此，只要我们用心去体验生活，在每个细小的地方都能捕捉到美妙的瞬间。

（六）延伸滋情，关联生活

师：在这段介绍齐白石爷爷的资料中，我们还解读到了另一个重要信息，齐白石爷爷还荣获世界和平理事会1955年度的“国际和平金奖”，是什么让白石爷爷能够获得这个殊荣呢？能不能在白石爷爷的作品中寻找到理由？课后请同学们去收集有关资料，我们下次再一起来分享研究！下课！

>>> 教学反思

感知要素，链接生活，生成意义

欣赏评述领域的学习注重对学生欣赏兴趣的培养，使学生学会从多角度欣赏和建构事物，逐步提高视觉感受能力，形成健康的审美情趣，提高审美能力，同时尊重民族、世界的多元文化。这些目标的达成和生成要在特定的文化情境中进行，不是孤立的。把握美术欣赏的“质”是进行欣赏活动的核心。以链式美术教育观为导向，寻找课堂发展的节点，从关联符号、经验、情感入手，推进欣赏活动，在互动对话的过程中寻求教学意义和生命意义的获得和发展。

一、节点发现

一堂美术欣赏课成功的关键在于学生能获得自己独特的知觉体验。在教学过程中，教师要能够运用各种感官和智慧，建构美术欣赏内容与学生个体经验之间的桥梁，以促进学生获得与自身生活体验相融合的共鸣与启迪，使其在体验、欣赏、实践中逐步形成特殊的“看”的能力，形成个人意象性的目光，并从中获取对这个物质世界一种新的感知和发现，提升对事物关注的生命意义。具体来说，在面对课堂教学时，应在把握课堂教学内容和本质的基础上，从中提炼一些能与学生自身特质、审美体验相融合的元素。对于近现代中国画作品的欣赏，一般关注于画家本身的生活趣事、从艺经历以及绘画风格等内容，教学过程也遵循讲解的模式，这样的审美学习过程缺少了与学生审美经验的关联。同时，多元化内容、散点式的结构，给学生的感知建构带来了困难。所以，建立结构式的学习内容，让学生自觉地走向元素发现、文化关联、情感介入的境界，是值得研究和尝试的。我在选择内容时，确立以齐白石先生的中国画作品为例进行综合性的学习。然而，齐白石先生的《虾》已被大家所赏鉴，其表达对生活中事物的态度和艺术追求成了课堂的核心，成了人们欣赏齐白石先生的作品的唯一。我在这关注生活发现的过程中，更多的和学生一起探究齐白石先生的画为什么这样表现，齐白石先生通过对生活中事物的表达，想展现何种思想和情感。基于这样的考虑，表现生活成为了本课教学的节点，关注生活——发现生活——表达生活——意义追求，这样的发展过程成为本课教学中的目标梯度，也成为引导学生进行自我探究的路径、策略。

二、联动发展

教学的过程是学生个体与图像进行建构的过程，也是关联图像符号、关联审美经验、关联情感体验的过程。以自我的经验、情感为基础，融进教学语境，关联、内化、生成图像表达和意义，使联动的过程成为学生感知唤醒、审美成长、生命感悟的过程。

1. 关联符号

美术作品的解读是由人文背景、创作语言、情感意义、美感形式以及各种美术要素组成的，教师要在各种美术要素中，提炼与观察离学生最近的那个课堂活动节点，通过这个节点进行交流、体验、实践、解释、判断，使学生最终获得美术欣赏教学的意义。在“表现生活——走进齐白石的国画世界”一课的教学中，我从齐白石先生作品的构图形式、表现内容和色彩表达三个方面出发，分别让学生体验和感受齐白石是如何关注和表达我们的生活的，在构图的情趣性、内容的乡土性、色彩的民间性等方面解读、体验作品所蕴涵的生活化特性。以构图上的对比来展现齐白石作品的形式符号，学生通过对大小、多少、动静、精致和粗犷的对比符号的发现，逐渐建构了自我的符号图式，这在学生的体验性作品中就可见一斑：有87%的孩子关注了形式符号的表达；在色彩表达的探究中，从整体性感受的获得，到红花墨叶的表达，学生对齐白石的色彩符号也在强烈的视觉冲击下欣然获得，同时，通过将色彩的特有表现风格与当地的民间文化相关联，探询红花墨叶表达的生活源点，加强了对红与黑的审美感知；在内容表现的发现中，学生在众多作品共性的解读中，建构齐白石所表达的审美形象的特点，同时参悟其内容的内在符号——通过对乡村平凡物象的表达，体现齐白石的乡心和童心。在这个审美形象到蕴涵意义发现的探究过程中，我更多地关注学生对物象的发现、关联、符号建构。

2. **关联经验**

在欣赏评述的教学中，如何让学生的生活经验、审美经验介入整个学习活动中，链接其对审美客体的感知唤醒的通道，是实现新形象、新符号、新感知建构的重要因素。在“表现生活——走进齐白石的国画世界”的教学设计中，课堂情景导趣的环节就以学生的审美经验为节点，以结构式、综合化的生活场景图像的呈现，建立属于孩子知觉的自我发现和融入，如色彩知觉、形式知觉甚至是意义知觉等。同时，将学生的视觉发现以形象的形式呈现出来，有利于他们审美经验的显现，有利于他们感知的传达，也有利于他们之间的知觉互动。“我发现植物在阳光下高低不一的排列很有意思”“植物排得很整齐，像三个一起上学的小朋友”“吊着的花盆很好看，有的地方花朵很多，有的地方很少”“帘子也很整齐”等交流就是学生审美经验融入的表现。在探究建型的环节中，学生更是将这些已经获得的感知经验，用自己个性化的表达关联起来，通过实践性的体验建立自己感知的整体性，将感知与图像表达融为一体。所以，学生通过水墨的表达呈现个体的感知，具有一定的原创性价值，也是实现图画或图式对话的基础性载体，更是学生经验介入的有效展现。在欣赏拓维、整合创生、评析悟美等教学环节的活动中，我始终坚持学生经验先入的原则，让他们在经验与图像的对话互动过程中丰富经验，甚至在延伸滋情的教学阶段也关注学生的审美经验，以学生的自我发现和自我建构作为本节课的结束，也作为下一个审美活动的开始，使其成为教学链中的又一个节点的发现和开始。

3. 关联情感

阿恩海姆认为，表现性就在于结构之中，强调在艺术欣赏过程中的主动性，关注唤起一种与作品的力结构相同的力的样式，所以，欣赏者总是处于一种激动的参与状态，而这种参与状态才是真正的艺术体验。作品本身就凝聚了画家自身的经验、情感，成为其人格、经历的写照。所以，教师在引导学生欣赏作品的过程中，要唤起学生的情感体验，以情导情、以情链情。在对齐白石的作品欣赏的过程中，对其将生活中的物象表达成艺术形象时采用加法分析的过程中，“加了什么，为什么加这些”成了学生情感体验的开始，“加的小蟋蟀是画家过去发现的，因为很喜欢，就画入画面中了，这样就有了生机”，“可以看出画家对花、蟋蟀是很喜欢的”。在对齐白石的作品表现的内容的解读过程中，引导学生从内容的符号中感受画家的情感体验，学生的感悟就会更有意义了：“我猜测画家对农村有一种特别的情感，或者齐白石老爷爷原来就生活在乡村。”“表现出齐白石老爷爷爱自己的家乡啊！”“是想念自己的家乡，身在北京还想念自己的家乡啊！”在对色彩的解读研究过程中，学生的情感体验得到了进一步升华。

三、意义生成

艺术作品与欣赏者之间是用符号来沟通的，但是符号所传达的意义是富有歧义的，这为欣赏者对艺术形象进行二度创作提供了心理基础，也为学生审美感知的个性化建构建立了意义基础。从作品背后看意义，其实是将欣赏者和审美客体进行对话的心理匹配的过程。在“表现生活——走进齐白石的国画世界”的教学活动中，我从感知作品内容到分析作品形式，以及体验性的表达感知，有意识地为学生的情感介入、意义发现提供建构载体，使学生与画面形象、画家心理有了很好的关联和发展。在感悟图像意境的过程中，让学生通过对比性的体验，获得齐白石在画面上的造境感受，更有了“涌动的生命，小蝌蚪这种小生命在水中游动，有生命的感觉”等这样对生命意义的感悟和建构。在评析悟美阶段，我设计了“齐白石爷爷为什么被授予‘人民的艺术家’的称号”的问题探究，对于统整整个学习过程，起到了核心作用，既整合了学生的感知，又升华了学生对图像意义的感悟。

建立在图像对话基础上的交流，带给学生新的视觉思维和感受。在成就感的获得过程中，感悟欣赏图像背后最本质的意义，让学生在个体的理解和感知的基础上实现提升和内化，达到意义的关联和生成。

在本课教学中，对于生活表现的感悟和解读有一定的设计，但我们还可以从其他的课堂节点进行联动发展，比如，让学生从齐白石作品的色彩表达中来体验齐白石先生对生活的情感；从“色彩的发现——色彩的提炼——色彩的意义——生活意义的获得”这样的链式推进中，更深入地感知齐白石艺术表现的特点，感悟齐白石先生的艺术人生境界；也可以从构图语言和意境表达上进行整体性、关联性的欣赏感知。

>>> 研究与思考

链接与联结

李力加

朱敬东老师在他的美术教学研究中迷上了“链”，什么样的“链”把他给拴住了呢？是文化、是课程、是美术表现、是乡土情感、是孩子们、是平湖美术教师群体，还是……

朱敬东老师这些年总结了一个概念，叫做“链式美术教育”，且不考究这个概念是否应该这样称呼。我觉得，创造概念本身的意义已经超越了概念本身。在“表现生活——走进齐白石的国画世界”这一课中，朱敬东老师的整个教学思路都在“链”着，“情景导趣，链接感知”“探究建型，关联表达”“欣赏拓维，联结情感”“整合创生，关联心象”“评析悟美，联接意义”“延伸滋情，关联生活”6个层面的教学环节，构成了朱敬东老师美术课堂教学环环“相链”的整体。

一、何为“链”

“链”是什么呢？是剪不断的绳索、牵扯，还是锁链？

中国哲学强调变化，变化的思想是儒家哲学的精髓。《易经》所说

“天地之大德曰生”“生生之谓易”，说明了宇宙生生不息、变化无穷。天地间是一个大气场，一切都在这气场之中。变化是事物的表象，在其背后有着一根无形的“链”，始终左右着事物向着各自不同的方向发展、变化。美术课堂教学也是一样，变化是绝对的，但如何变化，却有“链”左右着变化的方位，就看操持“链”的美术教师如何把握。

八大山人有幅长卷作品《鱼鸟图》，这幅作品表现的主题意义是“善化”——善于变化的思想，意思是宇宙万物才生即灭，没有一个定在。美术课堂教学有没有“定在”呢？由此思考，朱敬东老师的“链”，是在课堂教学的变化中追求既定的目标，是在关联中调节学生、教师、教学主题蕴涵的文化背景之间动态的变化关系。课堂中的变化是根本性的，而维系着变化的线索应该是一条“链”。

有个叫小威廉姆·E·多尔的美国人提出了一个论点——后现代课程观。这个理论中有一个核心概念叫做“关联性”。关联性在美术课及教师教学中的体现是，教学主题确立之后，教学设计必须考虑在教学与学生的知觉体验、学生的情感、学生的生活经验、学生的视觉感受、不同表现方法以及不同的学习领域之间，有着非常自然的相互联系，这是一种网络性课程形态。相互的关联性使美术教师和学生在联系的生成中进行知识的认知与建构，教学环节、学习活动之间都需要学生依据关联的思考方式来对待课堂学习，关联性的思维方式可以为学生一生的成长奠定一种最基础的方法。学生有了关联性的思维方式，就能够把握美术课堂上某种观点和意义之间不断发生与变化的联系，而且，在对历史和文化背景的感受与了解中，学生的知觉体系也在自觉地发生联系。朱敬东老师6个层面的教学环节已经表明：关联性是一种变化中的“链”，学生对美术问题的理解在思维的关联中获得。

二、联结什么

联结是一个心理学概念、词汇。在朱敬东老师的教学里，他提出了联结，但到底他准备让学生们在美术课堂中联结些什么呢？

1．本课教学一开始，朱老师呈现了一组以花卉为主题的摄影图片，而且是属于生活里最普通的花，植物是蚕豆苗、盆栽的吊篮里的花（学生说很像牵牛花）。对于这组摄影图片的知觉感受过程，朱老师设计了一个链接目标——学生的体验。这个环节里的体验包括两个方面：一是小学生在欣赏摄影图片的过程中发现了什么；二是让学生用水墨的表现方法尝试着来画一画这些植物与花的形态。教学设计与实施是由视知觉欣赏摄影图片引出的链接，朱老师希望学生在这个体验过程中能够建构某种认识，或者说建构某种理解。在尝试水墨表现性方法的过程里，由蟋蟀的出现，导出教学主题："表现生活——走进齐白石的国画世界"。

2．当链接达成后，下面的教学环节是连续的联结性知觉过程。在师生共同讨论齐白石的生活这个话题中，朱老师的教学目标是要将教学中的问题联结学生的情感，包括三个方面：一是学生对齐白石爷爷的生活有一定的情感，二是学生对这个学习主题产生情感，三是学生对唤起自己的本质——童心产生情感。点题"童心"，标志本环节的教学目标实现。

3．学生情感被唤起后，师生的讨论就集中在经验的联结上。这里的经验是本课学习的重点，是由学生以前有过的生活经验，提炼出水墨表现中的美术学科要素。如学生说出"时疏时密"时，朱老师总结为"疏密对比"；又如学生说出"上淡下浓的对比"时，朱老师提炼为"浓淡变化"；再如学生感觉不明显的时候，朱老师用局部演示水墨表现笔法的方式，启发学生的知觉能够继续深化联结，如"笔画的枯和湿在表达上是不同的""黑色和红色之间的对比，表现出强烈的色感"。这些学科要素的联结过程，都是学生已有的生活经验与其联系的，学生的思路在朱老师的启发下逐步深入，最终落实在齐白石首创的"红花墨叶法"。

一般的教学在进行到这里的时候，教师往往会觉得对美术学科要素的分解已经到位，但朱老师认为还没有挖掘出教学内容的本质意义。于是，教学的深化出现在为什么齐白石能够创立"红花墨叶法"？优秀的美术教师在课堂上能够即兴的、根据学生实际知觉表现的情况不断地提出问题，引导学生体验、发现和探讨问题的答案。引导对两件湖南民间美术作品的欣赏是认识的基础，由此，学生明白了齐白石爷爷创作中色彩观的形成有着生活基础，这个环节又暗示了生活经验与创作表现的联结关系。学生说出了"齐白石爷爷借红花墨叶表达对家乡的思念"，朱老师及时将其提到

"质朴乡心"的高度。

4．齐白石的乡心和童心，学生们能够从其作品中感悟到吗？课堂上美术作品欣赏的难度在逐步加大，学生要对齐白石的著名作品《十里蛙声出山泉》展开欣赏与讨论。这是朱老师所设计的"感悟图像意境"。中国画表现的意境，是艺术家心境的体现。"外师造化，中得心源"作为中国艺术的纲领，所反映的不是主客观结合的思想，而是"境"的创造。对于齐白石的作品——《十里蛙声出山泉》，朱老师事先在电脑中进行了处理，先把画中的6只小蝌蚪隐去，呈现了没有小蝌蚪的画面，让学生在欣赏中为作品取名字。这个环节是调动学生的心境、联结其内在想象的建构，在推进式的欣赏深化中，打开小学生们想象的思路。随着探究的逐步深入，呈现该作品的主题——《十里蛙声出山泉》。师生的讨论、评述到了这个时候还没有完结，朱老师的目的是要让学生们理解到美术的更深刻的含义。

5．中国画欣赏对于小学生来说是比较有难度的。中国画以禅宗为核心的哲学观统领而创作，作品里所蕴涵的内在意义太深刻。例如，"中得心源"这半句所强调的重点是以人的根性去感知。这就要求中国艺术家在感悟生活的过程中要排除一切干扰，不沾杂念，空明无碍，在纯净的心境中印认世界。《十里蛙声出山泉》就是这样心境下的作品，对其意境的领悟，对于小学生来说真的很不容易。朱老师为了解读这个意境，设计了让学生们研究假如"小蝌蚪真的去找妈妈"的故事情境，使其在讨论中有了青蛙的"家"这种特别联想，由此，让学生们明白"齐白石爷爷画出的不只是溪流和蝌蚪，更呈现了一种富有诗意的意境，展现了广阔的生活联想的空间"。朱敬东老师板书：意境。此时，教学达到高潮。

当学生有了比较深刻的知觉体验后，随即展开的表现性方法的视觉获得是比较容易完成的。学生对齐白石的不同作品的表现方法的分析、讨论此刻进行得很顺畅，这也为最后一个环节的感知创作奠定了基础。

三、链接感悟

研究朱敬东老师本课教学的6个环节，能够看出他对于教学的把握是经过深思熟虑的，不仅有教学方法，更有自己的理论框架。这是一个优秀美术教师对待课堂教学的态度，同时也是其基本素养与专业要求。

在小学阶段的美术课堂教学里，中国画主题内容的教学难度是最大的。中国画背后那浑厚的哲学观念，对于小学生来说并不容易理解。如果教学仅仅停留在教师对作品表面的解说上，可以说是没有教学效果的，而且是浪费课时的。对于中国画创作来说，最讲究一个“悟”字。齐白石先生的作品之所以那么感人，其最关键之点在于他对生活里的物有一种特殊的“心源观照”，这种“心源观照”解除了他与所表现的物（主题）之间的判隔，解除了创作中物我之间的主客观关系，以自己的心源去观照，这就是齐白石的“悟”，而且这个悟是“妙悟”，在中国艺术中有“妙悟不二”之说。

把“悟”这个字的意义分解，拿到小学美术课堂上进行落实，其本质为“发现”。只有发现了，才能悟出其中的道理，只有发现，才有触及心灵的体验，这是小学生在美术课堂上感悟体验的核心意义。如果一个小学生能够在中国画作品欣赏中发现什么，并提出自己的看法甚至疑义，这样的教学就达成了有效性。朱敬东老师深谙教学的这一本质难点，在美术课堂教学里用其特有的思维之“链”，在变化的课堂上求得小学生美术学习的有效发展，在“链”的作用下，联结诸点，达成孩子们的感悟，最终将小学生们引向对意境的知觉。

从更宏观的教育学角度来分析朱敬东老师提出的“链式美术教育”的思想，与国际教育界对课堂教学中“认知目标、行为目标、体验目标”的表述较吻合，这就是被称为“教学目标链”的教学目标具体化的研究方向。

实际上，日本教育界早在20世纪70年代末就提出了“教学目标链”的教学设计思路。其“目标链”有“目标层级”与“目标领域”两个维度，以此建构教学目标分析的框架，从而将其更好地落实在课堂教学中。朱敬东老师“表现生活——走进齐白石的国画世界”这一课，在一定层面上实践了“教学目标链”的教学设计与实施，他的教学在“学科——单元——课时”这样渐次细化的不同“层级”中，配以“认知目标”（概念结构），引导学生由认识齐白石开始思考问题；在“行为目标”（问题解决过程中的能力）中，让学生借助对中国水墨画表现中意境的初步理解，对齐白石的作品有了比较深入的知觉。由此，使学生在“体验目标”（情感、意志与态度）中，升华出对生活的热爱这一情感。

由于“教学目标链”链接了这些不同的目标“领域”，学生在美术课堂上的发现超过了所谓的认知。因此，当今及未来对美术课的教学研究，必须用大教育观视野来整体把握，学生在美术课堂上学习的有效性的达成，需要在“课程标准目标——学科教学目标——单元教学目标——课时教学目标”的链索中加以落实。在这样的高度上思考、研究朱敬东老师“表现生活——走进齐白石的国画世界”这一课，我们就能够发现，“链式美术教育”思想下的课堂教学，已经在这一目标的达成中进行了有意义的尝试。

5

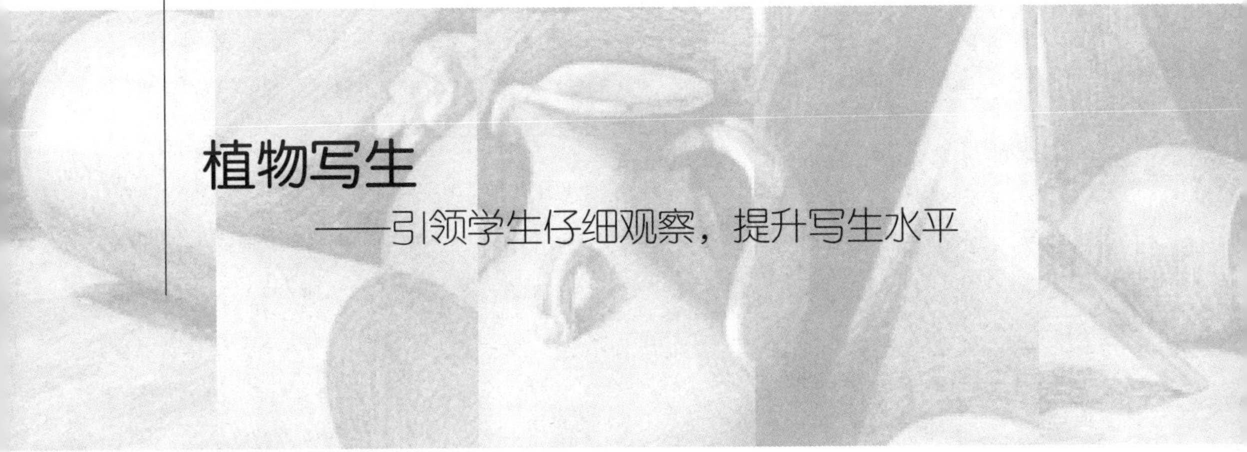

植物写生

——引领学生仔细观察，提升写生水平

>>> **名师课堂**

“植物写生”教学实录（四年级）

章献明①

（一）课前师生交流

师：我叫章献明，来自杭州市西湖小学教育集团。（大屏幕上出现自己的名字和单位名称）你们知道西湖吗？到过西湖的同学请举手。（生举手）建德也有一个非常有名的湖，叫什么名字？

生（齐）：千岛湖。

师：有没有同学知道千岛湖和西湖之间是什么关系？

---

① 章献明，浙江省美术特级教师，杭州市西湖小学教育集团总校长。

生：西湖的水是从千岛湖流过去的。

师：（朝这个同学竖大拇指）这个同学厉害！西湖的水是从千岛湖流过去的，有的同学可能想不明白，这么远，怎么流过去啊？你知道吗？（面朝刚才那位同学）你能不能给我们解释一下水是怎么流过去的？

生：通过新安江流过去的。

师：原来是这样，千岛湖流下来是新安江，新安江再下去是哪里？（生答富春江），富春江再流下去叫什么江？（生答钱塘江）钱塘江和西湖原来是不通的，所以西湖的水以前水质不太好，后来杭州市政府为了让西湖的水像千岛湖的水那样干净，就从钱塘江挖了一条水渠，把钱塘江的水引到西湖，这样是不是就把千岛湖和西湖连起来了？（生答是）所以，章老师在杭州喝的水就是从千岛湖流过去的，这也说明杭州西湖和千岛湖有很大的关系。下次你们到西湖去的时候就可以很自豪地说，这里的水都是从我们新安江流下来的。

（二）关于写生

师：今天章老师给大家准备了一块小画板，这块板是干什么用的？（出示课件中学生拿着画板的图片）他们在干什么？

生（齐）：画画。

师：这些小朋友也拿着和你们手里一样的小画板，你们以前见过吗？

生（齐）：没有。

师：今天第一次用，感觉怎么样？没有桌子，只剩下一块小画板。

生：很奇怪。

师：（指着大屏幕）能不能像他们一样把画板拿起来？（生尝试）

师：要腾出一只手来画画，哪只手腾出来？你们习惯用哪只手画？

生：右手。

师：那就用左手抓着画板，脸不要和画板贴得太近，稍微有一些距离。

师：这样画画习惯吗？

生：不太习惯。

师：大家平时在教室坐在桌子前画画，是用什么笔来画的？

生：铅笔。

师：今天我们不用铅笔了，把铅笔收起来。把课前准备好的水彩笔或记号笔拿出来。

（三）练习，画一画老师

师：右手拿着画笔，左手拿着画板。你们今天第一次看到章老师，第一次用小画板，第一次用这样的方法来画画，大家尝试一下好不好？

师：你们能不能把我画下来？

生（齐）：不能。

师：有没有能的同学？（生摇头）

师：那这样，你们一边看着我一边画，是不是会好画一些？来，试试看。眼睛看着老师，拿好画笔。多长时间能画完？10秒钟？

生：啊？

师：是太长了吗？

生：太短了。

师：那15秒。

生：还是太短。

师：15秒也不够啊，那要多长时间？

生：2个小时。

师：2个小时啊？那都到了吃午饭的时间了。

师：那这样吧，我们用1分钟时间，尝试一下。（生准备画板）

师：眼睛要看我，一定要看我，因为你们不熟悉我，所以你们一定要一边看着我一边画。老师给你们倒计时。大家只有仔细地看我才能把我画下来。倒计时开始：60、59，……一定要看我，不看我怎么能把我画下来呢？（继续数）35……还有30秒钟……（走在学生中间）最后15秒……

原来章老师是这么容易画的啊！最后倒计时3秒。把画板转过来，给老师看一下，再把画板转过去，认真看一下，认为自己画得很好的同学请举手。（生无人举手）

师：哎呀，没有啊。那有没有觉得自己画得有一点点好的？

生：（指着一位同学）他……

师：我没有让你说别人，说自己，自己觉得画得还可以的，请举手，（一个人举手）那我们来分析一下。

师：你们刚才画的是个人，眼睛画了吗？鼻子画了吗？五官都画了，那已经很不错了，刚才你们说要画2个小时的，现在只用了1分钟就把一个人画下来了。大家有没有发现我脸上有很重要的特征？

生：戴眼镜，还有一颗痣。

师：说明你们很会看我。

师：谁知道刚才我们用的这种画画的方法叫什么？

生：写生。

师：（大屏幕出示“写生”二字）这两个字是这样写的。

师：谁告诉大家什么叫写生？

生：在画板上画一些东西。

生：画一些真实的东西。

生：照着一些事物来画。

生：画“活物”。

师：我是活物，凳子是不是活物？

生：不是。

师：他认为要画活物，或者说有生命的东西。

生：画一些大自然的东西。

师：大家很会动脑筋思考。我们看到一个词的时候，会去想这个词是什么意思。“写生”是我们美术学科中专用的一个词，什么是写生呢？刚才大家讲得很好，就是看着一样真实的东西把它画下来的方法。不一定要画活的，画凳子可以叫“凳子写生”，画章老师可以叫——（生齐答“章老师写生”）。如果画你的一只手，可以叫“手的写生”。

写生有个非常重要的要求，刚才我们已经尝试了，叫“边看边画”（屏幕出示这4个字），你一定要看着写生的对象画，如刚才画章老师，幸好没有人给我画上长辫子，为什么呢？因为章老师没有长长的辫子，没有的东西你不要去画，只画你看到的东西。

除了写生，我们平时还有哪些画画的方法？

生：素描。

师：你画过素描？在哪里画的？

生：少年宫。

师：素描是怎么画的？

生：拿一支铅笔，看着一些像放在桌子上的苹果这样的东西，然后用铅笔画。

师：那你说的不就是这个嘛（指屏幕）！看着一个像苹果这样的东西，把它画下来，叫写生。还有什么方法？

生：想象着画。

师：自己想，没有真实的东西给你边看边画了。还有一种方法，就是把别人画好的画拿给你，请你照样子画下来，这个方法叫什么？

生：临摹。

师：临摹也是边看边画的，但你看的不是真实的东西，是别人画好的画。想象地画，是“边想边画”（大屏幕出示），这叫“创作”。这三种方法中哪一种你们用得最多？

生：创作。

师：说明你们很了不起，很多画家用创作的方式创作出了很多作品。当然，他们也用写生、临摹的方法来练习。请看大屏幕上的照片，这个同学在写生，拿着小画板，还有老师带着同学在河边写生的照片。

（四）关于树叶重叠的表现方法的指导

师：今天我们要研究的是摆在教室里的这些植物。大家看一下，是不是有些难啊？（生答是）

我们先来看一片叶子，章老师用两种方法把它画下来（大屏幕出示一幅照片和两幅图），你们喜欢哪一幅？是左下角的，还是右边的？

生：左下角那幅。

师：为什么？

生：因为这幅画画得活灵活现的，右边那幅画的叶子好像是死掉的样子。

师：虽然右边这幅线画得很直，但我们都不太喜欢，因为我们是要看着一片真实的叶子把它画下来。左下角的这幅画看上去更生动、更真实。写生最重要的就是要观察（出示“观察”一词）。什么叫观察？（生举手）

师：有的同学没有举过手。（面朝前面的一位不举手的同学）你能举一次手吗？（生胆怯地举起手）

师：你看你不是也能举手嘛。你能告诉我，什么叫观察吗？（生茫然）

师：请你观察我，意思是什么？

生：就是看你。（声音很轻）

师：你看你不是会回答嘛！下次要多举手哦。

师：（面向大家）观察就是什么？

生（齐）：看。

师：观察就是看，什么样的看叫观察？

生（齐）：仔细地、认真地……

师：说得很好。观察是一种特殊的看，我们要仔细地、认真地看，还有一种是比较的看，什么叫比较的看？

师：请这位同学帮一下忙，这个同学和我站在一起，谁高？

生（齐）：老师高。

师：（蹲下去）我要是坐在地上的话，谁高？

生：同学高。

师：那一会儿我高，一会儿他高，这个高矮是怎么得出来的？

生：比较。

师：这个同学要是和一个比他更矮的同学站在一起，那就是这个同学高了。绘画中一个非常重要的方法，就是观察。谁高谁矮，谁大谁小，很多事物的特征，都需要我们专心地、仔细地、比较地观察才能知道。所以，学过画画的人的眼睛和没有学过画画的人的眼睛是不一样的。我们的眼睛里有很多别人没有的东西，比如，我们会专注地看，我们会比较地看。

我的眼睛能看到别人看不到的东西，刚才有的同学就看到了章老师脸上的很重要的特点。下次你见到我还能不能认出我？凭什么认出我？就是我的长相，因为大家记住了我的特征。这些都需要我们用眼睛去仔细地观察。

了解了比较的方法后，我们来进行一些练习。刚才大家看到的是用写生的方法画的一片叶子，现在有两片叶子摆在一起，我来把它画出来，（大屏幕出示两片重叠穿透的叶子）这样画，你们有没有意见？

生：我觉得这样画不好。

师：哪里不好？

生：那里重叠起来了，应该是上面的叶子把下面的叶子挡住了。

师：是挡住了呀。

生：挡住的叶子应该看不见了。

师：哦，一片在另一片上面，叠起了一部分，重叠了应该怎么画？

生：先把近的画下来，再画远的。

师：近的是哪一片？

生：近的是前面的那一片，就是右下角的那一片。

师：这个同学说，应该先画右下角那片，再画左上角的那片，你们同意吗？（生答同意）（师出示另一幅重叠的画）是不是这样画？你们能画吗？我相信你们肯定能画。请你们看身边的植物，找一片把另一片挡住的叶子，赶快画下来，注意一片挡住另一片，边看边画。（生练习1分钟）

师：请把头转过来看黑板。（在黑板上画了一个框）这表示什么？

生：画纸。

师：如果要在这张纸里只画两片树叶，应该怎么画？

生：画大一些。

师：（边示范边说）先画一片，假如叶子是这样的，第二片叶子跟它一样或差不多的形状。画到这里（重叠的部分）要不要再画过去？

生：不要。

师：如果再画过去看起来就像透明的叶子一样，挡住了的部分就不要再画出来了，这就是两片叠在一起的叶子了。有没有同学像我这样画？（部分学生举手）

师：老师还发现一个问题（拿起一个同学的画），你们都很“节约用纸”啊！这么大的一张纸，这个同学画的画就这么一点点大，下次我就发给你这么小一张纸（用手比画一下），好不好？

生：不好。

师：那为什么不画得大一些？能不能像我一样画这么大的叶子？

生：能。

师：我知道你们都能画大的，我还知道有的小朋友怕自己画得不好，所以画得小一些。没关系，我希望大家下次画的时候要相信自己一定能画好。我们知道了先画前面的树叶，再画被挡住的树叶。注意重叠的部分很重要。（出示另一幅图）看一看3片叶子重叠时这样画对吗？应该先画哪一片？

生：右上角完整的那片。

师：非常好！准确地说出了画面中的位置。先画右上角那片完整的叶子，再画被挡住的中间那片，最后把最下面的那片叶子也画出来。如果要画很多叶子，我们能不能画呢？一地的落叶，你们肯定也能画出来的，大家回去可以试一试。

（五）从实物到叶子的写生指导

师：（出示图片）今天我们要练习的是画植物，老师用一片叶子做例子。如果我只画一盆植物中的一片树叶，我们可以用这样的方法把它画出来，里面用到的大部分线都是弯弯曲曲的，大家发现了吗？章老师用的是粗线，还可以画上一些背景，背景可以用细一些的线来画。（出示另一幅图）我们再来看一下，要对这样的一盆植物写生，我们首先看到一盆植物放在很多东西中间，有很多的背景，我们刚才说写生要专心地看，我们来看下一张图就知道什么是“专心地看”了，（出示图）我眼里只看到这盆植物了，我把后面的背景去掉了，明白什么意思了吗？然后在这个基础上，我把这些轮廓画下来（出示第三张轮廓图），你们能用这样的方法画一下吗？

生：能。

师：用眼睛把它们画一画，不用笔画。你们要一边看一边想，从照片到植物，很快地找一找，先画哪一片树叶，再看看要不要画枝干、花盆等，用眼睛画就行。（再出示图）转过来看大屏幕，将这盆植物画好轮廓线后，我们还可以做些什么？

生：涂色。

师：今天我们不涂色，就用线条来画。叶子里面还有一条条的叶脉，我可以把这些叶脉走向的线条画下来。（再看另一幅画）再来换一盆植物。和刚才一样，我们先要专心地看这盆植物，比较一下高矮、左右位置，然后找到叶子的重叠特点，再把它们的轮廓线勾出来。

今天章老师给大家带来其他小朋友的写生习作，他们的年龄和你们一样大。这是一盆蝴蝶兰，我们看一看，这个小朋友是这样画的。

再来看第二幅，这盆植物的名字老师也叫不上来，这个小朋友通过很仔细的观察把植物的叶杆的特点都表现出来了。

再看第三幅，这个同学用很粗的线条来表现，还把细线条和粗线条结合起来。他画得很简洁，但在很简单的造型里有很复杂的描写，还用上了一些圈圈点点这样的装饰方法。

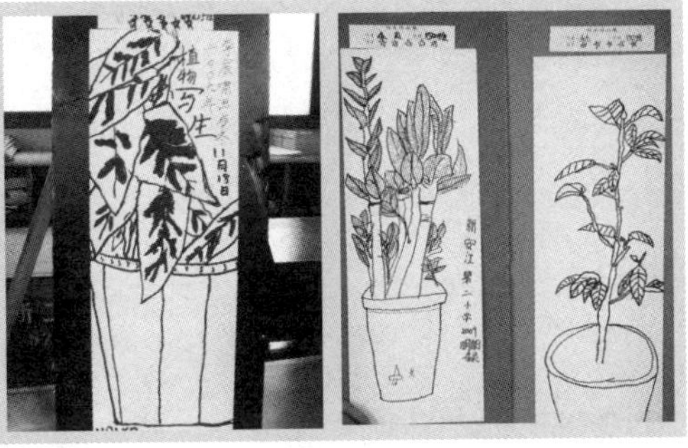

你们能不能像他们一样画？肯定能的。

（六）学生写生练习

师：今天我们的练习，是用写生的方法画我们看到的植物。我们写生的时间很短，大家还要注意画面要尽可能画得大一些。（出示写生用的白纸）老师再给你们每人一张纸，这张纸比较特殊，大家有没有用过这样的纸来画画？这样形状的纸怎么画呢？

生：竖着画。

师：横着可以吗？

生：可以。

师：有的同学认为也可以。既然大家认为可以竖着画，也可以横着画，那就自己决定。请几个同学帮忙发一下纸，每人一张。

这些纸反面贴了双面胶，我们应该画哪一面？把画纸夹在画板上，横画竖画都可以。还有一个要求，请移动一下凳子，离自己要画的植物稍远一些，不能太近。（师帮助学生调整座位）

（生写生练习，师个别辅导，具体细节略，大约5分钟后，师集体点评）

老师发现了一个比较“严重”的问题，请大家把头转过来看黑板，人可以不动。老师发现有一些同学画的时候不是像刚才老师那样画的，他是这样画的（用粉笔在黑板上示范，用一条条的短线接起来），老师建议你连起来画（再示范）。如果你觉得这条线画得不对，可以在旁边再画一条，也没有关系的，那条你认为不对的线可以留着。（生继续写生练习）

师：（拿起一个学生的画）我给大家看一张画。你叫什么名字？这个同学画的是植物的一个部分，像照相机一样画了其中的一个部分，其他的部分在画的外面，这样的写生方法也是很好的。厉害！我发现有的同学观察得很仔细，（再拿起一张）这个同学画的是整个植物的形状，也是可以的。还有的同学对画面做了一些有意识的改变，也是可以的，写生本来就可以做一些改变。

由于时间关系，今天我们不能把这张写生的习作画得更完整了。大家第一次用这样的方法来写生，感觉怎么样？

生：挺好的，很好。

师：在结束之前，老师送你们一样东西。（拿出一块KD板）这是一块KD板，就是塑料板，有颜色的塑料板。这个可以用来干什么呢？

生：画画。

师：这可不是画画的板，也不是画板。我们可以把写生完成的作品贴在这块小KD板上，大家把自己的这幅写生作品装帧起来，可以好好地把它保存起来。（发KD板贴画）

师：撕下来的双面胶放哪里？

生：没地方扔。

师：可以放哪里呢？

生：口袋里。

师：那我们就先放口袋里，等回到教室后再扔到垃圾桶里。老师还要发给你们一样东西，是一个小小的标签。（发标签）这个标签贴在哪里你们自己想了，上面下面都可以，自己觉得合适就可以。

大家有没有发现标签里有一个表格，“作者”是谁？

生：自己。

师：赶快写上自己的名字。下面有5个空格。

如果你们觉得今天章老师的课上得好，可以在第一个格子里画上一颗星，这星是你发给我的，但画在你的格子里。

如果你觉得今天上课很开心，就再画上第二颗星。

第三颗星，如果你觉得自己上课很专心，也画上。

第四颗星，你觉得今天有没有进步？如果有，也可以画上。

最后一颗星，老师不说内容了，自己给自己打，如果你们觉得其他方面有进步，也可以再画上一颗。

今天这张画你们愿意带回去吗？

最后检查一下，自己身边是否整洁，有没有掉下来的小纸片，整理好东西后就可以离开了。谢谢大家！

>>> 教学反思

让孩子学会用自己的眼睛观察

写生教学是我这些年来一直坚持落实的重要教学内容。

一方面，从小学阶段的美术教学实际来看，无论是新课程实施以前还是开展新课程实验以来，写生教学都是一项被一线教师长期忽视的内容，在各类各版美术教材的编写中，也没有给予写生教学应有的地位，各类公开课、观摩课对写生教学的内容研究的也不多，教师平日里针对此方面的教研活动更是少之又少，导致这方面的教学内容越来越弱化；另一方面，新课程实施以来，随着各类人员的倡导，人们对鼓励学生自主学习的美术课堂教学的研究，更多地朝着过去少有的“情感、态度与价值观”方向进行，“知识与技能”的落实在某种程度上一度遭遇冷落，有时候我们甚至还会看到“翘翘板”现象，非左即右，或忽左忽右，导致一线教师过分地分割教学目标的落实。更令我们担忧的是，与此同时，一些教师把“过程与方法”忽略了，再加上在各类教学竞赛、学生创作比赛、展览等活动的刺激下，教学变得更加忽略过程，也更加重视结果。

从另一角度，即从孩子学习的角度我们也看到一个事实，原来沉寂的美术课堂一下子变得“热闹”起来，各种学习方式被引入日常的课堂教学，尤其是在各类带有示范性的课堂展示的推动下，美术课堂教学的研究与实践也走向了比较丰富与多元的时代，教学方法更多样，形式更开放，内容更丰富，这对孩子的成长无疑是一件好事。但是，我们也很遗憾地看到，与此同时，我们“忽略了孩子的眼睛”：不会看，不会“专业地看”，甚至一些学生从小学毕业后，还不会把看到的东西用自己理解的方式进行表达和表现，较多的“想象”“创造”使得学生只有脑子里的东西，而那些东西又都是“虚”的，这也直接影响了对孩子观察能力的培养。

写生教学看起来是很“土”的内容，没有太多的可看性，也少有教师去研究与展示，而我坚持多年之后发现，适度地坚持让学生进行写生的学习和练习，不仅能使孩子关注身边的事和物、人和景，还能较好地提升孩子对于事物的观察与理解能力，从结构到造型，从表现到表达，甚至从习作到超越练习的感受，都能通过写生教学得到比较好的落实与引导。所以，在多次外出送教和给一线教师的示范课中，尤其是针对乡村孩子的教学，我都带去了写生教学的内容。

这堂课的设计很简单，就是让孩子通过自己的观察、分析，了解写生这种表现方法，知道如何去用自己的眼睛观察对象，并且用自己认为合适的写生方法表现对象。因为面对的学生是没有经过写生实践的孩子，所以我花了不少时间与孩子沟通关于写生的基本知识和方法，这也是基于“磨刀不误砍柴工”的想法。选取植物作为写生对象，一方面是因为四年级的教材中有类似的内容，另一方面是因为植物容易找到（如果不是为了让更多的教师能集中听课，我一般是安排在校园内的室外写生），另外，植物的写生表现可易可难，可分层表现。换句话说，孩子只要解决了愿意动手并主动观察与表现的问题，无论基础如何，都是可以成为习作的主动创作者的，这对于培养孩子的学习兴趣也有很大的帮助。

此外，这堂课也注重通过“举一反三”的方法引导孩子观察，让他们用自己的手，把看到的对象画下来是需要内化的过程的，因为里面有前后关系、大小关系、高低关系，还有遮挡关系，等等，通过“仔细地看、认真地看、比较地看”，再通过“观察、练习、再观察、再练习、再观察”这样的过程，使孩子们了解如何运用对比去归类与区分对象的关系，使观察有序、有法、有提升，这也是这堂课最重要的目标之一。

在课堂教学的实施过程中，我比较关注孩子的学习情绪，通过与他们的交流，尽可能地亲近每一个孩子，使他们在课堂上有安全感，拉近师生间的心理距离，让他们因关注教师而全身心地投入教学过程。

在这堂课里，所有的孩子都很投入，他们为这种新的表现方法所吸引，并通过教师的引导和同学的互助，已经能初步地学习用比较的方法来观察，并且他们都能不同程度地、用心地把自己看到的对象画在画纸上。由于第一次用小画板，有些孩子还不习惯，再加上表现习惯的不同，比如，速度不一样、对自己的画面要求不同等，全班同学都比较安静而兴奋。从孩子们的习作来看，教学效果还是比较好的，几乎所有的孩子都不同程度地完成了从观察到写生的练习，其中大部分孩子不仅能合适地表现对象，还有了一定的个性化方法。

之所以把这堂课定义为“让孩子学会用自己的眼睛去观察”，是因为这只是一节起始课，课后，我与任课教师作了有关的交流，并希望该教师能再开几节写生课，无论用什么样的形式开展都可以，让孩子们通过自己的观察去发现对象的特征，并用绘画的形式表现出来，因为这是一种很好的学习方式。事实上，孩子画得怎么样并不是最重要的问题，最重要的是让他们能通过“把看到的画出来”的过程逐步过渡到“把想到的也画出来”，为今后的学习奠定良好的基础。

这堂课的最后多了一个环节，就是让学生把自己的习作贴在KD板上，并且贴上标签，标签上有自己的基本信息，还有对这堂课的评价（评价的内容是针对教师、同学和自己的）。这样的设计一方面是为了让孩子有“作品感”，让孩子感觉到课堂练习也可以成为一件“有档次”的作品，另一方面也给每一个孩子一次成功的体验。

由表及里，知觉表达

李力加

浙江省美术特级教师章献明不仅是名师，而且是一个小学教育集团的总校长。他要负责集团里三所小学的整体工作，行政管理的重任不仅相当繁杂，而且头绪特别多。在这样忙的情况下，他始终坚持在一线教学，使自己的专业水平在教学研究中不断升华。本课是他在其他学校支教时的现场教学。

小学美术课堂教学中的写生教学，在整个美术教学中是相对比较薄弱的。说其薄弱，其原因有二：一是小学阶段美术课每周的课时量对于写生教学来说相对不足，学生要在常态的40分钟里比较顺畅地表现并完成一个学习主题，比较困难；二是整个小学美术教材的体系与学习内容，对小学生写生造型的学习方法及表现训练并没有进行比较深入的研究，也没有为一线美术教师提供相对恰当的教学方法与思路，更没有形成有关这个教学方向的课程体系。这些问题长期存在于基层学校的美术教学中，致使小学生们整体的造型表现能力既不能得到完全释放，又不能得到平衡发展。章献明老师对于小学美术教学中的这一问题及现状是相当了解的。因此，在他所任教的学校的每周常态的美术课堂上，他坚持以写生训练带动小学生观察能力的提高，促进孩子们动手表现水平的发展。

一、学科知识的运用是美术学习的本质

知识的重要意义就在于人对它的应用。“写生”这个词汇既是概念，又是重要的美术表现方法的知识。章献明老师本课教学面对的学生的学习背景是：学生之前没有上过写生课，也没有用过小画板，平时的绘画是画在32开大的小图画本上，平时画画基本用铅笔。因此，在课前师生交流、使学习共同体的场域开始形成的基础上，章献明老师由写生表现的最基本方法——“手持画板作画”引导学生进入学习状态。

在任何一节美术课学习的开始，当学生面对一张白纸的时候，同时意味着他们自身对这个未来空间表达局面的控制。章献明老师启发学生所进行的第一个小练习为“画一画老师”。在这之前的教学中，所有的对话与讨论并没有涉及任何美术学科的基本知识、概念、要素，当章献明老师突然提出“你们能不能把我画下来？”的问题后，学生的第一反应肯定是“不能”。因为，每个人（小学生）都有着对“控制”这个意识不同程度的理解。在生活中，人们总是处于对某一事物控制与被控制的状态里，如小孩子在幼儿期控制力不强是一种生理特征。写生这一美术表现的基本方法，小学生在运用当中，具有极其强烈的控制因素。对于这些过去没有在课堂40分钟内进行过写生的孩子们，听到章献明老师这样的指令，自然感觉自己在美术表现上无法控制。

在中国学校的课堂学习中，学生的向师性心理还是比较强的，尽管此刻孩子们要画教师感觉心中没有底气，但章献明老师幽默的诱导话语鼓起了他们的勇气。在1分钟内表现出了一个人物形象，对于这些孩子们来说已经非常不错了，因为刚开始时有的学生认为画人物需要2个小时。需要注意的是，在这个小环节里，出现了两个极其重要的美术学科的学习问题：一是观察，二是写生。观察的由来是学生“很会看”，他们发现了章献明老师的脸部特征为“戴眼镜，还有一颗痣”，但此时，章献明老师并没有对这个问题展开研究，他要为下面环节的教学留下伏笔。

写生概念在课堂上的出现，是章献明老师本课需要达成的一个教学目标。对于什么是写生，师生围绕这个问题讨论与研究的知觉体验过程开始发生。孩子们对于美术知识——“写生”的了解，是通过1分钟内画出章献明老师形象的小练习的体验生发的，此刻，章献明老师概括的总结在于提示学生对知识的理解与深化，因为运用学科知识的环节在等待着他们。

二、由“如何看”开始的知觉表达

在美术学习中，有这样一句老话“你看到了多少，就知道多少，也就画出多少”。美术表现中发生的问题总是出在最后这句话上，看到过，说不出来，这种“想不起来”的心境阻止了小学生表现的能动心理。“如何看”是小学美术学习里最需要解决的学科思维问题，但是长期以来，很多教师不明白美术教学应该由“如何看”开始渗透，而不是从“如何画”开始教学，这是一个教育观念制约下的重大问题。

章献明老师的“如何画植物”是由“如何看”开始的。对于“观察”这个概念与本质意义的理解，孩子们是从学习“如何看图”“如何看生活中的人物”“如何看植物叶子”这三个方面展开的。对图片中树叶的比较、对章献明老师与学生个头高矮的比较，使学生们发现了比较是观察的一个核心要素。请学生们针对植物叶子的遮挡关系尝试改变看的方式，从不同角度，用不同于以往的知觉经验（或者是瞬间捕捉），反复地去看，让他们尝试找到一些与个人视觉经验尽可能不太一样的地方。在这个由表及里的体验过程中，这些过去没有在课堂上进行过写生的小学生们，开始对观察的本质展开主动研究。

在小学美术教学中，教师要确立这样一个核心认识：当孩子们在美术学习里能够把独立思考、自主解决问题的知觉习惯，通过自己不断地尝试与坚持转化为个人生活方式的一部分的时候，就会感到自己生活在时空之中的自由和机智，有时候，无中生有式的精神快感会让他们离不开美术表达。由此观点，我们能够判断在这个环节的教学里，章献明老师已经开始为孩子们暗示了上述的道理，虽然没有直接说出来，但是，又一个1分钟的画遮挡的树叶的练习活动，已经阐释了——体验是一种发现，体验是探索过去不曾接触过的事情，体验是对问题的自主解答。

三、怎样由叙述性表达转化为相对主动的控制

叙述性表达是一种张力，它通过显露自我的方式引起外界的注意。小学生用线描的方法表现植物叶子形态的时候，其线条造型本质上的运动及其留在画纸上的痕迹都属于叙述性的，尽管有一些孩子在纸上画出了断断续续的碎线条，此刻，这样的痕迹依旧是在叙述着他自己认识的那个形态。章献明老师及时发现了小学生在课堂上出现的这种问题，他的教学引导是自由与重复的。

写生课上，四年级小学生在用线描表现植物叶子时，“看”的成分到底占据多少，决定了其表现时思考的水平，而思考后的行动指令又与实际动手能力有一个平衡协调的关系。这个年龄段的孩子，虽然对植物叶子

图形表现上的前概念记忆留存不多，但对生活中植物叶子的图像模式还存在着个体心理上先入为主的断定格式。因此，美术教师在写生教学的指导中，需要有意识地培养小学生们逐步形成“随时看、即刻想、马上画（实践）”的表现习惯。有了一定练习量的积累，小学生对画面形态的塑造控制力才有可能加强。

由教学实录我们看到，章献明老师在引导孩子们由学习如何观察、画叶子遮挡关系的小练习，转向直接表现的各个学习环节时，其教学设计已经考虑得相当周到。课堂实施过程中为学生们提供了表现方法，搭建了问题探索的平台。孩子们对植物叶子或整体表现的主动控制过程，体现着每个孩子对“观察（如何看）”“写生（怎样表现叶子的遮挡）”“线条的自然运动”等美术学科知识的理解应用水平，也呈现出这些孩子们在运用美术学科知识的过程中，对于线造型方法的自主变化推演。所以说，本课教学已经将小学生线描写生课的指导学习发展到相当深入的水平。

四、作业评价由表征到本质的问题

在小学美术“造型·表现”学习领域，对于儿童绘画表现的评价，一般的美术教师多流于画面形式。另外，教学评价的套路化倾向也让人感觉很不舒服。在章献明老师的这节课上，能够看到他的教学评价是贯穿于整个教学过程之中的，这就体现了评价在本课教学中的作用——为了促进孩子们的美术表现性学习。

例如，章献明老师说：“如果你觉得这条线画得不对，可以在旁边再画一条，也没有关系的，那条你认为不对的线可以留着。”这句话评价的导向是指导学生对自己表现的肯定心理，其指向性集中在孩子们两种能力的提高，一是“动手”，二是“动脑”。这两种能力平常教师们可能都会挂在嘴巴上，但具体的落实需要依靠这样的评价细节来引导小学生去知觉。这两种能力在这个学习环节的落实具有三个特性：“技能性”，小学生手持记号笔在画纸上运动的自信力，作用于对线条表达形态的控制水平；“知识性”，小学生对形的认知理解，并非是用一根线把形态画准确，形本身就在运动中；“创造性”，“觉得这条线画得不对，可以在旁边再画一条”，这个评价说明：你的表达是自己的知觉，而不是与实物一样或与其他同学的画面一样。这些道理，虽然课堂上的小学生们不会立刻理解，但章献明老师随机评价的意义深远，美术教师们应该看到其教学背后的东西，这才是评课的本质。

再如章献明老师的这段评价："这个同学画的是植物的一个部分，像照相机一样画了其中的一个部分，其他的部分在画的外面，这样的写生方法也是很好的。厉害！"这个作业现象说明，有的小学生对于线描造型有着特殊的敏感性，其作业可能产生画面上线条运动的不连贯，导致产生不同于植物现实状态的意象。但这些意象有着具象与抽象的符号元素，这些都是小学美术课堂上写生主题里经常会出现的情况。

另外，装饰是一种线条表现的风格标志，是与签字笔、彩色水笔、记号笔等表现工具在画纸上的运动规律有关联的。因此，小学生在写生表现中所出现的装饰性风格，往往是在抽象与奇异的重复图形中找到不定性画面的途径。实际上，对于这样的呈现痕迹，美术教师不要强求加于它何种意义，更多的因素是小孩子在表现中的综合限制性体现。

在小学生的写生学习中，无论孩子们看到的对象是植物、室内一角、文具，还是人物，最终均是通过媒介（不同的画笔与纸张）表达的。反映在孩子们画面上的依然是对象的局部或是静止状态下的特定图式，这些图式因小孩子个人表现目的的不同，产生了视点、角度、表现方式的差异。

美术教师对于小学生写生学习的教学指导，需要在研究小学生线描造型表现时特别关注其知觉表达心理的画面呈现。例如，能够在表现中寻找物象形态的内在节奏（线条的停顿、舒缓、流畅、连带）、韵律（线形表达的对比线与界面关系）等微妙变化。这类作业对于教师指导与启发全体学生达到课堂教学目标有着积极的推动作用。因为，这类作业可以起到强化小学生画面"作品性"的目的，小学生们通过循环式的练习，会对作业的"基本过程"有比较熟练的掌握，所谓的"画完了"与"没有画完"的概念在孩子们脑海里有了决断的意识。章献明老师的"植物写生"一课，在这个层面的实践已经有了一定的高度，这也是本课教学最值得研究的问题。

6

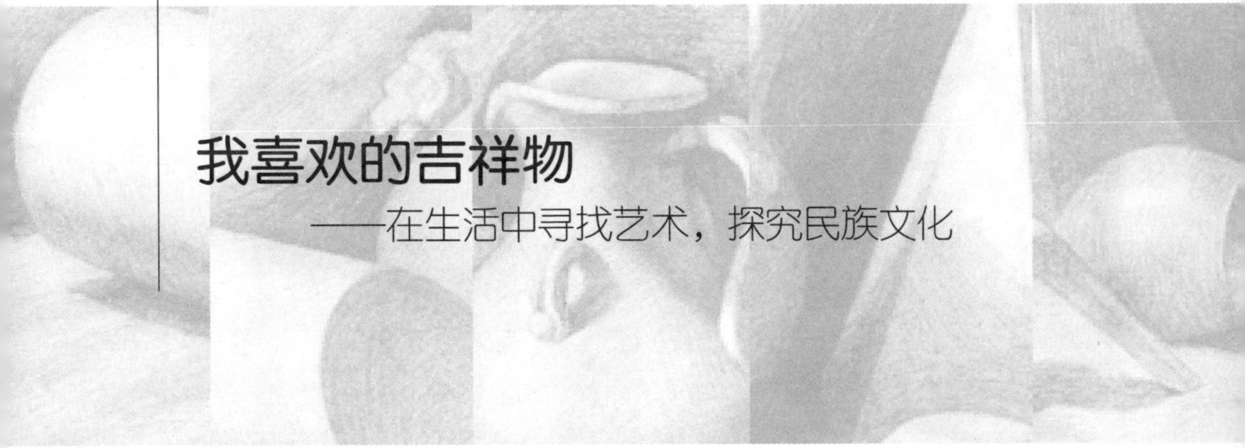

我喜欢的吉祥物

——在生活中寻找艺术，探究民族文化

名师课堂

“我喜欢的吉祥物”教学实录（二年级）

李永永[①]

（一）课题引入

（上课，师生问好）

师：同学们，今天老师给大家带来了一段动画片《吉祥宝贝》，请大家看后回答老师的问题。（播放动画片《吉祥宝贝》）

大龙：大家好，我是“吉祥宝贝”的主持人大龙，几千年来我们吉祥宝贝一直保佑着人类平安幸福的生活，现在请大家来说一说这么多年来，自己

① 李永永，重庆市美术特级教师，重庆徐悲鸿少儿美术馆馆长。

为人类做了些什么?

虎娃：我是虎娃，我的爷爷是威震江湖的百兽之王，爷爷每天都为人类驱妖镇宅、祛邪避灾。我活泼可爱，常常穿一件红色的衣服，小朋友可喜欢我了，我是儿童的保护神，孩子穿虎头鞋、戴虎头帽、睡虎头枕，我常常伴随着他们。

鹿：我有1000岁了，名字叫苍鹿，哥哥有2000岁了，名字叫玄鹿。我们家族的鹿经常与仙鹤一起保卫灵芝仙草。我们常常为老人送去健康和幸福，所以人们称我们为长寿之星。

鸳鸯：我们的名字叫鸳鸯，我们两个每时每刻都不分离，我们走到哪里幸福就到哪里。我们的衣服颜色绚丽，无论老人或青年人都非常喜欢我们，我们是永不分离的美好象征，是幸福美好的代表。

龟：别看我样儿不好看，几千年来，我背纹里隐藏着天地的秘密，人们不知道的事我全知道，我的寿命极长，所以成了长寿的象征，我能给人类带来祥瑞之气，是先行先知的灵物，在家里摆放玉石龟可以补运气、旺财位，用玉龟镇宅可平平安安，吉祥富贵。

凤凰：老虎是百兽之王，可我是“鸟中之王”，也是中国古代最著名的吉祥鸟，我有像锦鸡一样的头、像鸳鸯一样的身、像大鹏一样的翅膀、像仙鹤一样的腿、像鹦鹉一样的嘴、像孔雀一样的尾，几千年来，在人们的心目中，我一直是美丽、吉祥、善良、光明的象征。

……

师：同学们，请你们告诉大家，刚才在动画片里都有什么动物?

生：虎、龟、凤凰、鹿……

师：这些不同的动物都有一个共同的名字，想一想叫什么?

生：吉祥物。

师：吉祥物在我国已有几千年的历史，它包含的内容很广，有平安吉祥物、招财吉祥物、富贵吉祥物等，每一种吉祥物都有不同的寓意，每一种吉祥物都有它形象上的特点。

（师出示不同吉祥物的局部特征图，图略）

师：同学们能够看出以上的局部图是什么吉祥物吗?

生：图1是龟（有大大小小的龟背纹）。

生：图2是鹿（有像树枝一样的角）。

生：图3是虎娃（圆圆的脑袋上有一个王字）。

生：图4是凤凰（有孔雀的羽毛）。

生：图5也是凤凰（头上有鸡冠状的冠）。

……

师：同学们观察得很仔细。这说明我们只要抓住了事物的主要特点，就能认出它是什么吉祥物，这个主要的特点就是代表这种吉祥物的典型形象符号。在生活中你们还知道哪些传统的吉祥物呢？

生：喜鹊、白头鸟、蝙蝠、鱼、狮……

师：了解得还真多，我们不仅要知道它们的吉祥寓意，还要观察它们的色彩、典型的形象特征。这节课我们就运用不同吉祥物的寓意和典型的图像来创作自己喜欢的吉祥物（出示课题——我喜欢的吉祥物）。

（二）探究新知

1. 神奇的吉祥物——麒麟

师：同学们知道这是什么吗？

生：麒麟。

生：麒麟也是一种吉祥物。

师：生活中有真的麒麟吗？

生：没有。

师：那麒麟又是从哪里来的呢？

生：是古代的人想象出来的。

师：为什么人们要把想象出来的麒麟作为吉祥物呢？

生：麒麟是古代传说中的神奇动物，它聚集了各种动物的长处，全身由鳞甲、牛尾、狼蹄、龙头、独角组成。

生：它能够保佑人们幸福平安，在传说中它是吉祥的象征。

师：原来麒麟并不是人们没根据、没头脑的乱想。在我国的传统文化中，鳞甲、牛尾、狼蹄、龙头、独角等都具有特别的意义，因而麒麟有神奇的功能，能够给人们带来幸福、吉祥与美好，所以历来人们都非常喜欢

麒麟，它是人们心目中的祥瑞之物。（师示范麒麟的组合画法）

2. 奥运吉祥物——福娃

师：今天老师给同学们带来了大家都很熟悉的吉祥物，你们看这是什么吉祥物？（师出示福娃图）

生：奥运福娃。

师：同学们知道它叫什么名字吗？头上的图又源于哪里？

生：贝贝，头上由鱼头和水波纹组成。

师：为什么要用鱼纹来装饰贝贝的头呢？

生：鱼纹是中国古代的鱼纹图案，表明我们华夏民族是具有悠久历史的民族。

师：这个鱼纹是离现在6000年前的新石器时代的人画的，它不仅历史悠久，还表示年年有余的意思。那贝贝头上蓝色的波纹又是怎么回事呢？

生：因为贝贝是水上运动的高手，头上的水波纹表示蓝色的海浪，它的蓝色和奥林匹克五环中的蓝环的颜色一样。

师：原来贝贝头上的图像还有这么多含义，艺术家将他们组合在一起就表达出更多更深的意思了。（师在黑板上示范贝贝的画法）为什么艺术家要把贝贝表现成人一般的模样呢？

生：画家表现贝贝用的是拟人的方法，这样贝贝就显得特别可爱，让人看一眼就不会忘记。

师：看来吉祥物不仅要有很好的寓意，还要有很好的形象，是吗？

生：是。

师：大家对福娃实在是太熟悉了，请同学们再来说说其他的福娃又有什么寓意呢？

生：迎迎头上有藏羚羊的角，祝福大家健康美好。

生：妮妮来自天空，是一只展翅飞翔的燕子，头是北京沙燕风筝的形象。

生：妮妮把春天和喜悦带给人们，播撒美好的祝福。

生：妮妮是体操健将，它代表奥林匹克五环中绿色的一环。

……

师：福娃是著名画家韩美林设计的，他结合了我国许多传统的吉祥图案，在造型上融入了鱼、大熊猫、奥林匹克圣火、藏羚羊以及燕子的形象。不同吉祥物的典型形象经过艺术家的不同组合就表达了新的吉祥意义，它不仅寓意好，让人一看就知道它的意义，而且形象也很美。

3. 吉祥物的设计原则

师：前面我们看了传统的吉祥物——麒麟和现代艺术家创作的吉祥物——福娃，它们有什么共同的艺术特征？

生：它们都是将具有不同象征意义的图像组合在一起，表达新的吉祥意义。

师：新的吉祥物寓意与原来单个的吉祥物比较有什么不同？

生：表达的意思更丰富。

师：在形象上有什么特点呢？

生：吉祥物都很美很可爱，在创作的时候，艺术家都用了夸张或拟人的手法，麒麟成了很可爱的动物，福娃添加了眼睛、嘴巴，成了会说话、会走路的幸福娃娃。

师：看来通过艺术家创作的吉祥物比原来的形象更加可爱了。我们再来看，吉祥物在色彩表现上又有什么特点呢？

生：每一个福娃只有一种主要色彩。

师：在表现的时候色彩要单纯些，一般3种颜色以内就可以了。

（小结）根据我们上面的理解，设计出的吉祥物要有好的吉祥寓意，让人一看就知道是什么意思；要有好的形象，让人感觉很可爱，看后让人忘不掉。所以“好看、好懂、好记”是设计吉祥物的基本原则。

（三）创作实践

师：现在请一个同学来说一说，我们怎样来具体设计吉祥物呢？（出示制作方法图）

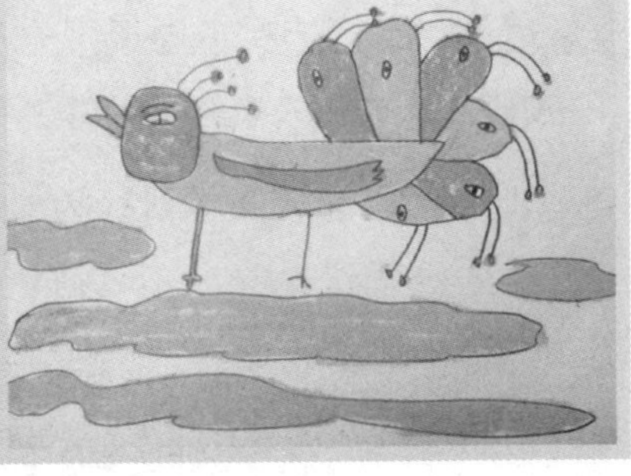

生：先想好自己要设计的主题，再用线条画出形象。

师：在画形象的时候要注意什么？

生：注意形象要简练，整体感要强一些。

生：最后添上颜色，一般2种颜色

左右。

师：还有其他方法吗?

生：还可以直接用颜色来画。

师：其实我们今天的作业主要是一种创意，表现的方法很多，如粘贴、手工制作、剪纸等。

前面我们看到了我国古代和现代的艺术家创作的吉祥物，现在我们来看看同龄小朋友创作的吉祥物，看看他们是怎样想的，怎样表现的。

这幅画对孔雀的形象进行夸张，并在尾上添加了眼睛，表示吉祥物让我们开开心心。

这是一个运用组合法创作的送给爷爷的生日吉祥物，将凤头、鹿头、鹰爪、龟背等具有不同意义的典型吉祥物组合在一起，祝愿爷爷像鹿一样长寿，像凤一样吉祥，有像鹰一样健康的身体。

……

师：这些作品与现实生活相联系，还运用了传统吉祥图的寓意与典型图形符号，图像也比较简洁，将自己的所学运用到了自己的创作之中。

同学们，你们准备表现一个怎样的吉祥物呢?

生：我爷爷生日快到了，我想给爷爷设计一个生日吉祥物。我想爷爷健康长寿，所以我准备用龟的背纹作吉祥物的身体部分，还希望爷爷和奶奶每天开心吉祥，所以用孔雀的头作吉祥物的头，用孔雀的尾作吉祥物的尾，因为孔雀表示吉祥如意嘛。

师：作为一个吉祥物要体现“好看、好懂、好记”的原则，所以在实际表现的时候还要注意形象的整体美观，颜色不能太多，也要与表现的主要意思相联系，还有谁来说说自己的想法?

生：我想给我们班设计一个吉祥物。

师：好，说说自己的想法吧。

生：我们班是一个体育强项班，尤其是乒乓球很好，我想运用拟人手法和夸张手法，用乒乓球拍做头，表示我们班乒乓球全校第一，长有两个鹰的翅膀表示在比赛的时候球就像长了翅膀一样飞向对方……

师：想得好，今天我们就以“我喜欢的吉祥物”为题创作吉祥物。

要求：（1）创作的吉祥物要与现实生活相联系。

（2）将一定的传统吉祥图符号与传统吉祥寓意运用于创作中。

（3）表现方法不限，用色不能太复杂。

（4）体现“好看、好懂、好记”的基本图像原则。（生作画，师辅导）

师：请画好的同学把画拿上来，让大家来共同分享你创造的快乐。

谭陵：大足石刻有千手观音很神奇，我画的鸟有5个脑袋，很聪明灵活，它能在学校看到任何一个乱扔垃圾的人，让每一个小朋友养成好的生活习惯。

张华：这是我设计的我们班的吉祥物，拟人手法把乒乓拍做头，6个翅膀让我们班的乒乓球技术越来越强，永远都是全校第一。

吴楠：龙头龟、三尾蛇、十头凤、双头葫芦娃，这是我设计的一组吉祥宝贝，当人们有什么困难的时候，这些吉祥物就会来保佑人们。

郭乙霄：我们是龙的传人，龙和虎组合成新的吉祥物，它能让我们每一个孩子长大后成为祖国的栋梁之材，有龙一般的神气，有虎一般的勇猛。

刘艳：校园里的花儿真美丽，用拟人化的方法为花朵加上眼睛、鼻子等，让花儿更漂亮，花朵的花瓣像孔雀张开的屏，当人们看到这样的吉祥物时就会自觉地爱护花朵。

李宁：还有一个月就是我妹妹的生日了，我设计了一个花仙子的吉祥物送给妹妹，她肯定会高兴得不得了。我还给花仙子加了2个可以飞翔的孔雀翅膀，表示花仙子时刻都在天空飞翔，看着我妹妹健康快乐成长。

吴平：这是我给爷爷设计的吉祥物，把这吉祥物放在家里，让爷爷在

龙的保佑下能健康长寿。

张晓刚：两只可爱的小老虎是吉祥幸福的象征，做成玩具可以让玩玩具的小朋友事事顺心，它的形象也很好看，相信一定会有很多小朋友喜欢。

雨涵：我画的是我们学校里的花，是美好的象征，在花的下面有一条红色的鱼，是年年有余的意思，把它们组合在一起就表示我们学校四季都有花儿开，看到这吉祥物就会让人感觉我们的学校很美好。

师：（总结）同学们，今天这节课我们一起走进了传统吉祥文化的世界，丰富了传统吉祥文化知识，掌握了设计吉祥物的方法，感受到了传统吉祥文化的魅力，它不断地丰富和发展着我们的生活。在欣赏同学们创作的吉祥物的过程中，大家感受到了你们的聪明才智，其实传统文化已经渗透到人们生活的各个方面，只要成为一个有心人就能够创造出更多充满新意的吉祥物。

>>> 教学反思

文化滋养天性，生活启迪智慧

生活与文化是教育的两大永恒主题。没有文化的艺术是苍白的，因为它没有思维的支点；没有生活的艺术是浅薄的，因为它是无源之水。在艺术教育中有效渗透文化的因子，会让艺术更加丰满，更加有“话”可说；

加强同生活的联系，可让艺术更加有“形”可“画”，更加有情可发，从而调动学生智慧的思考。

随着人们物质生活水平的提高，人们的精神文化需求也日益增强，吉祥物作为中华传统文化的重要组成部分也受到人们的关注。

该课题便是根据美术课程标准“引导学生参与文化的传承与交流”，“在广泛的文化情境中认识美术”，“陶冶学生情操，提高学生的审美能力”的指导思想而开发的系列传统美术文化课程之一，在教学过程中，有效提高了学生对民族文化的审美情趣，增强了学生的审美文化素养，促进了学生创新意识的养成。

一、在生动的文化情境中感知传统吉祥文化

本课题一开始便将几种典型的传统吉祥物以动画片的形式展示出来，让学生明白吉祥物的含义，同时引导学生结合自己的生活经历，谈谈自己知道的吉祥物。这是对学生认知吉祥物的一种引导，努力让学生在记忆中寻找曾经看过或听过的吉祥物，其目的有二：一是加强学习与生活的联系，二是加强学生对吉祥物特征的认识与理解，从而使他们分析判断并提炼出不同吉祥物传达的不同视觉信息或典型图式符号，初步建立传统吉祥文化与美术表现之间的关系，为后面的创作奠定图式语言的基础。在此过程中，我梳理了学生过去对传统文化现象中吉祥物的认识，尤其是人们对吉祥物意义的理解、吉祥物在传统文化现象中的地位与作用，以及在现实生活中的基本表现等，让学生真切地感悟我国古代劳动人民的智慧。

二、在分析比较中探究吉祥物的表现

吉祥物既可以是生活中的某物或某种现象，如祥云等，也可以是人们对生活或自然的一种再创造。由于古代社会生产力水平低下，劳动人民对大自然或生活的多种现象抱有某种幻想，于是就创造了新的“物”，该环节以古代麒麟和现代福娃为代表，让学生探究创作吉祥物的基本方法。

在探究吉祥物的表现过程中，以吉祥物的寓意为主线，让学生明白这些不同的“物”为什么要组合在一起，这个认知过程既是对传统吉祥文化的探究与发现过程，也是对传统吉祥文化的传承过程，让学生的思维火

花和古人、艺术大师进行碰撞，进而明白其深刻的社会意义。“形”的表达则是吉祥物创作中有关学科知识的本位问题，通过对两种不同吉祥物具体形象和特征的观察判断，进而探究出在造型、色彩、表意方面的表现原则，它进一步让学生明白了吉祥物的意义，掌握了对吉祥物审美的标准。

三、在生活中运用传统吉祥图式符号进行表达

艺术源于生活又高于生活。引导孩子认识传统吉祥物的寓意和形象特征是一种文化的传承，运用这些基本元素符号表达现实生活情景，则是一种创造和发展。（本课题是基于对传统吉祥物的表现与创造，所以对于一些现代抽象的吉祥物的表现不在此课题研究之列）

在该教学过程中，对传统吉祥图形符号本身的选择上不求“新”，但对图式符号的组合与变形的方式上求“巧”——体现学科本位的形象特征、色彩关系等，在意义的表达上求“妙”，这是该课程训练思维表达力的核心点。在此过程中，特别强调的是对新的吉祥物的创造不是将传统图像进行简单地叠加，而是在把握好传统吉祥物的艺术特征与民族文化内涵的基础上，结合现实生活的新创造。因此，怎样引导学生找到一个与众不同的话题，寻求到一个不同寻常的切入点，则是教师引导的关键，只有如此才能让传统的吉祥图式符号产生新意。

由于该课是教学随堂课，再则本人对此研究的深度也不够，因此在课堂上对有些环节的处理以及特征的把握都有待改进，同时由于学生工具材料准备不充分，因而作业呈现的方式显得有些单一，这些都需要在今后工作中加以改进。

>>> 研究与思考

如何在与文化的对话中体验

李力加

走向文化的美术课程，是尹少淳先生在美术新课程标准出台及实验过程中，根据美术本质提出的基础学校美术教育目标。“从文化的角度看

待美术学习，是现代美术教育的一种积极的拓展和重大的进步。在这种大的美术教育背景下，美术的课程理念、课程内容和教学方法，会相应地对我们每一个美术教师提出新的要求。”① 读李永永老师的“我喜欢的吉祥物”一课，能够感觉到他的教学在实践着文化中的美术表现与创造。

一、文化的关照

尹少淳先生认为：“美术既是文化的载体，也是文化的一种类型，因此美术学习不仅仅是美术技能技巧的学习，也不应该仅仅是美术知识的学习，而应该是在一种文化观的观照下的学习，应该让学生在一种文化情境中理解美术，并通过对美术的学习感受和接受文化的影响。”“我喜欢的吉祥物”一课的教学，李永永老师“旨在使学生初步了解中华传统吉祥文化的意义及表现方法，加深对吉祥物的认识，创作出自己喜欢的吉祥物，进而提高自己的审美素养，促进自己创新意识的形成”。建立在这样一个高度上的教学设计思路，课堂上所要传递的有关吉祥物及其造型的知识，就无法仅仅从美术学科要素的角度来解释。

教学以对动画片视频《吉祥宝贝》的欣赏导入。这段视频传递的信息虽然以故事的方式展开，但其所蕴涵的文化意义是深远的。虎娃、鹿、鸳鸯、龟、凤凰等动物早就被中国人赋予了深刻的文化意义。随之，课堂上学生们又分别说出了喜鹊、白头鸟、蝙蝠、鱼、狮等传统的吉祥物形象，使教学从一开始就被深厚的中国文化所渗透。在探求新知的环节，李永永老师专题介绍“神奇的吉祥物——麒麟”，并引导学生围绕麒麟的寓意展开讨论与研究。

仅仅就上述的动物吉祥物造型分析，无论是虎娃、鹿、鸳鸯、龟、凤凰等，还是喜鹊、白头鸟、蝙蝠、鱼、狮等，美术教师在引导小学生研究其美术表现要素的时候，必须从文化的意义上来解释。麒麟的造型更是如此，这个古代传说中的神奇动物，“它聚集了各种动物的长处，全身由鳞甲，牛尾，狼蹄，龙头，独角组成”，这些形态的构成也必须以文化来阐释。小学生在这样一种文化的情境里，所学习的不仅仅是线条、造型，更多的是对中国传统文化的感悟，是在中国文化观的观照下心灵上的洗礼。

① 尹少淳著，《走进文化的美术课程》，重庆：西南师范大学出版社，2006年版，第2页。

二、真正的体验

与中国传统文化对话的美术课堂教学，美术教师所要研究的问题是，如何能够让小学生们在课堂上达成一种真正的体验。那么，何为真正的体验？

体验这个概念，说到底根本不是一种“记述”，或者“记录”“临摹性表达”，真正的体验是一种小学生在美术课堂上由心而生的自主“发现”。例如，在“我喜欢的吉祥物”的课堂上，一个小学生发现了什么，这叫做体验。这个体验表现在对文化问题的疑问、解释和认识，包括对吉祥物造型所蕴涵的文化意义的思考，包括对具体造型表现元素的新创造。

在学校的美术教育中，在具体的美术课堂教学里，美术教师们不能空谈什么体验，说到体验，如果学生在课堂上没有什么发现，那这体验就是假的。所谓的“发现”，就意味着学生在课堂的美术学习中，根据教学主题所生发出的境界是学生们所创造的，是独特的、唯一的、无法重复的，是一个新颖的东西，一个新的文化世界。学生有了这样的认识，才算是在美术课堂上体会与实践了中国艺术创造的核心理念。

小学生在美术课堂上的每一次体验，都应该是一种新的发现。例如，对麒麟造型的认识，一个小学生不仅产生了与其他同学不同的认识，更发现了其真实的意义。又如对奥运福娃的设计，一个小学生在美术课堂上要“显现真实”，就要随着美术教师的引导，挖掘设计家韩美林在设计这一组吉祥物的时候运用的文化元素本原曾经在什么地方出现过，要回到事实本身去研究。例如，福娃中的欢欢，其头上的“火”之纹样，灵感来源不仅仅是火娃哪吒，还能在敦煌壁画中找到其“火纹样”的形象。所以，小学美术课堂学习中的真实体验，只要孩子们用了心，就不会与他人重复。即便是小孩子，共同面对一个景物、一幅作品、同样一个“火纹样”，每个人对其的感悟应该是各不相同的，这才是美术学习的本质意义。

在我们日常见到的美术课堂上，小学生有没有真正的发生知觉体验呢？思考上面的一段论述，就知道教学问题出在哪里了。

三、纯然的表现

小学生在美术课堂上的表现性实践，为什么需要倡导纯然？纯然性的表现，是小学生放下自己主体的视角，在无杂念中用心创造的过程。看一看对国内儿童画的研究，走过30年后，发现一个重要的问题——真正能够在无杂念中用心创造表现的儿童画太少了。

在中国艺术哲学中，有一个核心的观点叫做“大巧若拙”。中国艺术中古拙的境界是一种天真的境界，儿童的美术表现境界本来也应该是这样的一种境界，但这些年来，这样境界的儿童画表现少之又少。儿童画中的拙，是一种无拘无束的从容与自由，是一种由心而发的轻松，是一种能够体现儿童内在生命体验的自然流露。例如，在“我喜欢的吉祥物”一课中，谭陵（8岁）所创造的“智慧鸟”有5个脑袋，造型淳朴自然，他自己说：“大足石刻有千手观音很神奇，我画的鸟有5个脑袋，很聪明灵活……”这样的创造，属于一种“拙”的表达与境界。小孩子自身可能无法理解这样的一个理念与高度，但美术教师的儿童画教学指导，应该给予小学生们这样的一种思维方法。

在中国的艺术哲学命题中，庄子提出的“大巧若拙”是从超越技巧的角度，提出人工技巧和自然天成之间的关系。在儿童画教学中，在美术教师对儿童画的审美取向中，也存在着这样一个关系的平衡问题。儿童美术表达技巧的发展，是其心智成长的重要标志之一，但儿童美术表现性技巧发展的同时，又会抑制儿童性灵的自然释放，这是一对矛盾。人类的文明是追求“巧”的过程，儿童美术表现能力的发展也是追求技术表达完善的过程，但在这一过程中，美术教师、家长，包括孩子自己，常常会忘记很重要的一点：美术表现技术之巧、之纯熟，只是孩子表达上的某种便利，并不能解决孩子美术学习心灵中的根本问题。表现技术的“巧”不能代表儿童在美术学习中生命的体验，而有了真实生命体验的儿童画表现，往往呈现出一种“拙”的大气，这是更珍贵的东西。

学校美术教学中儿童对文化的认识，是以其在美术课堂上对某种价值观、世界观和审美观逐渐认同、基本建立为核心的。其检验的标准是，以儿童美术认知的思维方式是否初步形成为内显特征，以儿童美术课堂上的表现行为方式为外显特征的一种成长状态。美术课堂上，儿童对不同美术文化的形态——作品、艺术家、历史背景、事件等所反应出的认识差异，显示出一个儿童对美术文化的价值取向、对世界的某种看法、对美的基本认识，也显示出一个孩子独特的视觉思维方式。所以，学校美术教学要想影响一个孩子或一个学校的文化，关键是美术课的构成内容与实施方法要能够影响孩子们的原有价值观与基本审美倾向，影响孩子们的视觉思维方式，并最终能影响孩子们的行为方式即生存方式发生变化。这其中，最核心的应该是孩子们的审美价值观，表现在美术学科问题上，是对美术形态所反映的文化取向的包容，而要达到这样的美术教育目标，离不开真正意义上的知觉体验。

7

西湖印象

——创设情境，提升学生的意象表现能力

>>> 名师课堂

“西溪印象”教学实录（三年级）

孙飒[①]

（师呈现美国画家波洛克作品——《海洋》）

师：我们先来欣赏一张绘画作品。看了这幅画，你有什么感觉？

生：很乱，不过在这乱中可以看出像漩涡一样的东西。

① 孙飒，中学高级教师，浙江省杭州市西湖小学教育集团文新小学科研室主任。

师：哇！你真善于观察！

生：我觉得那一片片黑色的像黑夜，然后中间黄色的像月亮。

师：在黑夜里透出光明来，是不是呀？非常好！请坐！先别急着发表你们的感想，我们来看看作者表现的到底是什么，你们一看它的题目就知道了，是什么？

生：海洋！

师：对！这位作者叫做波洛克，是美国的一位画家。请问，你心中的海洋和他画的这个海洋的感觉一致吗？

生（齐）：不一致。

师：有很多人都在摇头，那你心中的海洋是什么样的？

生：一片蓝色的，有时候非常静，有时候却白浪翻滚。

师：噢，蓝蓝的，有平静的时候，也有大浪翻滚的时候，那么，跟它的这个表现是不是不一样啊？那有没有同学跟她描述的不一样的？好，请你说说看！

生：我心目中的大海也是蔚蓝色的，里面有很多鱼在游来游去。

师：噢，是一个欢乐的海洋，是吗？那么，你们感受到作者画的这个海洋是怎样的？仔仔细细地想一想，请你来说说看！

生：可能是波涛汹涌，可能是海面上刮起了大风，也可能是发生了海啸。

师：你怎么看出刮大风和海啸的感觉？能不能给大家介绍一下？

生：因为感觉画面像一片一片、一笔一笔的，黑色的感觉像是海浪，然后黄色的好像就是漩涡和风。

师：原来是这些！作品里这些漩涡的感觉你们看出来了。对！从这个旋转的线条，我们有了这样的感觉。这幅作品就是波洛克心中对于海洋的感觉，跟我们大家的都不一样，是吧？

师：好，我们再来看一幅。你们看到了什么？有什么感觉吗？或者你们联想到了什么呢？（师呈现荷兰画家蒙德里安的作品——《百老汇爵士乐》）

生：有点像停车场。感觉有很多很多花花绿绿的颜色，像在迷宫里一样。

师：你看，把一些小细节都看出来了，嗯，很有意思！好，有和她感觉不一样的吗？

生：我感觉这个像毛衣上的一些图案，花花绿绿的一格一格的。

师：是的，它这里最多的就是线条组成的格子。别着急，我们来看看作者画的是什么——《百老汇爵士乐》，这是荷兰画家蒙德里安画的，我给大家解释一下百老汇是什么。百老汇是美国纽约最著名的一条大街，是美国的戏剧中心。爵士乐呢，是一种音乐的形式，同学们可能对它不太熟悉，是不是呀？蒙德里安听了这个爵士乐，就把自己听音乐时的感受都画下来了。我们来听一听爵士乐，看着他的这幅作品来感受一下爵士乐，好吗？（音频播放爵士乐片段，生听，同时欣赏作品）

师：大家跟着这个节奏！你们对这个爵士乐有什么感受吗？

生：非常像舞会里的那种音乐，酒吧里也有，感觉他们就像在跳舞。

师：那给你的感受是怎样的？

生：抒情的，悠扬的，欢快的……

师：哎哟，还有同学说欢快的。嗯，你呢？

生：感觉心里面很舒畅、很快乐。

师：刚才这些同学对音乐有了感受。蒙德里安也从音乐里获得了感受。你看，在这幅作品里面，他用线条和色块，把他听了音乐以后的这种强烈的节奏感和愉快的心情表现了出来。今天老师告诉大家，这些画，他们有一个共同的名称，是什么？（屏幕呈现：抽象画）

生（齐）：抽象画。

师：是啊，这是一些抽象画。那么抽象画是怎么画出来的呢？有很多方法可以用。今天，我请了五年级美术社团的几位同学给大家来当小老师。（大家回头往后面看）不用找，我已经把他们请到这里来了。

他们给大家介绍了5种不同的方法。这5种方法我们叫做色彩游戏——流、甩、晕、刮、吹。好，下面这5位小老师就要出场了，你们可得仔细听好这里面的诀窍噢。（视频播放：五年级美术社团的5个同学分别介绍表现方法）

师：好，现在同学们可以看黑板。回想一下刚才这些小老师为我们介绍的5种方法，你们还有疑问吗？对哪一种不清楚赶紧提出来？

生：我觉得这里面的“晕”这种方法有点儿难。

师：大家觉得这个“晕”的方法比较难，是吧？好，关于晕染的方法，我们来看一下演示。（准备演示用的颜料、水等）

同学们看，这里我已经在调色盘里挤好了3种颜料。刚才有谁听清楚了晕染的方法是多加水还是少加水？

生：我听见的是要把整个纸打湿，然后再把颜料涂上去，再把另一种颜料也涂上去，两种颜料要融合。

师：好！这位同学非常细心。水要稍微多一点，所以我蘸的水要适当多一点。（边演示方法边讲解）

在每一种颜料里面我用干净的笔加上水，然后调一调。调的时候，要把里面的颜料跟水融合。如果你有好几支笔，可以一支笔一种颜色。现在，我的颜料已经调好了。我先把这一张纸打湿。打湿有很多种方法，可以用大一点的笔，用清水。好，看出这一块的颜色发生了什么变化吗？水分是帮助我们融合的。好，现在我们用调好的这个黄色，等我把第二种颜色上上去，大家就可以看到晕染的效果了。

生：变成橘红色了。

师：你们看两种颜色互相融合了，是不是呀，这个水分就起到了帮助它们融合的作用。这种方法学会了吗？好，那接下来请大家也来试一试、玩一玩色彩游戏。可以是其中的一种，也可以是其中的几种方法结合在一起。注意，时间为2分钟，音乐响起即停。我们每一张桌子上都有一块画板和小纸条，这张小纸条就是给大家尝试的。（音乐响起……）

师：刚才我们尝试了、体验了，有效果吗？

生（齐）：有！

师：遇到什么困难了吗？谁能来跟大家分享一下？体验或者收获或者遗憾也可以。

生：我发现在晕染的过程中，需要把纸大片地打湿，要打得非常湿，在加颜料的时候，颜料加水也要打得非常湿。

师：能不能把你的作品提起来，给四面八方的同学都看一下？好，举高了！也可以给后面的老师看一看。嗯！效果不错！哪些同学还用了晕的方法？请你们把它们都举起来好吗？（生举作品）哇，效果都出来了！关于晕这种方法，还有没有其他同学有不同的体会？刚才这位同学说了，水分太少会使颜色晕不开，要打湿一点。来，你说说！

生：老师，如果水分太多会流开。

师：呵呵，那就变成晕和流两种方法结合了，是不是啊？很好啊，你看，你在不知不觉中就用上了两种方法。还有同学用了别的方法吗？谁来介绍一下？

生：我采用了一种吹的方法。我发现如果颜料水太少的话会容易吹不起来。

师：噢，没有吹成功是吧？把水加多了呢？

生：它就向四面八方散开了。

师：要是还想把这个形状吹得大一点呢？

生：那就再多加一点水。

师：对了！很好！你看，她摸索到了她就有经验了。还有没有同学用了别的表现方法？用吹的方法的同学也不少，我看到了。

生：我的画有一点点是用的流的方法。

师：刚才，同学问我，（手持一学生作品）他这个画面上的颜色怎么流不下来，你们帮他找找原因。

生：多加一点水。

师：多加点水颜色就流下来了。非常好！同学们，刚刚你们做了尝试并且进行了体验，就有了经验，有了收获。现在，我们把这个纸和板稍微移一移，不要弄在袖子上，（生移）我们这个先搁着，你们课后要是有兴趣，可以再去尝试。好，现在大家研究一下抽象画大师是怎么运用这样的方法来进行抽象画创作的。大家来欣赏一下他们的作品。这幅作品还是波洛克的，它的题目叫什么？（呈现波洛克的《秋天的节奏》）

生（齐）：秋天的节奏。

师：你们能看出他用了我们学过的什么方法么？亮眼睛的同学立刻就发现了。

生：甩。

师：甩！很多地方都用了甩而且是幅度很大的甩，是吧？嗯，非常好！还有呢？

生：吹。

师：嗯，很多地方也有吹的效果，是吧？还有呢？

生：流。

师：嗯！用了好多种今天的方法。那么这一幅《秋天的节奏》你们能看出里面有秋天的景物吗？具体的，秋天的那些，比如说果子呀什么的，你能够看得很清楚、很具体吗？

生（齐）：不能。

师：不能。那大家从中体会到的秋天的感觉是从哪里来的呢？

生：我是从旁边做背景的土黄色感觉出来的，因为秋天的叶子都掉下来了。

师：这个黄黄的色彩带给了你秋天的感觉，是吗？还有同学从不一样的地方感受到了吗？

生：我从一块白色的、连接起来像一棵大树的地方感觉出来的。

师：这些纵横交错的线条就好像是一片秋天的丛林，是不是呀？给了你这样的感受，非常好！抽象画大师，他们就用这样一种很简单的方法创作出了表达他们对秋天的感受的作品。

师：好，我们再来看。（呈现《花园的记忆》）

师：这是瑞士一位叫克利的画家创作的，它的题目是《花园的记忆》，他对花园的记忆给了你什么样的感觉？他心中的花园是什么样的？

生：一点一点的绿色感觉就像花园中的草坪，红色的点点就像小小的花朵，一朵一朵的，在一起。背景有五彩缤纷的颜色，就像许多花铺成了一个大地毯。

师：好，谢谢你！你们看，他已经把这个看上去看不出什么内容的作品解读出很多很多的美妙景色了，是不是？能看出他用了什么方法吗？对了，很明显，这里有很多颜色重合。（呈现画家赵无极的作品）

师：这是一位华裔画家，非常有名，叫赵无极，这幅作品，你们能看出他用了什么方法吗？

生：甩、吹、晕，还有很多甩的小点，综合运用了好多种方法。

师：这幅画没有题目，你能感受到画家画这幅画的时候他的心情是怎样的吗？这幅画的色彩给了你什么样的感受？我们去体会一下这幅画会给我们带来一种什么样的心情。

生：我觉得心情应该是比较难过伤心的，因为背景是红红的，有火辣辣的感觉。

师：哦，都是红红的，你们看，在红红的颜色上面还有很多黑黑的、深深的点，把那些大片的红色给掩盖住了一些，是不是呀？可能会感觉有点难过，不是非常开心，是不是呀？

生：他用了甩的方法，因为是一点一点甩开来的，感觉就像眼泪一样一滴一滴地流下来，然后在一张纸上散开就成现在这样了。

师：不同的人看同一幅画就会有不同的理解，这也是抽象画的奥妙之一。我们每个人就跟画家一样，有不同的心情，有不同的体会，对每一件事物都有自己的感受。我想问一下同学们，离我们最近的地方有一处杭州的景点——（生答西溪湿地）。同学们猜对了，这是离我们学校最近的景点，你们去过吗？

生（齐）：去过。

师：大家对这个西溪湿地有什么感受呢？你心目中的西溪湿地是什么样的呢？请你告诉同学们。

生：是人山人海的西溪湿地，因为每到过节的时候那里都有很多很多的人。

师：你说的是节日的西溪，是不是啊？非常好。我还知道有好多同学去过西溪湿地。在这里，我采访了几位同学，还收集了这几位同学拍摄的照片。（大屏幕呈现学生的摄影作品）

师：这就是某某同学在他们一家去西溪湿地的时候拍摄的一张照片，就在公园的门口。他在不同的季节去过西溪湿地好多次，可以给全班同学当导游了。（大屏幕连续呈现学生的摄影作品）这是去西溪湿地游玩的时候拍的照片。好，我们再来看这一位帅哥是谁啊？

生：马林玉。

师：马林玉，你那次去西溪湿地是什么季节？

马林玉：是夏季。夏天我和我爸爸去钓鱼。

师：那你当时对西溪湿地有什么感觉呢?

马林玉：我感觉那里的花花草草都很茂盛，有一种清凉的感觉。

师：哇！这就是马林玉在游玩的时候拍下的照片。我们再来看一下，这位是谁呀?

生：杨格。

师：你们看，杨格还在西溪湿地快乐地玩耍。（又一幅摄影作品）我们再来看一下这位同学带来的西溪湿地的美景，是什么呀?

生：红梅。

师：对，这个是冬天的梅花——红梅。西溪湿地一年四季都有很多不同的花，非常漂亮。我今天还带来了一些专业摄影师们到西溪湿地后拍的照片，大家一起来感受一下。（大屏幕连续呈现专业摄影师在西溪湿地拍摄的作品）

师：看了这些，同学们，你们对西溪湿地有什么印象？接下来，就请同学们来说说你心中的西溪。可以说说你心中的西溪是怎样的？为什么？也可以说说，说到西溪你就想到了什么，或者西溪在什么时候给了你一种怎样的感觉。

生：我心目中的西溪是清凉的，因为每到夏天的时候我们都去西溪那边钓鱼，然后在树下乘凉。

师：避暑是不是啊？那是一个清凉的世界。那如果让你用一种色彩来描绘清凉的感觉，你会选择什么颜色呢？（生答绿色）噢，绿色，清凉的。非常好！你的感觉呢?

生：我心里的西溪是幽静的。西溪湿地有个景点叫梅竹山庄，那个地方夏天全部都是绿色的，有嫩绿的水，有翠绿的竹，还有墨绿的亭子，花开的时候就更美了。

师：这位同学真是我们班的作文高手啊，一下子就给我们描绘出了一幅西溪的美景图，而且在这幅美景图里我还发现有很多种不同的绿色，你们发现了吗？对了，好多种绿，她刚才说得非常清楚。我期待着看到你这幅幽静的西溪美景图。我们每个人对西溪的感觉都不一样，那我们怎么来表现呢？今天，我们就要像刚才那些抽象画大师一样，尝试着用抽象的方法来描绘自己对西溪的感受。我们前面看了这么多抽象画，大家对抽象画有了怎样的理解？你觉得抽象画应该是什么样子的？

生：就是根据自己心中所想选一种景物，比如说刚才那幅大海的图画，作者就是按照大海给自己留下的印象——一种波涛汹涌的感觉来画的。

师：把自己的一种感觉表达出来，是不是啊？他已经说出了抽象画最最重要的一点——表达自己的情感、自己的感受。非常好！

生：可以不用想这个东西代表什么，只要你自己随机地画，只要把自己心中的一个想法表达出来就可以了，可以不用管它乱不乱。

师：我太佩服你了。刚刚大家看过一个叫波洛克的画家的作品是吧，他有一句话跟你讲得非常像，他说，我在画前从来不知道画的是什么，我总是画完以后才看到我画的是什么，所以他是先画然后再找感觉的一位画家。还有，我们刚才也看到克利的作品了，他就认为绘画不在于描绘可见的东西，可以看到的东西照着它的样子画下来，照相机也能做到，是不是啊？他说，更重要的是描绘不可见的东西，也就是刚才同学们说的心灵的感觉、感受，我们的思想，我们的情感。这是抽象画最重要的特点。我们可以不描绘具体的形象，我们可以用色彩、点、线、面来表达我们的感觉，那就可以了，而且要大胆地用各种方式、各种材料来画。在我这里，就有同学们大胆画的一些作品，我们来欣赏一下。

（呈现学生表现西溪湿地的作品）

师：它们的题目叫做《西溪的多彩春天》《西溪春雨》《西溪》等。在这幅名叫《西溪的柿子红了》的作品中，小作者有没有把柿子一个一个非常形象地画出来？他只是用色彩表现出了柿子的感觉，而且让人感觉到很多，有一种收获的感觉。

师：好，看了其他同学的画，我们也用抽象画的形式来表现自己对西溪的印象，可以选用自己喜欢的工具材料，用我们没有尝试过的一些特殊的材料进行表现。

师：完成作品后，像刚才的同学一样，给它取个名字，要求听清楚了吗？等会儿，我们还要展览，还是和前面一样，音乐响起来，我们就赶紧把笔放下来。先完成的同学，把作品贴在这儿。我给大家准备了3块板，那边的两个组（师用手指），把作品放在橙色的展板上；后面的两组把作品放在黄色的展板上；最后的组把作品放在绿色的展板上。大家从抽屉里拿出一张白纸，老师为每人准备了一张，可以把刚才体验的小纸条暂时先放在抽屉里，准备好了吗？（生进行创作，9分钟之后）

师：好，现在我们先把手里的东西放一放，一起来欣赏已经完成的同学的“西溪印象”的展览。同学们，今天表现最快的是橙色这个小组，我们把它放在中间。那边的橙色小组的同学，谁先来介绍一下你的作品？你对哪一幅画最感兴趣？嗯，好，郭云浩。

郭云浩：我对第二幅画最感兴趣。作者运用了晕的方法，有一条一条黑色的线，感觉好像蝌蚪在西溪的水中游来游去。

师：请你给它起个题目，你会取什么？好，你来说。

生：西溪的水中蝌蚪。

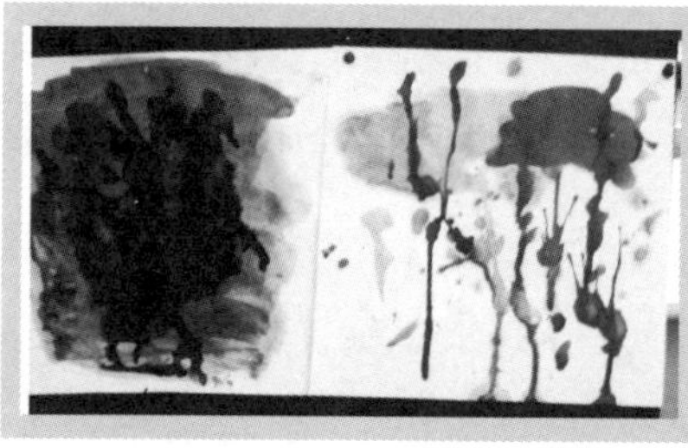

师：呵呵，好，作者是哪一位？请站起来，他们想的和你想的是一样的吗？（生答不一样）不一样！那你是怎么想的？

生：夏日的西溪。

师：你想表达夏日西溪什么样的感觉？

生：夏天的阳光红色和黄色搭配在一起，就好像是阳光照在水面上，黑色就像他们说的，是一颗一颗黑色的蝌蚪，在水中欢快地游来游去。

师：看来别人已经有点了解你的感受了，是不是啊？非常感谢你。你看，我们的抽象画大师也画出了对西溪的感觉。我还想采访一下黄苹果队中间的这幅画的作者。你们看，他采用了什么方法？

生：吹、甩。

师：作者是谁？你表现的是什么样的西溪？

生：我表现的是秋天丰收的西溪。

师：你们体会到丰收的感觉了吗？从哪里体会到的？

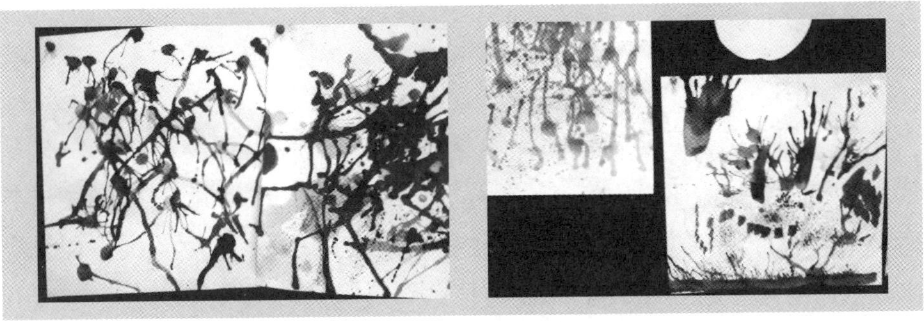

生：从它的色彩里。

师：这个展览我们还将继续。那边绿苹果小队中有一幅画特别有趣，一条一条往下，然后在下面还有一大片。我想采访一下这位作者，是哪一位？好，你想表现是什么？

生：我想表现的是雨天的西溪。一条一条的是下的雨，那一片一片蓝色就是西溪的水。

师：那这是什么季节的呢？

生：是夏天的，是夏天的那种暴雨。

师：整个西溪都笼罩在雨水当中是吧？大家一个个都像抽象画大师一样，用这些色彩小游戏的方法，表现了自己的感觉。所以，最后，孙老师想跟大家说的是，希望同学们像抽象画大师一样，用自己独特的方式，观察周围的世界，表达情感。我们的家乡还有更多更美的地方等着你去发现、去表现！你们说好吗？

生（齐）：好！

师：现在我们把东西收拾一下，如果小朋友还想和听课的香港老师们交流交流的话，可以把画拿过去给他们看一看。（生给听课的香港老师展示、讲解作品）

>>> 教学反思

一次抽象画教学

香港的老师来访，学校安排我上一节交流课。上完，有很多体会，也有很多感悟。

一、两个感动

孩子们让我感动。孩子们的表现是最让我感动和激动的，他们是课堂上闪亮的星辰，他们让这节“花头”并不多的“家常课”变得厚实和丰满。在他们匆匆离去以后，我给班主任朱老师发了短信：学生的表现非常出色。谢谢你！也帮我好好表扬他们！

老师们让我感动。“刚上完课就看到了这么多老师的点评，非常感动，也非常感谢！我会一一仔细看！”这是我昨日写在联合备课点评上的一句留言。当时正在进行现场互动，还没来得及仔细看，但粗粗一看就很感动，尤其是那些不同学科的同事们的虽不专业但胜过专业的点评，让我很是感动。有几位老师今天又做了点评，看来是昨天有感想却没来得及发表……杭州师范大学实习带队的黄老师的现场点评一开始是这样说的：“孙老师用心教孩子，把孩子的灵性调动起来，很感动我……”她说了很多个感动，其实她的点评也很让我感动，这样的发言没有“套路”和“套话”，我从中听出了内心的真诚与灵性的感悟，她不仅理解了我，理解了课堂，更理解了孩子们……

二、一处遗憾

上完课，我给自己的评价是：一节成功但还没有达到完美的课。课堂达成了我预期的目标，甚至超出了我的期待，但还有缺点，还有可改进的地方……对我而言，有一处“很大”的遗憾！

针对教学设计，从周二到周四，说简单一些，就是我在不断地做着“减法”，开始是减大块的内容，然后是减每个环节中的图片，减我的语言，努力削枝强干，让教学更精练更集中……周三晚上，我看前一天的录像，用了43分钟，而学生的绘画时间和评议时间我认为1分钟都不能减，能减的就只剩下教学环节的内容。因此，我删减的重点放在每个教学环节和每个认为可以减的地方，希望可以为学生留出更多表达的时间。确实减了不少，开始的欣赏环节缩短了一半时间，抽象画图片精选了，波洛克的“行动绘画”不介绍了……但同时，我也增加了学生对音乐与作品的对照欣赏的时间、展览一些学生游西溪的照片的时间；现场上课的时候，学生的精彩发言令我激动，又让感性的我忍不住延长了反馈的时间，说了本来没计划说的话；再有，搜集到的那些西溪的美丽照片我还是舍不得减……种种原因都导致了前半部分的时间没有减到位，导致了应该并能出彩的作品讲评环节显得仓促、显得热度不足，尤其是错过了很多孩子的那些富有灵性的思想和情感，这让我遗憾万分！

因此，课后我和他们的语文老师商量，将这节课和她的语文课结合，请孩子们写写这节课、写写这次创作，从而让他们的思想和情感在文字中延续……

我和学生们在评课的时候说到，上课不能完美是正常的，我上了20年的课也仍然上不完美，哪怕我再上20年，可能还是不完美，但重要的是要不断反思、不断改进。如果这节课再继续上，我还会继续“减”，继续追求完美……

三、一个意见

陈丽亚老师发表评论说，这时的创作怎么会和幼儿园的涂鸦一样呢?

听完孙老师的课，总觉得这是一种境界，是一种人格魅力，更是一种做人的态度，所以无法超越。在赞美之余，当然有一些自己的想法。听到某位老师说：是三年级学生，他们现在的创作和幼儿园大班的孩子的创作又有什么区别呢?所以要加强技法上的指导。

反对这个说法，原因有二：

1. 因为是抽象画，所以你无法很直观地去判断哪幅画更好。

2. 在课前铺垫了那么多，就是为了激发学生的情感，为学生奠定一定的抽象画基础，才有后面的创作。这些怎么能和幼儿园大班的涂鸦相提并论呢?

另外，比较专业的意见我也提不出，但我想我说的是对的。

这是一位同事今日发上去的点评，她是以语文教师的身份反驳一个专业的美术教师的发言，让我非常感慨！很赞同她的意见，我觉得这是一个对抽象画理解的问题。她虽然只是和孩子们一起经历了一节抽象画的“启蒙课”，但是她对抽象画的理解却比专业的美术教师更深入、更到位。

课堂上传授了5种技法，但并不意味着用了这些技法就是抽象画，它们起的作用是丰富孩子们的表现手法，供孩子们在抽象画创作时选择和使用。因此，我在教学时对此环节的定位是“色彩游戏”，重在孩子们的自主探究体验。如果这节课只是色彩游戏，根本不用和孩子们说什么“抽象画”，只要给孩子们充足的时间，他们就可以把画面表现得非常充实饱满，形式感更强，视觉效果更好。我在一年级上“色彩游戏”这一课的时候，孩子们的作品就非常好看，但那些并不是抽象画。有人说，抽象画大师米罗的作品就像幼儿园孩子的涂鸦，但是反过来，幼儿园孩子的涂鸦并不是抽象画，尽管有些涂鸦也很好看，貌似抽象画。

这节课上的学生作品，从画面效果来说，有几幅也许还不够饱满，有几幅也许看上去还不够丰富，但重要的是孩子们用这些作品表现了他们心中的西溪，只要孩子认为能充分表达了自己的感受，哪怕只是一个点，有什么不可以呢？我依然要为他喝彩！

前几日，在准备这一课的时候，觉得自己早就应该写一篇抽象画论文，甚至出一本抽象画教学专集。因为，多年来，对于抽象画这一主题我做了很多实践和研究，有很多经验和感悟可以提炼，并积累了很多课例和大量的学生作品。

最早上抽象画是在1998年。那次，杭州市所有的美术教研员到富阳开教研会，临时决定要听课。从告诉我要开课到正式上课只有3天时间，美术教研员没有空来把关，试教的时候我请了自己最崇拜的同校的一位语文老师来听课，得到了她的好评。正式开课那天，谁也不知道我上什么，教研员也为我捏了一把汗。没想到，非常成功，非常出彩！评课时，最资深的上城区教研员金老师很激动地追问我：“你怎么会想到上抽象画？”“我觉得小学教材里就应该添上这一课！”确实，当时还没有看到、听说任何一个美术教师在研究抽象画，开抽象画内容的课……

后来，富阳市教坛新秀评比时，我又设计了以抽象画为主题的另一课，评委激动地给我的课评了110分（该评委此举挨了领导的批评）。接着，这节课被推荐参加杭州市美术优质课评比，获得了一等奖……还被拍摄成了录像课在中央10台“走进新课程”栏目中播出……

再后来，周围有关抽象画主题的教学越来越多，但让我一直非常遗憾的是，就我听到的那些抽象画的公开课往往只有抽象画的形式，而缺少抽象画的内涵，缺少孩子们的灵性。挂着看上去很漂亮的点、线、画组成的作品，口口声声说着“抽象画”，但我觉得他们的创作只是图案或者游戏或者色彩练习……

“在一年级甚至幼儿园大班来上这一课，效果差不多”，我确实没有尝试过在一年级或者幼儿园大班上这一课，但是我敢说，效果肯定大不同，对于抽象画的理解、对于西溪的理解肯定大不同。这节课闪亮的不是作品的表面效果，而是孩子们内心的理解——用心灵去理解艺术，用艺术去表现生活。以前考虑到学生的接受能力，我的抽象画教学大多在中、高年级，今后我也会去一年级上上这一课，看看孩子们能理解几分，通过这样可以进行对比和分析……

感谢这一节公开课，让我的研究不懈怠，让我在抽象画的教学中又有了新的领悟和发展……

>>> 研究与思考

由意向到意象的转化过程

李力加

孙飒老师对教学工作的认真态度与研究深度，是认识她的人都极其佩服的。在观摩她的公开课“西溪印象”前，一直在猜测，这一课她又会给大家带来怎样的创意呢？对于“西溪印象”这样的教学主题，我认为并不容易上，人文主题与学科表现的两条教学线索，如何能够比较融洽地整合为一体，是这节课成功的关键。带着某种期待，我和教师们一起观摩。

一、从课程的整体角度研究课堂教学

“西溪湿地”这样的教学主题，一般的教学套路总是会先点题，然后让学生围绕自己对家乡的情感展开讨论，随即教师再引导学生采用相应的美术学科表现方法来创作。

课堂上呈现的第一幅图片，就让我吃惊：大屏幕上是一幅美国画家波洛克的作品。听课的教师们此刻肯定也在想，这幅作品与西溪湿地这个主题有点风马牛不相及。教学一开始，孙老师就以认识、理解抽象画为引导让学生进入讨论、评述的情境，这样的设计思路与这个教学主题所要阐释的人文性情感似乎没有关联，而且，师生共同研究抽象画的时间占据了课堂教学时间的3/4，学生一直在和教师研究美术的表现问题。在现场的明白人心想，孙飒老师一出手的确与众不同，但问题同时出现，有教师不明白孙飒老师为什么这样教。以下是课后我的即兴点评，该课教学设计之巧主要体现在以下几方面：

1．从教师教学的角度看，PPT画面呈现与教学事先将这节课的人文主题“悬置”起来，“西溪印象”这个概念一直没有在课堂教学的前30分钟里出现。教师亲切地“拉着”学生的手（此刻是一种意境，不是真去拉手，而是孩子们自然围拢在孙老师身边的主动诉求），走进了对美术表达意象的认识和理解之中。教学的具体载体为“抽象绘画”。

2．从学生学习的角度看，教学活动让三年级的小学生产生了“特别的看，有意思的说”这样的知觉唤起，直接转入体验的感觉器官是由音乐唤起的，再由眼睛等感觉功能整体感受知觉。全面引导小学生对问题展开思考，解构分析（艺术家）作品——尝试着借用艺术家的语言（符号）——表现生活（这是孩子们自己熟悉的生活——西溪）。

3．从课程性质的角度看，教学的脉络一直沿着美术学科要素的知觉与理解展开，由艺术家作品（美术作品、音乐作品）到摄影作品，学生在对抽象画初步理解的知觉体验中，尝试着初步产生自己的意向思考。注意，我这里用的是“意向”，这是小学生关于美术表现形式的新体验、新认识，他们开始对美术中的抽象画有了基础的思维认识（思维意向）。

4．从课堂文化的角度看，小学生们内心的知觉是被孙飒老师全面关注学生的教学唤起的。其中的环节采用“小学生自己的摄影图片”（是表现西溪这个主题的）唤起了课堂上小学生们对家乡、对同学的知觉共鸣，此刻的共鸣是情感的、文化的，是具有文学性的。于是，课堂上由一种与美术表达方式多样性的对话情境，逐渐发展到这群小学生们对抽象美术表现的心理图画（意象）这个境界。这是一个“由意向到意象”的转化过程。

5．小学生们“由意向到意象”的心理场域已经构成，这为他们下一个环节尝试抽象画表现方法埋下了伏笔。这里有一个教学（学习）的内化过程：

（1）欣赏艺术作品——唤起知觉——体验抽象艺术作品的要素——初步理解抽象画（5种小游戏）——思维方法上的建立（思维意向）。

（2）欣赏小学生自己的摄影作品——唤起情感、文化的共鸣——理解摄影艺术作品——尝试用抽象的形式表现人文主题——西溪，达到意象性的表现（心理图画的意象）。

研究美术课堂教学，整体思考才是本质。孙飒老师在本课教学中，将学生如何去学放在教学的首位，本课的学习领域为“欣赏·评述”，所要激发起的是小学生们对家乡景点——西溪湿地的情感，表现方法与载体是抽象画形式。她是从研究“学生如何学习”入手，再思考自己怎样实施“教师教学”的，调动学生的学习情感与探究发现的兴趣成为教学研究的重点。

二、更深入的思考：学生的知觉是怎样被唤起的

美术特级教师章献明在11月12日教学现场网络互动点评时，专门叫我到他的电脑上看教师们的现场即兴发言，的确很精彩，杭州西湖小学教育集团的网络评价方式值得推广。但是，我更看重的是人们冷静后经过读书学习反思后理性的论证，因为这时候人们是从整体研究的视角看一节课。

1．人们对抽象美术的表现与理解，仅仅依靠视觉上的看是无法深刻知觉的，其基础应该是感官的整体知觉（视觉、听觉、触觉综合运用）后，体验到事物之间存在广泛的同构性。所谓同构性，指的是事物在构造上的一些相同的性质与特点。例如，孙飒老师在引导学生欣赏蒙德里安的作品的时候，并不是仅仅让学生们去看大屏幕上的画面，因为这是看不明白的。她在这个教学环节同步播放了一段爵士乐片段，这是本课的最绝妙之笔。

当三年级的小学生们在听觉与视觉共同作用下进行感受的时候，音乐与美术学科间的关联性依靠节奏、韵律、速度、方向、运动的强度，让孩子们自然地明白了画家为什么把这幅作品的名字定为《百老汇的爵士乐》。孩子们的知觉唤起是由感觉的整体运作而来的，在这里，可以看到孙飒老师教学设计的精到，说明了本课教学设计有着严谨的美术理论支撑。

2．音乐表现在大多数情况下是不模仿外界声音的，是依靠音乐构成形式的变化模仿人的情感、情绪、节律以及外界事物运动的强度。抽象美术作品就是如此，它并不从表面模仿自然物象的形态，而是在抽象关系的

层面上表现人或自然物象的运动、方向、强度、节奏、韵律等关系。格式塔心理学中的“异质同构”与“同形同构”两个概念及理论能够解释这一现象。基层的美术教师大都对此感觉不好理解，觉得这样的理论比较难。但是，在孙飒老师的教学中，我们能够清楚地看到她是如何运用这一理论的。

欣赏《百老汇的爵士乐》这幅作品，单纯地用图像知觉，小学生是无法理解其主题意义的。孙飒老师在与学生对话的过程中，解释了什么是百老汇、什么是爵士乐这两个概念。当爵士乐的乐曲响起来的时候，小学生对画面上那些格子、点状线条、色彩搭配等的知觉，依靠的是音乐与美术共同的形式同构，包括“节奏、韵律、速度、方向、运动的强度等”要素，这些结构形式普遍存在于音乐与美术作品的艺术形象中，学生的心理认知，都是由此刻的“同形同构”而来。在美术作品欣赏环节，美术教师如果不对音乐和美术作品的表现形式进行有机的同构，三年级的小学生单纯依靠眼睛的看，并不能理解抽象美术作品，此刻学生的欣赏就成为“无效欣赏”。这是因为，如果单用眼睛看蒙德里安的作品，小学生们在看不明白的情况下，就只会讲一些臆造出的“漂亮话语”，而并非理解作品的本质。

孙飒老师的教学在呈现作品的时候，用切入音乐作品同步欣赏的方法，唤起学生感官上的整体知觉。例如，爵士乐特有的音乐“节奏”与画面形式的整体感觉。蒙德里安的作品色彩丰富、画面活泼，虽然是直线和矩形构成的格子，但在音乐知觉与视觉的共同作用下，整体上给孩子们的感受却是一种轻松。如果教师仅仅让小学生看大屏幕上蒙德里安的作品，他们是看不明白的，但音乐响起，刺激了小学生们的直觉体验，对画面中那些不同的“格子”自然就理解了，在这一点上，对画面的感觉与对爵士乐曲的感觉产生同构，结构化的学习就此达成。

3．这节课里的“异质同构”是如何发生的？从概念上讲，“异质同构”是心与物的情感同构。例如，课堂上播放的爵士乐曲，传递出轻松、欢愉还有点诙谐的节奏，属于一种音乐的特别表现形式，这样的形式结构与《百老汇的爵士乐》这幅作品中的格子、线条、颜色等美术构成形式在课堂上产生了同构。乐曲、美术作品此刻均为物。小学生们在课堂中心理上的不同情感体验，由爵士乐的音乐旋律与《百老汇的爵士乐》这幅作品所蕴涵的物的特定表达形式产生对应性与沟通性。心与物的异质由课堂情境制造出的知觉体验场产生了情感同构。

又如情感与色彩的同构。在这个教学环节里，小学生的知觉体验被唤起之后，他们的语言表达更深刻，如有位学生说，感觉到了欢快的情绪。爵士乐片段唤起学生轻松与欢快的感觉，同时，他们的眼睛再看到画面上那些“格子”的时候，对不同色彩块状的感觉似乎在跳动，学生的心理在知觉体验中发生了新变化，欢快的情感由心出，色彩为物所产生，心与物的异质此刻产生了同构。

从学生作品的表现看，西溪湿地在孩子们眼中是非常实在的物。在课堂教学中，学生们对西溪湿地的情感被孙飒老师唤起，需要运用美术的表现方式进行自我表达，孩子们此刻无论是甩、是吹、是流等，都需要依据自己内心表现的需要来选择，在创作的过程中他们产生了心与物的情感同构。他们在作品中表达的感受是由内心释放而来的，这个过程同样是“异质同构”的。

三、由本课美术学习看儿童们由意向到意象转化的关系

美术学习中，谈到学生们产生的所谓“意向性”，是说当美术教师引导学生们看一件事情时，学生能够使用与生活中人们看问题不一样的视角，这个视角就是一种思维意向。例如，孙飒老师引导学生观察美国画家波洛克的作品《海洋》，或者是荷兰画家蒙德里安的作品《百老汇爵士乐》，学生们都能够用某种特殊的眼光去看那件事（作品）。当三年级的小学生们有了某种“眼光”的时候，孩子们眼前的事情（作品的视觉图像）就能够向自己提供特别的“显示”，这种在特别意识作用下的思维叫做“意向性”。比如，对《海洋》这幅画的评价，孩子们说：“感觉像一片一片、一笔一笔的，黑色的感觉像是海浪，黄色的好像就是漩涡和风”。学生这样的感觉来自一种特别的眼光。又如对《百老汇爵士乐》的欣赏过程，当爵士乐曲响起来的时候，一个学生说：“非常像舞会里的那种音乐，酒吧里也有，感觉他们就像在跳舞”。这是学生由整体知觉生发出来的感触。学生此刻在听觉与视觉的共同作用下，一眼望去，似乎向自

己眼前的事物——《百老汇爵士乐》发出一束特别的光，这束光使他们理解了作品，照亮了作品，这个时候孩子们有了基本的意向性思维，这是向意象性心理图画转化的基础。

在具体的表现学习环节里，意向性思维的作用是，学生独特的眼光所到之处，事物（西溪湿地）这个实在物此时就立刻显露出它表现形式的原形（抽象画形态），这就对应了学生在欣赏艺术家波洛克、蒙德里安作品时思维关联中所产生的心理图画——抽象性的表现形式，这时，小学生们创作自己心中的西溪湿地“意象性”表达逐步建立，形成个人特有的图像。

在中国艺术中，“取象说”是一个核心概念。观象取意、以象而尽意，线条造型、线条形成均根源于象。中国画表现由物象到意象是依靠水墨渗化在宣纸上的感觉而来的，所以说，中国的水墨画是一种具有宇宙感的表现形式。当孙飒老师呈现赵无极的作品的时候，虽然孩子们此刻还没有感受出作品中蕴涵深刻的意象性，但墨色、水色在相互渗化、流淌时的那种气韵，画面上痕迹所触动的肌理等，孩子们眼睛的知觉是能够感受到的。

四、抽象画表现方法教学探索

如何让小学生在美术技能表现性学习中进行抽象画表现方法的学习，是一个重要的学科表现教学方法问题，孙飒老师对此方向的教学有着多年的实践与研究。

美术家的世界，是一个“看见”独特风景的世界。美术家的看见，并不是一般人的眼睛为了生存需要意义上的看，他们的看见，是有特殊距离的一种自我意识的拥有，美术家是以艺术的方式拥有这个世界。美术家看见西溪，面对真实的西溪，对西溪进行表现是建立在自己意象性独特眼光基础上的一种反思，是美术家们特殊的发现。他们开始想要如何表现西溪，如何用与别人不一样的方式来表现西溪。当美术家依靠自己的眼睛，带着自己意象性的目光，独特地看见西溪这个事物本质的时候，当他们的看见（知觉）在瞬间转换为其手中动作的那一刻，美术家的意象性思考便开始了。美术家此刻在表现性方面的思考，不同于普通民众那种为了生存、生活功利的需要，看见实在的物，认识实在的物。表现方法的产生由美术家的主观意象而出。

对于抽象画具体的表现方法，孙飒老师认为："课堂上传授了5种技法，但并不意味着用了这些技法就是抽象画，它们起的作用是丰富孩子们的表现手法，供孩子们在抽象画创作时选择和使用。因此，我在教学时对此环节的定位是'色彩游戏'，重在孩子们的自主探究体验。"需要注意的是，本课的教学重点与落实，目标指向是解决学生对抽象画的认识，而不是"色彩游戏"。在美术学科表现问题上，教学中尝试"色彩游戏"这个环节，是为下面环节学生表现自己心中的西溪做铺垫。为此，有的美术教师感觉不理解，认为如果幼儿园的孩子画，也能和这些三年级孩子画的画面效果差不多。

这位教师认识这个问题的基础是有偏差的。美术家使用抽象画表现方法，并不是要让观者看不懂，他们之所以采用某种表现方法，只是美术家自己觉得用在作品上、用在这个意境里是合适的。三年级学生在美术课堂上认识并初步理解抽象画也是同样道理，孙飒老师的教学旨在用某种美术表现作为创作载体，启发孩子们对西溪湿地情感的表达。唤起孩子们表现知觉的"物"的是美术家的四幅抽象画作品，在对作品的欣赏、讨论、对话中，教学现场的情境已经暗示给孩子们，可以借鉴这几位美术家的创作方法进行表现。课堂上讲述5种表现方式的小游戏只是一个引子，至于具体用什么样的方法表现西溪湿地这个主题，完全是孩子们自己的选择，只要他们觉得某种方法对于自己的情感表达比较合适，那就随机选择，同时，还可以采用其他自己认为合适的方法来表现。

8

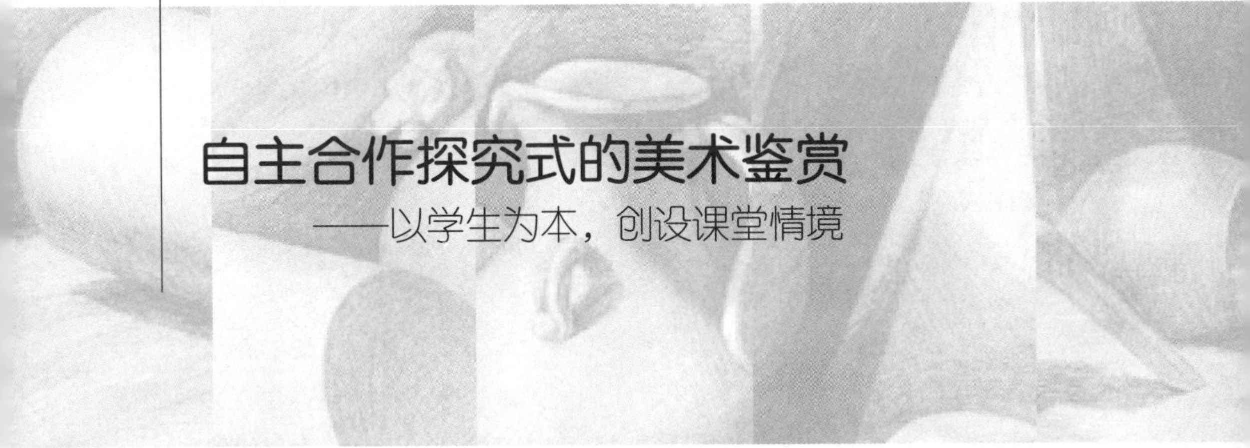

自主合作探究式的美术鉴赏

——以学生为本，创设课堂情境

>>> 名师课堂

“自主合作探究式的美术鉴赏”教学实录（三年级）

房尚昆[①]

（上课铃响，房尚昆老师微笑着走向讲台）

师：同学们好！“美术鉴赏大家谈”的研讨课程今天又开课啦！上节课我们共同听取了周业然同学带领的小组对《探秘达·芬奇的绘画艺术》的研究报告，经过大家的热烈讨论，我们每个同学都对达芬奇及其艺术有了比较深刻的认识，那是一堂令人难忘的美术鉴赏课。今天这节课的讲课者是哪个学习小组？他们会给我们带来什么样的研究成果和惊喜呢？我们

① 房尚昆，广东省美术特级教师，广东省深圳中学美育研究所所长。

对此充满期待。（提高嗓门）下面我们用热烈的掌声有请担任今天课程主讲的老师们闪亮登场。（掌声，师走下讲台坐到了学生中间，教室门打开，学生李翠莹、杨璇、闫妍走上讲台）

李翠莹：同学们好！我们是来自三年级（2）班的同学，我叫李翠莹，这位是杨璇同学，下一位是闫妍同学。今天这节课给同学们带来的是我们研究的课题《中国年画及其艺术》。在这节课里，我们真诚渴望大家的合作与参与，同时也希望大家对我们讲课中的不妥之处给予批评指正。

杨璇：说起年画，我想大家并不陌生，中国人在过传统的新年时，家家都有张贴年画的习惯。这里我想问问大家，春节的时候你会在家里张贴年画吗？春节的时候在家里张贴过年画的同学请举手。（生举手时出现很尴尬的事情，全班60多人只有5位同学举手，房老师见状也举手）

闫妍：看来同学们在春节的时候并不是很喜欢张贴年画以迎新春的到来，这里我想问有的同学，你为什么不喜欢张贴年画，也想问问有些同学，你为什么喜欢张贴年画。首先，我请这位不喜欢张贴年画的同学谈谈原因。

生：年画已经是一种比较过时的迎新年的方式了，我觉得年画离我们越来越远，当今年画对于我们迎春节的表达已没有多少实在意义，再说，我们那里也买不到我喜欢的年画，何况我们家里也没有适合贴年画的地方，呵呵……

闫妍：这位不喜欢张贴年画的同学谈了他的观点，大家同意吗？（生鼓掌支持这个观点）那喜欢张贴年画的同学能谈谈你的观点吗？

生：我家年年会张贴年画，因为在中国传统的节日中张贴年画是一种习惯和心愿的表达，它能给我们带来喜庆、希望和好运！（下面的掌声稀稀拉拉的，师根据现场出现的情况举手要求发言）

闫妍（微笑）：下面看看我们的房子同学（在深圳中学，所有学生都亲切地称呼房尚昆老师为“房子”）想说些什么？（师在下面起立回答）

师：各位同学，对于年画我情有独钟啊，我曾经去过中国的年画之乡，被那些充满情调与喜庆的精美年画所吸引，我还收藏了一些年画。在每年春节的时候，我都会买一些年画在家里张贴。为什么我会买年画呢？因为我喜欢年画那种独特的绘画表现形式和色彩鲜艳的喜庆感觉，还有它具有的深刻的内涵。年画是中国民间艺术的先河，同时也是中国社会历史、生活、信仰和风俗的反映。我觉得人们张贴年画是为了装饰与美化环境，以增添节日的喜庆气氛，同时也表达了民众的思想情感和向往美好生活的愿望。所以在春节的时候我会在家里张贴春联和年画，以表示新年到来的喜庆和对自己在新的一年里美好的祝愿。同学们赞成我的观点吗？赞成的同学给我一点鼓励的掌声吧。

（生笑，给予了师一点算是鼓励的掌声，师走到支持挂年画的学生面前与其热烈握手，说：“我们英雄所见略同！”）

李翠莹：刚才房子同学说得很有道理，中国年画确实具有深刻的寓意，它给我们的新年增添了节日的喜庆，也表达了人们在新的一年里对美好生活的向往。

杨璇：对！但是我发现随着社会的发展，我们中间的很多同学对年画已经不是那么熟悉和了解了，年画好像离我们越来越远，这是非常遗憾的事情。今天我们课题小组就和大家一起讨论中国年画和年画艺术，希望通过我们的介绍和大家的讨论能给大家带来一些对年画的新的认识，也希望大家能了解和喜欢年画艺术。（幻灯片出示课题“中国年画”）

闫妍：什么是年画？哪位同学知道它的来历？

生：年画起源于“门神”，传说唐太宗李世民夜里经常做梦，梦里常见鬼神，以至夜不成眠。后来他的两个大将自告奋勇，全身披挂地站立在宫门两侧，李世民就不再做噩梦了。李世民认为两位大将天天熬夜站岗太辛苦了，遂命画工将他俩的威武形象绘在宫门上，称为“门神”，后来演变为今天的年画。

阎妍：这位同学说得很好，民间年画是中国民间美术中的一个艺术门类，它从早期的自然崇拜和神祇信仰逐渐发展为驱邪纳祥、祈福禳灾和欢乐喜庆、装饰美化环境的节日风俗活动，表达了民众的思想情感和向往美好生活的愿望。年画因一年一换，或张贴后可供一年欣赏之用，故称“年画”。

李翠莹：刚才洪雅洁同学介绍了中国年画的起源，那么中国年画的历史是如何发展与演变的呢？据我们课题小组的考证研究，关于年画的起源有两种说法：一种是说年画起源于古代的门神画，而门神画早在尧舜时期就出现了。据东汉《独断》记载，汉代民间已有门上贴的“神荼”“郁垒”神像。现存最早的年画是宋版的《朝窈窕呈倾国之芳容》，画的是王昭君、赵飞燕、班姬、绿珠，习称“四美图”。另一种是说年画始于唐代，沿至宋代才普遍流行，但仍以张贴门神为多，故年画包括门神在内。明初年间，由于朱元璋提倡过新年要贴春联，这样发展下来，年画也就发达起来。今日被保存下来的还有明万历年间最流行的彩色套印的木刻《福禄寿三星图》《天官赐福图》等，刻工颇精致，迄今仍为民间所师法。还有实用的历画，如春牛、灶马、芒神等。更有有关历史故事的年画，如“孟母教子”“岳飞枪挑小梁王”“牛郎织女”“白蛇传”等。至于《三国演义》《水浒》等古典文学名著，也常被用做年画题材。及至明末崇祯年间，天津杨柳青的年画极为驰名，图画内容也愈见丰富。清代更是人才辈出，年画的题材更加广泛，除了人物、花卉、山水等艺术作品外，还有“老鼠嫁女”“王婆骂鸡”等讽喻画，以及用歇后语构成的连环图画，给人一种幽默感。印制方面亦有各种方式，有木版、石印、胶版等，国画、水彩等，有图案、单线平涂等。创作形式有炭彩、仿古、创作，甚至有翻印西洋画的，如姑苏年画中的“西洋之剧场”就是其中的一幅代表作品。

杨璇：千百年来，年画不仅是对春节的一种五彩缤纷的点缀，而且是文化流通、道德教育、审美传播、信仰传承的载体与工具，也是一种看图识字式的大众读物，而且这类时事题材的年画，还是一种百姓喜闻乐见的媒体。这种内容够得上是百科全书式的民间艺术，饱蕴着一种完整的中国民间的精神。年画又是一部地域文化的辞典，从中可以找到各个地域鲜明的文化个性。这些个性因素不仅体现在题材内容里，从各个年画产地习惯的体裁、用色、线条及其不同的版味，也能一眼识别出来。因此，在年画里我们可以了解许多中国民间文化。

同学们，通过我们的介绍和共同观看年画作品，你对年画有新的认识了吗？（生在讲解过程中，通过幻灯片介绍了一些年画图片资料）

生：刚才听了上面同学的介绍，我想起我曾经在报纸上看到一则新闻，好像是中国木版年画已经申报了世界非物质文化遗产了。

师：（举手插话）对！中国木版年画将以河南开封朱仙镇木版年画为龙头，联合申报世界非物质文化遗产。中国民间艺术家协会等单位2008年4月在河南开封朱仙镇举办了“中国木版年画抢救保护发展国际高峰论坛”和“中国木版年画联展”等系列活动，专家组评选出确定赴联合国总部展览的中国木版年画精品，并具体讨论了联合申报世界非物质文化遗产的有关事宜。根据年画目前的处境，中国民协启动了中国民间文化遗产抢救工程，正在组织力量开展保护、继承和开发等项目活动。目前，我国木版年画的抢救和保护工作硕果累累。木版年画这一最具中国民间特色的文化遗产不仅避免了消亡的命运，而且得以传承，正焕发出勃勃生机。

闫妍：刚才我们讨论了年画的起源与发展，大家应该对年画的基本起源与艺术价值有所了解了。中国年画源远流长，产地众多，流行广泛，通俗普及，而且拥有大量的读者，曾经发展得颇为兴盛。年画无论是题材内容、刻印技术，还是艺术风格，都具有我国民族的鲜明特色。中国最著名的年画产地是：天津杨柳青、苏州桃花坞、山东潍坊杨家埠、四川绵竹，它们被称为“四大年画之乡”，这些地方所生产的年画有着一定的影响，并深受城乡人民喜爱。下面我们将分别向同学们介绍这各具特色的四大“年画之乡”的年画艺术。

（生讲课的时候，分工明确：一个人讲课；一个人播放幻灯；一个人巡视，以处理各种问题以及提示发言的同学）

杨璇：（播放介绍天津杨柳青年画的幻灯图片，背景音乐：花好月圆）首先，我们给大家介绍天津杨柳青年画。有着600多年历史的杨柳青（位于天津市西20公里）民间木版年画产生于元末明初，当时有一名长于雕刻的民间艺人避难来到杨柳青镇，逢年过节就刻些门神、灶王去卖，镇上的人争相模仿。到了明永乐年间，大运河重新疏通，南方精致的纸张、水彩运到了杨柳青，使这里的绘画艺术得到发展。杨柳青年画从清代雍正、乾隆至光绪初期最为风行。杨柳青年画的画样（粉本）有几千种。在清代中期全盛时期，杨柳青镇的戴廉增画店一年生产的成品就达2000件，每件500张，共达百万幅。当时，杨柳青全镇连同附近的30多个村子，“家家会点染，户户善丹青”，画店鳞次栉比，店中画样高悬，各地商客络绎不绝，是名副其实的绘画之乡。第二次鸦片战争以后，杨柳青年画走向衰落。1926年，霍派五世传人霍玉棠创建了杨柳青镇最大的“玉成号”画庄，杨柳青年画渐渐走向复苏。解放后，周恩来总理还曾亲临视察并给画庄寄来急需的藤黄原料。“文革”期间，杨柳青年画改为胶版印刷，传统工艺濒临绝迹。天津杨柳青年画霍派第六代传人霍庆有（霍玉棠之子）从20世纪80年代起，继承父志，利用近30年的时间苦心钻研勾线、刻板、刷画裱等传统技艺，掌握了全套杨柳青年画工艺，成为天津一带唯一的勾、刻、刷、画、裱“五项全能”的杨柳青年画艺人，使得曾几近绝迹的木版手工绘制的杨柳青年画得以复苏。如今，“玉成号”画庄已成为家庭博物馆，成为吸引中外游客的人文景点。国家非常重视对非物质文化遗产的保护，2007年6月8日，天津杨柳青画社获得国家文化部颁布的“首届文化遗产日”奖。

杨柳青年画的特点是通过寓意、写实等多种手法，表现人民的美好情感和愿望，尤以直接反映各个时期的时事风俗及历史故事等题材为特点。杨柳青年画的艺术特点是继承宋、元绘画传统，吸收了明代木刻版画、工艺美术、戏剧舞台的形式，采用木版套印和手工彩绘相结合的“半印半画”方法，即先用木版雕出画面线纹，然后用墨印在纸上，套过两三次单色版后，再以彩笔填绘。杨柳青年画既有版画的刀法韵味，又有绘画的笔触色调，构成与一般绘画和其他年画不同的艺术特色。杨柳青年画的题材多样，内容丰富，尤以反映现实生活、时事风俗、历史故事等题材为特长，为广大群众喜闻乐见。杨柳青年画创立了鲜明活泼、喜气吉祥、生动感人的题材和独特风格。杨柳青年画内容题材多以仕女、娃娃、神话传说为题材，采用寓意写实等手法，构思巧妙别致，线条流畅清新，敷彩古朴典雅，富于浓郁的生活气息。如反映人民群众向往国泰民安和幸福生活的《万象更新》《莲年有余》《平安富贵》等作品，流传极广，驰名海内外。

下面我们欣赏几幅杨柳青年画：

年画《盗仙草》是描述白素贞（苦修千年得以成人形之白蛇），与其妹青蛇邂逅书生许仙于断桥，萌生恋情，青蛇从中传情达意，白蛇与许仙终成眷属。适逢中秋佳节，许仙夫妇邀月开怀畅饮，共度良宵。白娘子不胜酒力，现得原型，许仙恐惧至极，猝死。为救相公，青白二蛇大战护山仙童以求仙草。许仙服用千年灵芝得以生还。本画乃乾隆年间原版，场面恢宏，构图美妙，为杨柳青年画之珍品。

年画《莲年有余》上的娃娃“童颜佛身，戏姿武架”，怀抱鲤鱼，手拿莲花，取其谐音，寓意生活富足，已成为年画中的经典，广为流传。

杨璇：这幅年画名字叫平安富贵，有同学理解画面的含义吗？

生：这幅画具有一定的寓意，两个可爱的男孩抬着一个花瓶，还有一个男孩手里拿着荷花，另外一个男孩骑着金鸡手里拿着笙，还有地下的石榴，都表现了人们祈望平安富贵和多子多福的意思。

杨璇：对！“瓶”在中国传统中有“平安”的寓意，过年在家里摆放花瓶有岁岁平安之意；国花牡丹，象征着国家的繁荣昌盛，用于居家的壁挂图则表示大富大贵，兼有早生贵子的含义。另外，金丝菊等花卉也表示大富大贵的良好意头。一男孩骑着金鸡，古人认为黑暗乃鬼魅藏身之处，日出而啼的金鸡成为调和阴阳、驱逐鬼魅的神物，并与“吉”谐音，入画为镇宅之物；石榴一果多籽，民间借以喻“多子”。莲花多与桂花、笙和儿童组成图案。莲与“连”、桂与“贵”、笙与“生”同音，音意“连生贵子”。另外，中国年画中还以荷花、莲蓬及白藕构成“因荷（和）得藕（偶）”的吉祥图案，寓意为天配良缘、夫妻和睦；牡丹因其端丽妩媚，雍容华贵，被视为富贵、昌盛、幸福的象征。

师：（举手插话）听了老师介绍，我们是否可以把天津杨柳青年画归纳为：历史悠久，题材鲜明丰富，内容吉祥喜庆，风格寓意写实，技法刻画结合，极具观赏价值与史料价值呢?

李翠莹：房子同学回答得很好，同学们给点掌声。

（生播放介绍苏州桃花坞年画的幻灯图片，背景音乐：茉莉花）

下面我来介绍另一个著名的年画之乡——苏州桃花坞年画。

苏州桃花坞木版年画是中国江南主要的民间木版年画。桃花坞位于江苏省苏州市以北（苏州阊门内北城下），桃花坞年画源于宋代的雕版印刷工艺，由绣像图演变而来，到明代发展成为民间艺术流派，清代雍正、乾隆年间为其鼎盛时期，每年出产的桃花坞木版年画达百万张以上。太平天国末年，清兵围攻苏州，桃花坞木版年画的生产受到了严重的破坏，以后一直萎靡不振。直到20世纪50年代初期，苏州市文联组织艺人恢复生产，后又成立“苏州桃花坞木版年画社”，在整旧创新方面，取得了很大进展。 桃花坞年画主要有门画、中画和屏条等形式，其中门画可谓集历代门神之大全。桃花坞年画系用一版一色的木版套印方法印刷出来，工艺精美，一幅画要套印四五次至十几次，有的还要经过“描金”“扫银”“敷粉”等工序。在色彩上，有桃红、大红、蓝、紫、绿、淡墨、柠檬黄等色。在艺术风格上，桃花坞年画构图丰富，色彩艳丽，装饰性强，富有浓郁的生活气息。在人物塑造、刀法及设色上，具有朴实、稚拙、简练、丰富的民间美术特色，故数百年来一直畅销于海内外，欧洲许多国家的博物馆及艺术馆都有收藏。桃花坞年画的印刷兼用着色和彩套版，构图对称、丰满，色彩绚丽，常以紫红色为主调表现欢乐气氛，基本全用套色制作，刻工、色彩和造型具有精细秀雅的江南民间艺术风格，主要表现吉祥喜庆、民俗生活、戏文故事、花鸟蔬果和驱鬼避邪等民间传统审美内容，民间画坛称之为“姑苏版”。

桃花坞木版年画的题材主要有如下几类：（幻灯片演示）

1．祈福迎祥，如《和气致祥》《天官赐福》《万宝祥瑞》《花开富贵》《福寿双全》《八仙庆寿》《金鸡报晓》等。

2．驱凶避邪，如《门神》《灶君》《关公》《钟馗》《姜太公》《张天师》《张仙》等。

3．时事风俗，如《法人求和》《苏州火车开往吴淞》《刘军克复宣泰大获全胜》《春牛图》《十美踢球图》《姑苏报恩寺进香图》《洋灯美人》《合家欢》《黄猫衔鼠》等。

4．戏曲故事，如《杨家将》《忠义堂》《西厢记》《孙悟空大闹天宫》《白蛇传》《穆桂英大破天门阵》《三笑姻缘》《定军山》《苦肉记》《战北原》等。

这些都是人们所喜闻乐见的，都直接或间接地表达了人民禳凶祈吉的美好心愿。

师：（举手要求发言）刚才老师给我们介绍了桃花坞年画和杨柳青年画，我发现它们存在很多共同点，也存在很多不同点，不知道同学们注意观察了没有？我想有奖问答，谁能说出共同点是什么？

生：我先说它们的共同点，它们都是历史悠久，题材广泛，画面表现内容基本相同，主要都是表现了吉祥喜庆、民俗生活和一些历史故事。同时，它们还都是从民间艺人中发展起来的，有着广泛的群众基础，还有就是色彩鲜艳、喜庆而具有浓郁的生活气息。

生：那我说它们的不同点，首先，在题材上，我感觉杨柳青年画涉及领域更广泛，而桃花坞年画现代气息更浓。其次，两种年画制作方法有些区别。第三，在色彩上，桃花坞色彩更浓重，对比更强，杨柳青色彩鲜艳但不乏稳重。

师：他们总结得很好！请大家给他们掌声！

闫妍：刚才同学们回答得很好，回答正确的同学下课去房子同学那里领奖品，反正房子同学说了有奖问答（微笑）。刚才李翠莹和杨璇同学介绍了天津杨柳青和苏州桃花坞年画，下面我来介绍山东潍坊杨家埠木版年画。（播放介绍山东杨家埠年画的幻灯图片，背景音乐：谁不说俺家乡好）

山东潍坊杨家埠木版年画兴起于明代，全以手工操作并用传统方式制作，发展初期受到杨柳青年画的影响，清代达到鼎盛期，杨家埠曾一度出现“画店百家，画种过千，画版上万”的盛景，产品遍布全国各地。其中最大的东大顺画店拥有画版300多套，年制画百万余张。杨家埠年画体裁广泛、想象丰富、重用原色、线条粗犷、风格淳朴。杨家埠木版年画题材广泛，表现内容丰富多彩，有神像类、门神类、美人条、金童子、山水花鸟、戏剧人物、神话传说等，同时也有反映民间生活、针砭时弊之作，但喜庆吉祥是杨家埠年画的主题。诸如吉祥如意、欢乐新年、恭喜发财、富贵荣华、年年有余、安乐升平等，像亲人的祝福、似好友的问候，构成了农民新春祥和欢乐、祈盼富贵平安的特点。杨家埠年画的主要内容包括6大类，即过新年、结婚、农忙等风俗类，年年发财、金玉满堂等大吉大利类，门神、财神、寿星、灶王等招福辟邪类，包公上任、三顾茅庐、八仙过海等传说典故类，打拳卖艺、升官图等娱乐讽刺类，三阳开泰、开市大吉、四季花鸟等瑞兽祥禽花卉风景类，等等。

杨家埠木版年画具有独特的艺术风格和鲜明的艺术特点：在表现手法

上，它通过概括、象征、寓意和浪漫主义手法来体现主题。构图完整、饱满、匀称，造型夸张、粗犷、朴实，线条简练、挺拔、流畅，色彩艳丽、对比强烈，富有装饰性和浓郁的生活气息，充分体现了我国北方农民粗犷、奔放、豪爽、勤劳、幽默、爱憎分明的性格和高尚的道德情操，是典型的“山东大汉”形象。也正是这种独到的艺术特点，使其备受中外来宾和专家学者们的厚爱。

杨家埠年画制作工艺也别具特色。艺人首先用柳枝木炭条、香灰作画，名为“朽稿”，在朽稿基础上再完成正稿，描出线稿，反贴在梨木版上供雕刻，分别雕出线版和色版。再经过调色、夹纸、兑版、处理跑色等，然后进行手工印刷。年画印出来后，还要再手工补点上各种颜色进行简单描绘，以使年画显得自然生动。杨家埠年画的生产过程分绘画、雕刻、印刷、装裱等几道工序，每一道工序都极为精细准确。做法是先将画稿勾出黑线稿，贴到刨平的梨木或棠木板上，雕刻出主线版。待印出主线稿后，再分别以不同颜色刻出色版，套色印刷，最后修版装裱。

师：谈到杨家埠年画我想说几句，因为我去过杨家埠，现场见过年画的制版与印刷过程，杨家埠木版年画是以家庭作坊式的生产印刷方式为主，题材涉及广泛、刻印技术精湛，具有自己鲜明的特色。其制作过程大概经过画稿、勾线、木刻、制版、印刷、人工彩绘、装裱等几道工序。杨家埠年画具有生动的造型、细腻的雕工、精确的印刷等特点，你能从中感觉到中国特有的民俗和文化。杨家埠年画多数是用祖上传承的木刻模板印刷，也有一些新的木版创作。

杨璇：刚才我们一起欣赏了杨柳青、桃花坞、杨家埠的年画，下面我们来介绍四川绵竹年画，我想请一位同学来帮我们读一下关于绵竹年画的介绍，好吗？哪位同学帮帮我们？（指一生）请你帮助我们读一下，可以吗？

生：好吧，看在同学的份上，给你一点面子。

（读幻灯片）绵竹年画以产于竹纸之乡——四川省绵竹县而得名。绵竹年画历史悠久，起源于北宋，到明末清初进入繁盛时期。乾隆、嘉庆年间，绵竹全县有大小年画作坊300多家，年画专业人员达1000余人，年产年画1200多万份，产品除运销两湖、陕、甘、青及四川各地外，还远销印度、日本、越南、缅甸和港澳等国家和地区。绵竹年画从体裁上又分红货、黑货两大类。红货指彩绘年画，包括门画、斗方、画条。其中画条分中堂、条屏、横推、单条等，供厅堂、居室、走廊及牲畜圈等张贴之用；黑货是指以烟墨或朱砂拓印的木版拓片，多为山水、花鸟、神像及名人字画，此类以中堂、条屏居多。绵竹年画内容广泛，种类繁多，归纳起来有辟邪迎祥、历史人物、戏曲故事、民俗民风、名人字画、花鸟虫鱼等。

杨璇：谢谢你帮我们读了这段文字。四川绵竹木版年画与地方习俗紧密联系在一起，仅张贴就有许多规矩，不能违背。画中种种图像亦有不同的象征与解释，和图像一起反映或呈现在各种民俗仪式中。从形式看，绵竹年画分为斗方、横披、中堂、条屏等，绵竹年画的横披一般是表现人物众多的大场面，绵竹年画的中堂均是表现吉祥内容。

闫妍：绵竹年画的制作多先以木刻版印墨线，再敷以彩绘。制作程式和特色全在于手工施彩和勾线，按民间艺匠通称有以下几种：①明展明挂：为绘工精细富丽的一种；②勾金：笔蘸金粉或银粉勾出图案；③花金：是彩绘后的再加工，用木制花型戳子拓上金色或银色花纹，现在我们能见到的花戳子约三十几种，分服饰花、帽花、衣角花、袖口花；④印金：印过墨线和彩绘后，再用原印版复印一遍胶水（人物像的脸手除外），然后撒上金粉或银粉，扫净余粉后即显出金线或银线；⑤水墨：讲究笔墨烘染和淡雅的色调；⑥常形：力求设色单纯；⑦拣水脚：寥寥几笔写大意，是绵竹年画的特色绘法。

李翠莹：绵竹年画具有鲜明的地方特色。构图讲求对称、完整、饱满，主次分明，多样统一。设色单纯艳丽、强烈明快，构成了红火、热烈的艺术效果。用线讲求洗炼、流畅，刚柔结合，疏密相间，具有强烈的节奏感。在造型上，常使用夸张、变型、象征、寓意的表现手法，使塑造的艺术形象生动感人。

师：刚才听了老师们的介绍，我对中国年画有了一些认识，非常感谢。我想，为了能让大家更好地理解四大年画，建议大家分成四个小组比赛一下，分别对四大年画之乡的年画进行总结，这样同学们就可以更清晰地了解四大年画了。老师能批准我的建议吗？让我在黑板上画个图来表示吧？

李翠莹：好吧，给你一个表现的机会。

（师走上讲台在黑板上画出图表，启发四组学生讨论。各小组学生在小老师的幻灯片的提示下，进行热烈讨论，各组代表上黑板按要求写出内容）

四大年画比较表

年画产地 比较	天津杨柳青年画	苏州桃花坞年画	山东杨家埠年画	四川绵竹年画
历史沿革	有着600多年的历史	源于宋朝	兴起于明	源于北宋时期
题材内容	多以仕女、娃娃、神话传说为题材	多为祈福迎祥、驱凶辟邪、时事风俗、戏曲故事等	多为神像类、门神类、美人条、金童子、山水花鸟、戏剧人物、神话传说等，也有反映民间生活、针砭时弊之作	多为辟邪迎祥、历史人物、戏曲故事、民俗民风、名人字画、花鸟虫鱼等
艺术特色	寓意写实，构思巧妙别致，线条流畅清新，敷彩古朴典雅，生活气息浓郁	构图丰富，色彩艳丽，装饰性强，生活气息强，人物塑造朴实、稚拙、简练	表现手法概括、象征、寓意、浪漫，构图完整、造型夸张、色彩艳丽	构图对称饱满，主次分明，设色单纯艳丽，强烈明快，用线洗炼、流畅
制作方式	采用木版套印和手工彩绘相结合的“半印半画”方法，木版雕出画面线纹，后用墨印在纸上，套色后彩绘	采用一版一色的木版套印方法，多次套印，有的还要经过“描金”“扫银”“敷粉”等工序	线稿反贴在梨木版上分别雕出线版和色版。再经过调色、夹纸、兑版、处理跑色等，手工印刷，然后再手工补点	以木刻版印墨线，再敷以彩绘。手工施彩和勾线，有明展明挂、勾金、花金、印金、水墨、常形、掭水脚等特色绘法

杨璇：大家的总结让我们更清晰地了解了四大年画，谢谢大家的参与。我国年画的品种很多，除了我们介绍的四大年画以外，还有河南开封

朱仙镇木版年画、河北省武强县武强年画、广东省佛山地区的佛山年画、陕西省凤翔县南肖村凤翔木版年画、天津市宁河县丰台木版年画等，都是具有强烈地方特色的木版年画。希望大家今后能喜欢和关注这些地方年画。通过学习，我想提出两个问题供大家思考：

问题一：中国年画发展到今天，我们感觉年画在现代社会中已经失去了它原有的光辉，我们这代人对它的了解和感情也渐渐淡去，如何看待年画艺术，我们想听听大家的意见，你们认为年画艺术能继续发展，或者有必要保存下去吗？

生：我的观点是这样的，以前的艺术不一定非要存在于我们今天的生活当中，像故宫是中国古代皇宫辉煌的建筑，是中国历史的见证，但是我们现在不一定都要模仿建造这样的建筑。我觉得年画也应该是这样的，要保持它原有的特征，不一定要改变，不能盲目发展，如果盲目发展让它失去应有的东西，那样是很可惜的。

师：我觉得年画作为我国特有的民间艺术，我们应该继续了解和认识它、爱护与继承它，让它在新的环境中继续发扬光大。一个国家、一个民族都有着自己的文化特征，爱护和发扬民族艺术、保护非物质文化遗产是我们这代人的历史责任。当然，随着历史的推进，艺术的发展需要随着时代的发展、人们审美情趣的变化而出现新的变化，一种艺术要想生存，必须要创新和发展，我赞成年画要保持传统的东西，也赞成它随着时代发展纳入新的内容以不断地去适应社会发展。任何一门艺术只有创新才能有生命力，年画也是如此。

杨璇：问题二：通过我们的讲解和大家的讨论，你能重新认识年画的艺术价值和它具有的意义吗？你会注意了解年画、参与对年画的保护吗？

生：今天这节课让我感觉到了年画的历史意义及其艺术价值，也让我懂得了有关年画的很多知识。对于中国年画，我的观点是可以把它作为一个古董来看，把年画当做古董会使它更有竞争力，如算盘，今天计算机已经代替了算盘，但它仍然合理地存在着。同样，年画也可以存在，好的历史年画不要去改变它，也没有必要去改变它，我们要去学习一些技术，保护好木版不要让它失传。保护好古董木版是很重要的，以后我也会支持年画事业，珍爱中国民间艺术。深圳的年画市场很单一，如果有一个很丰富的年画市场，我一定会去买年画。

师：我基本赞成这位同学的观点，今天这节课非常有意义，同学们通过讲解和争论应该对我们民间年画有了一定的认识。民间年画历史源远流长，通俗易懂，流行广泛，拥有大量的读者，曾经有过颇为兴盛的时期。各地年画无论是题材内容、刻印技术，还是艺术风格，都具有鲜明的特色。木版年画是中国民间艺术中的一枝奇葩。它既是传承久远、人民群众喜闻乐见的民间艺术形式，也是一种年俗的标识和年节文化的载体，在今天，每逢新年，年画在广大乡村还有着很大的市场。木版年画的存在是否合理，我的观点是，保护好具有历史意义的原版传统年画，也要在传统的基础上不断创新，一门艺术要有生命力，顺应时代发展的创新是非常重要的，希望同学们理解和认同我的观点，课后我们也可以对这个问题进行延伸讨论。年画在过去抒发着人们对美好生活的憧憬，今天又寄托着人们对和谐社会和科学发展的追求。希望我们的同学能够认识年画，喜爱年画，善于传承民族文化传统，为保护民间文化遗产、弘扬民族传统文化不断作出新的贡献。

学习和观赏了很多年画，现在我想给大家一个表达的机会。你能用中国特有的年画人物的造型和吉祥的语言，来画一幅寓意深刻的年画吗？建议同学们回家后根据年画的寓意和表现特征自己亲自动手画一画，你一定能够亲身体验到年画给我们带来的艺术魅力。下节课我们来评奖啊。

谢谢今天讲课的同学，请大家给予她们热烈的掌声，感谢她们精彩的讲解！（生掌声一片）我们也期待着下节课讲课的小组能给我们带来更多的精彩和思考。下课！

>>> 教学反思

为你感动，为你自豪——我给学生当助教

一、探索与实践

《国家高中新课程方案》中指出，创设有利于建立新型学习方式的课程实施环境，提高学生自主学习、合作交流以及分析和解决问题的能力是新时期教育改革的一个重要目标。普通高中美术新课程标准中，“美术鉴赏”由于其课程性质被列为主要的选修课程之一。为了积极贯彻新课程理念，打破传统的一言堂灌输与说教式的教学模式，在课堂中有效地指导学生进行高中“美术鉴赏”课程学习，让课程教学由静态变为动态，让学生由被动听讲转为主动学习，让单一的教学行为转变为学生参与的综合教学活动，我在课堂教学中通过师生教学角色的转换，尝试选择了互动式的新型课堂教学模式：“我请学生当老师，我给学生当助教”，来引导学生以自主合作探究的主人翁态度学习高中“美术鉴赏”课程，力求让每个学生的个性都得到发展。

一种好的教学模式的选择往往能带来教学质量质的飞跃。“我请学生当老师，我给学生当助教”是我力求在新课程改革的背景下，充分发挥学生的主体性和教师的主导性的一种有效方法，是我通过师生之间、学生之间的教学互动，推动教学相长，以促进教学效果最优化、教学行为合理化所进行的一种对教学模式的探索。这种教学模式运行的一般方式为：从新学期开始，首先在班级内进行课题的分工，由 3 位同学组成一个研究性的课题小组，承担一节“美术鉴赏”课的教学演讲，要求学生集体合作备课，然后按照课程章节顺序，或者自选感兴趣的课题依次走向讲台给同学们讲课。这种教学模式在教学内容的选择上给学生充分的自由，他们可以根据课本学习内容讲课，也可以和教师一起商定主题，还可以自主发挥把自己喜欢的美术内容和独特的个人观点引入课堂里来。同时，要求每个课

题研究小组在课堂中于40分钟内完成课题演讲，最后留给助教（教师）5分钟，以便教师对本课知识点进行小结。为了使同学们对课堂教学结构和教学方法有一定的了解，教师在学生讲课前需要对学生就如何备课和如何进行美术课堂教学的基本方法给以指导，并作课堂教学的示范与讲解。学生每节课的综合教学表现与课件设计水平，结合其他同学的评价作为该研究小组成员的期末美术成绩。

转换课堂教学角色，让学生自主合作学习“美术鉴赏”课程，同学们对这种教学方式都表示了极大的兴趣和责任心。很多课题小组的同学为了能上好自己承担的课题，使自己的课堂教学表现与课堂教学形式深入有趣，比他人略胜一筹，利用了大量的课余时间上网查资料，并到学校图书馆和各书店寻找相关美术资料，在掌握大量信息和资料的基础上，精心设计与选择教学内容和教学方法，并制作了非常有水平的教学幻灯片PPT和Word文档讲稿。这些课件图文并茂，影像生动有趣，引人入胜。学生亲自走向讲台演讲，他们学习的体会与收获，无论是演讲者还是听课者一般都能表现出积极的参与兴致。担任教学的同学对教学过程进行了煞费苦心的设计，有的学生设置了趣味抢答；有的学生结合动手操作让大家体验艺术作品的无穷魅力；有的学生还自费买来奖品，奖励发言积极而精彩的同学；有的学生利用表演的形式展示美术作品的情节，以帮助大家理解美术作品的深刻内涵；还有的学生设计了很多问题供大家讨论，将课程的教学内容不断延伸；还有的学生从科学的领域，结合不同的学科知识（数学的、物理的、化学的）综合评价美术作品，带给我们新的联想与启迪……

转换课堂教学角色，在“美术鉴赏”课程的学习中，学生自己作为教师讲课，由于每节课由不同的学生来上，这就使课堂中充满生动的趣味与新鲜的感觉，学生之间的讨论与争执，使教学过程高潮迭起，引人入胜。听课的学生不是面对教师，而是面对朝夕相处的同学，就敢于大胆发表自己的见解，直率与坦诚地说出自己心中所想。课堂上刁钻的问题不断出现，往往随着问题讨论的深入，担任教学的学生与听课的学生就会自然感觉到自己在“美术鉴赏”领域中知识的匮乏，这样会激起他们深入学习的兴趣。在这样的课堂中，师生之间、生生之间的交流与互动让课堂教学

“活”了起来，“动”了起来。

转换课堂教学角色，把课堂交给了学生，教师做什么？教师在课堂中虽然是“助教”的角色，却是掌握着风筝线的人。我称这种教学方式为“风筝不断线”。这种教学方式需要教师精心准备、精心策划，帮助学生一起认真备课，完善课件与教学方式。同时，教师要力求使自己掌握更多的信息，更广的知识。在学生进行课堂教学过程中，教师要能驾驭课堂教学方向，得当而有效地组织课堂教学，并注意随机应变地处理课堂教学中可能出现的各种状况，及时解决课堂教学中出现的各种问题，还必须随时关注学生所传递知识的深度、广度与准确性。在这种模式的教学中，教师要努力营造民主和谐的课堂气氛，充分尊重学生，在对问题的看法上允许学生有偏激的观点甚至荒谬的想法，进而通过多种观点的碰撞，形成新的结论，甚至激发出更多的问题，留待课后继续探讨。古人云：“学贵生疑，有疑则进，小疑则小进，大疑则大进。”疑是思之始，学之端。师生共同致力于生成一个开放型、创造型的课堂，让学生从被动的知识接受者转变为积极的思考者。

转换课堂教学角色，创设学生自主合作探究的“美术鉴赏”教学模式的一般流程为：

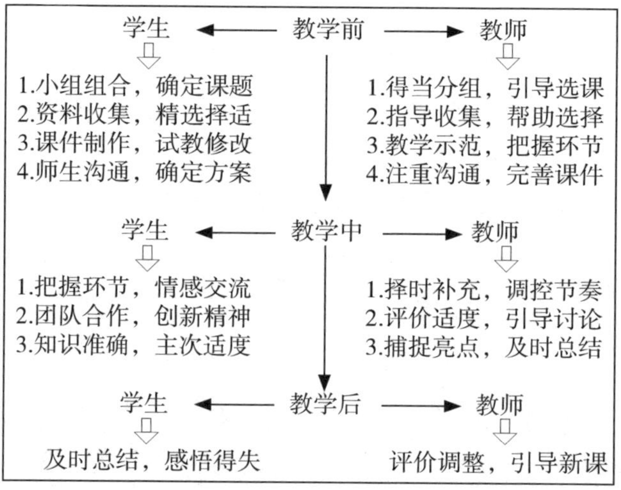

二、收获中感悟

德国教育家第斯多惠说：“教育的艺术不在于传授知识，而在于唤醒，激发，鼓励。”法国教育家斯普朗格说：“教育的最终目的不是传授已有的东西，而是把人的创造力量诱发出来，将生命感、价值感唤醒，一直到精神生活运动的根。”

学生学习方式的转变，是本次新课程改革的显著特征和核心任务。新课程的教学理念中强调了一种重要的观点，即课堂不是教师表演的舞台，而是师生之间交往、互动的舞台；课堂不是对学生进行训练的场所，而是引导学生发展的场所；课堂不只是传授知识的场所，更应该是探究知识的场所；课堂不是教师教学行为模式化运作的场所，而是教师教育智慧充分展现的场所。转换课堂教学角色，让学生在自主合作学习“美术鉴赏”课程中走向讲台当老师，目的就是让他们在特定的文化环境中，得到自主学习、探究创新能力的培养；得到自我表达、张扬个性的展示；得到合作发展、交流沟通能力的提高。

转换课堂教学角色，在让学生自主合作学习“美术鉴赏”课程的教学探索中，我深深懂得，新课程、新理念、新思维、新方法的教学，要求教师在教学过程中必须对现代教学行为和教学模式进行新的思考和新的探索。在教育教学中，师生关系永远是教学过程中最基本和最重要的关系。新课程的教学理念告诉我们，教师应既是学习行为的参与引导者，又是学习研究者。教师只有融入学生的学习过程中成为他们中的一员，才能寻求到一种得法而又行之有效的教学方式，才能使教学取得事半功倍的效果。新课程、新理念对我们的教学行为提出了新的挑战和新的要求，教师不能再只是知识的传递者，也应是学生在知识学习过程中的启发者、引导者，同时还应该是学生的共同学习者，只有将知识立体地（含有知识与技能、方法与过程、情感与价值观）融入学生的学习行为中，提高他们的综合素质，才是现代教学发展的方向。同时，在高中新课程的教学改革中，新型的课堂教学形态的建立需要我们加强对新课程理念的学习、融会与内化，注重对教学内容的重构；需要我们对教学方法与手段的选择与创造，需要我们对新课程资源的开发、对发展性教学评价的倡导；需要我们在课堂教学中有效实施开放性、多元化、互动性的教学模式，这是提高新教材实验成效的基本态度与要求。

尹少淳教授曾给“什么是好课”这个问题做出精辟的表述：“学生为你的课心动、行动，体验愉快，获得知识和技能上的收益就是好课。”教师是人才培养的实施者，历史与社会的责任需要我们思考与研究，去不断学习与探索。学无止境，我愿和学生一起在新课程环境中共同成长！

>>> 研究与思考

回到学生本身的美术学习

李力加

高中美术新课程改革的春风，是从深圳中学吹出来的，这其中一个最重要的人物就是房尚昆老师。2003年，高中美术新课程改革伊始，深圳中学的房尚昆老师就一直在尝试“我请学生当老师，我给学生当助教”的教学模式，以此推进高中美术鉴赏课的教学研究。这些年走过来，房老师提出了“在这种教学中师生角色的转换，促使学生以主人翁的态度进行自主、合作、探究性地学习与研究高中‘美术鉴赏’课程”。看到“中国民间年画欣赏”教学实录，我们能够真切地感受到房老师为此付出的不懈努力和心血。

高中学生的美术学习中，美术鉴赏模块属于必修课程。虽然这个模块的教学不需要专业教室与相应设备的硬件投入，但是，在实际的高中教学中，美术鉴赏并不是那么容易实施的一门课。这是因为，传统教学方法中的讲授法，应用于美术鉴赏课教学，如果教师讲得不好，反而会抑制高中学生对美术鉴赏课学习的兴趣。现实的情况是，有一些学校的美术鉴赏课成为高中学生繁重文化课学习后的休息场所，在这样的课堂上，美术教师在讲台上讲，学生们有的在做其他学科的作业，有的趴在课桌上睡觉，认真听讲的学生寥寥无几。

对于如何调动高中学生对美术欣赏课学习的主动性、自觉性，房尚昆老师的方法是，让学生们全员走上讲台，而教师成为学生教学的助手。每个新学期开始，房老师安排各班进行课题分工，“由3位同学组成一个研究性的课题小组，承担一节‘美术鉴赏’课的教学演讲，并要求学生进行集体合作备课，然后按照教材章节顺序，或者选择自己感兴趣的课题依次走向讲台给同学们讲课。”房老师的任务是当好助教，负责在课堂的最后5分钟，对本课知识点进行小结。教师与学生角色的转换，使深圳中学的美术鉴赏课出现了令人刮目相看的教学成果。

使自己的教学效果更好，是每个美术教师都在追求的发展目标。在优秀教师的成长中，善于研究教学是美术教师能够教得更好，教得更有意思的基础。房尚昆老师研究了高中学生的学习心理特点，设计出由高一学生自主研究教学的美术鉴赏课学习模式，让学生们由被动学习向主动探究与合作学习的场域迈进。在这样的学习情境中，学生与教师共同进步与成长。

一、学习的实质是学生内在能力或倾向的变化

当深圳中学高中一年级同学们兴奋地想尝试当教师的感觉时，蔡佳涵同学在她的文章中写到：“课改风云变幻，终于蔓延到了艺术课上。新学年伊始，在艺术课选报时，对于自己的美术白痴现象无法再忍耐的我，毅然决然地报了房尚昆老师的美术鉴赏课。在作好了有可能睡死在艺术课上的准备后，我背上书包来到了美术课教室。一翻开课本，天哪！！！乖乖坐着听一个学期，怎么忍受那份无聊？”她的心境随着自己和同伴们的教学体验，不断发生变化，对原来觉得还有意思的事情，也发出了“要说螃蟹，还真不是好吃”的感慨。正是这样的学习原动力，使这个原来在艺术课学习中从来没有拿过高分的学生，在美术鉴赏课学习中充分展示了自己的才华。2005年，高中新课程改革在全国开始逐步实验后，蔡佳涵同学和她的伙伴们设计的美术鉴赏课PPT作为高中美术新课程培训的案例，曾经让许多高中美术教师为之敬佩。而蔡佳涵同学自己，也有了新的体悟：“在准备中，也有挫折，但更多的是得到知识的快乐。虽然看到的大量资料只能用上很少一部分，但这些自己寻来的知识和经验无疑能使人终生受益。所以，如果现在有人问我觉得螃蟹好不好吃，我会说：‘螃蟹，我爱上你了！’”学生的变化是在教师教学的实践中获得的，而且，这样的变化将不断地激发她去创造。

二、学生的变化来自主动地对知识转化与迁移

房尚昆老师在高中美术鉴赏课教学中采用的学生自主学习、合作学习方式，极大地促进了高中学生主动对美术鉴赏课中涉及的不同类型的知识进行转化与迁移。当高一学生接受了在一个学期中要当一次美术教师的教学任务后，围绕着某一个或几个美术鉴赏教学内容所涉及的知识体系，组织形成一个初步的图式。例如，针对“民间木版年画”这一内容，李翠莹、杨璇、闫妍同学的认知结构或基本框架是围绕着这个主题组织起来的。这三个同学对该教学主题的把握，由上网查询资料开始，逐步构成基本的教学内容，但在教学实施前，学生自身的认知水平可以说还是比较肤浅的，因为她们缺乏体验性知觉的支撑。在教学过程中，在房尚昆老师的协助下，在班级同学的激励下，她们三人对民间木版年画基本知识、内容的把握由陈述性表征向程序性知识转化，如闫妍同学的体会是这样的：“我们非常喜欢这种教学模式，我们感受到了自主、合作、探究学习的意义。这种课程让我们以自己的视角来看世界，由我们当老师，我们与同学一起学习，一起研究，大家更有亲切感，同学之间对接受知识的度与量也会明确一些。这种教学模式最重要的是锻炼了我们的综合能力，也让我们获取了更多的相关知识。我们喜欢这种美术鉴赏课程的学习方式，我们也感谢老师与同学们给予我们的鼓励与支持。”这种知识的迁移，让学生深刻体会到了美术课程学习对其全面成长的作用，对他们文化课程学习有着深远的促进意义。

三、对学生自主学习的指导促进了教师专业发展

在房尚昆老师美术鉴赏教学的课堂上，出现了以学生自主控制为主流的教学模式，此刻，美术教师的教学任务并没有改变，但教师与学生的角色都发生了变化。房老师是典型的教学指导者，他的任务一是激励和诱导每次上课的3位同学更有效地实施教学；二是在全体同学的学习过程中提供咨询和有效支持，不仅帮助3位小老师教学，更重要地是引导全体学生学习；三是在指导与帮助学生的过程中，房老师自身也得到了专业上的发展，包括对教学内容的更深入把握，等等。所以说，学生按照既定的教学思路进行教学的过程，是学生们自主学习与教师反思学习共同形成特殊学

习场域的过程。

在房老师的指导下，讲课的3位同学在课堂上及时调整自己对教学内容的把握，此刻的自主学习是随着教学实施同步进行的。其他同学的自主学习由于有了3个小老师与1个助教（房老师）的引导，对学习内容的建构是在比较自然的状态下发生的，他们为自己确立了学习目标，主动调节和控制由学习目标与情境特征引导和约束下的学习过程，并在房老师的督促下，顺畅地朝着教学预设的方向发展。此时，房老师教学研究所需要的素材不断地生发，为他自己的专业成长创造了一种研究模式。

四、学生的自我效能感在合作学习里提升

教师单一讲授式的美术鉴赏课学习，对高中学生自我效能感的促进作用并不是特别明显。而在房尚昆老师的美术鉴赏课堂上，由于所有学生在一个学期里都要担任教学任务，因此，每个学生需要相信自己有能力完成这些教学任务，自信心很重要。虽然刚开始接受教学任务的时候，不少学生有一定的畏难情绪，例如，高一（16）班的谭莉莹、朱迎柴同学在其教学后的反思里写到："同学们，请你告诉我什么叫'被迫'自主？'被迫'自主就是可爱的房老师丢下一个让我们准备一下，就去当一节课的老师的晴天霹雳！我目瞪口呆，我这个'艺盲'竟要'被迫'自主研究艺术，学习如何鉴赏一幅美术作品，还得给同学们讲课，这无疑是难以逾越的一道鸿沟啊！不行，我得努力搞艺术！从看书到挑重点，从查资料到整理，最后，苦思冥想做课件。"

随着课前在备课阶段把握教学内容、理解教学目标，以及房老师教学指导中的鼓励，学生们的自我效能感在完成教学目标的过程中提高了，自我调节、自我评价和教学策略的运用也得到逐渐提升，这一系列的自主学习过程，影响了学生们的学习动机。学生们在美术鉴赏课的学习里感到自己的能力越强，就越会选择有挑战性的学习（教学）任务。

深圳中学高中美术鉴赏课教学的有效性，来自房尚昆老师采用的"以教促学""合作学习"的教学方法，学生们既有着积极的相互依赖，又有

着面对面的互动，大家在全员参与的学习共同体中，与同学、老师、美术文化对话。房尚昆老师在深圳中学所实践的“自主合作探究式的美术鉴赏课”的教学模式，为全国高中美术新课程改革的深入实施，提供了具有操作性的美术鉴赏课教学范式。

9

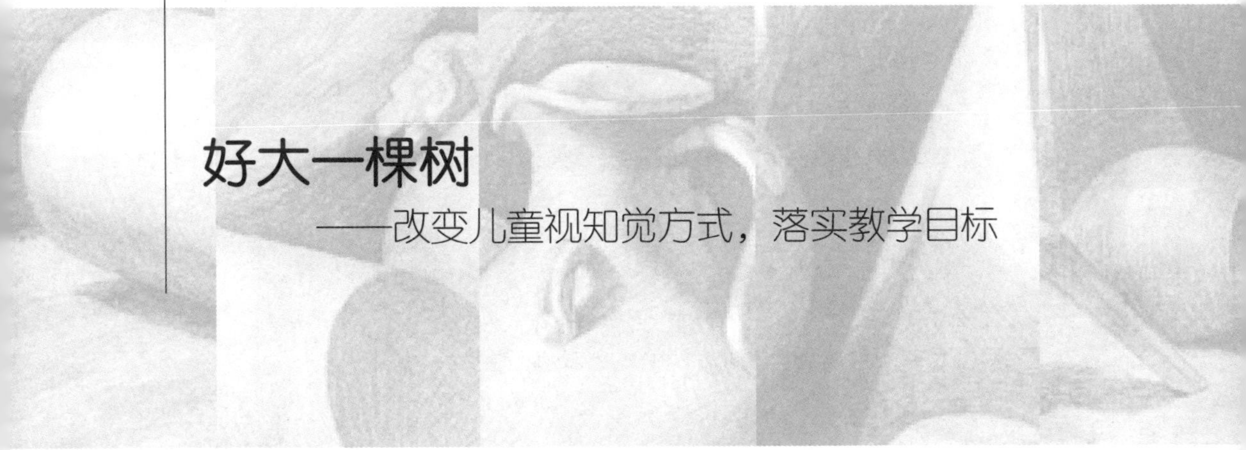

好大一棵树

——改变儿童视知觉方式，落实教学目标

>>> **名师课堂**

“好大一棵树”教学实录（一年级）

王世平①

（师在课前将学生带到操场边的法国梧桐树下。这棵梧桐树长得枝繁叶茂，参天耸立，学生们惊讶不已。师对生说，同学们，今天，我们与梧桐树来个亲密接触。学生们纷纷涌向前去，有的抚摸龟裂的树皮，感受它的粗糙；有的拥抱大大的树干，感受它的粗壮、结实；有的伸手捡一两片树叶，看看叶子的形状，闻闻叶子的味道……）

① 王世平，中学高级教师，重庆市北碚区人民路小学副校长。

（一）交流谈话，搭建平台画大树

师：王老师第一次给同学们上美术课，想知道你们班上的小朋友谁会画大树？（生纷纷举手）

师：你们认为谁画得最好？

生：张月。

师：我们欢迎他到黑板上来画一画，好吗？

（师带头鼓掌，生跟着鼓掌，张月在黑板上很快画出了一棵大树）

师：认为他画得好的举手。（在举手的小朋友中抽2~3名谈谈理由）

生：画得很大。

生：树干画得很直。

生：画得很圆。

师：有认为他画得不够好的吗？（生沉默）

师：老师也认为他画得不错，不过，老师在想：大树只能这样画吗？能不能不这样画呢？我们在操场边看到的梧桐树都是这个样子吗？

（二）引导学生观察大树

（师依次出示一组大树的照片，引导学生边看边想）

师：你们看到的树是刚才张月画的那样的吗？看到树有哪几部分？

生：大大的树干。

生：很多的树叶。

生：还有很多细小的树枝。

师：还看到了什么？

生：树干上有树皮，有点像花纹。

生：树叶是绿色的。

生：有一棵树上还长着很多像胡须一样的根。

师：同学们很能干，发现了这么多大树的秘密，这几幅图片还告诉了我们很多大树的秘密，同学们愿意去发现吗？

生：愿意。

师：我们去找一找，树叶长在什么上？

生：树枝。

生：树干。

师：到底是树干还是树枝呢？我找一个小朋友起来说一说树干和树枝有什么不同。

生：树干大，树枝小。

生：树枝长在树干上。

生：树干有花纹，树枝没有。

生：树干直一些，树枝弯一些。

生：树干往上长，有的树枝往下长。

……

师：你们太聪明了，把大树的秘密都发现了。不过老师要问问同学们，我们看的图片上的大树，与刚才同学在黑板上画的大树有哪些不同？

生：树干不同。

师：有什么不同？

生：他画得很直，照片上的有点斜，还有点弯。

师：还有吗？

生：他画得一样大，照片上的树干下面大上面小。

生：他画的树干没有长树枝，照片上的树干上长了很多的树枝。

生：树干下面还有树根，他画的也没有。

师：除了树干不同以外，还有什么不同？

生：树叶也不同。

师：有什么不同？

生：他画的树叶是一个圆形，照片上的树叶不是圆形的。

师：你是指树叶的边缘吗？

生：对。

师：照片中的树叶的边缘是什么形呢？

生：凹进凸出的，不知道。

师：现在小朋友们知道树干、树枝、树叶的关系了吧。好，我们一起来说一说。（师生）树干大，树枝小，树叶长在树枝上，树枝长在树干上。

（三）画大树

师：请看这张图片，如果我们要把这棵大树画下来，我们该画出哪些部分？

生：树干。

生：树枝。

生：树叶。（生边说，师边在对开的大纸上示范）

师：同学们发现老师是怎么画的了吗？

生：边观察边画的。

师：好，小朋友们，拿起你的深颜色的画笔吧，动动脑筋，怎样才能在纸上画出和你以前画得不一样的大树，能行吗？

生：行。

师：老师给大家5分钟时间，看哪些小朋友画得又快又好。

（播放背景音乐《好大一棵树》，生在A4纸上画大树，师边巡视边指导有困难的孩子）

师：如果画好了就请举手。

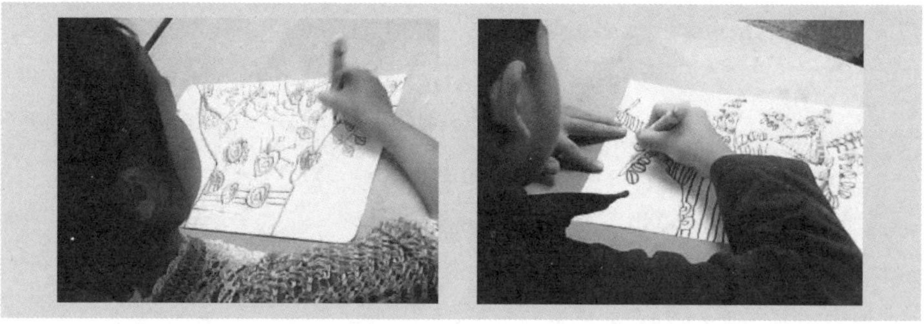

（5分钟内，大多数学生完成了，只有5个学生没画完）

师：请没有画完的孩子到前面来，我们大家一起帮助他们画，好吗？（生答好，5个孩子把画拿到讲台上）

师：请你们说一说为什么没画完，同学们好帮助你们，好吗？

生：我怕画错，所以不敢画。

生：我画不像。

生：我没有彩色笔。

生：我也是画不像，不想画。

生：我还是画成原来的样子了，画不来。

师：同学们，我要表扬这几个同学。第一，他们很诚实；第二，他们都认真去观察了，并且也认真去画了。你们从他们的画面上还看出了什么值得表扬的地方吗？

生：第二个同学画的树干很大。

生：第一个同学把树叶画成了很多圆圈。

生：第四个同学画了很多比树干小的树枝。

……

师：对，你们有信心把它画完吗？

生：有。

师：请回到自己的位置上吧。

（四）用优秀作品引领，想大树

师：刚才有三个同学都说到了一个大体相同的问题，就是画不像。现在我想问一问同学们，是不是画得像的才是好画，画得不像的就不好呢？是这样认为的请举手。（大多数孩子举了手）

师：认为不是这样的请举手。（没有人举手）

师：老师请几个大画家来回答你们，想知道他们是怎么画的吗？

生：想。（师展示吴冠中笔下的树，半抽象的树和传统图案中的树）

师：他们画的树与生活中看到的树一样吗？

生：不一样。

师：那怎么也成了好画呢？（生沉默）

师：老师想告诉你们，画得像不像不是判断好坏的唯一标准，关键是我们在画树的时候有没有去认真观察，然后动脑筋想到了些什么，画得像不像都没关系，只要表现出树的各部位的特征就行了。今天，我们大多数同学都做到了这一点，都成了小画家了，给自己鼓鼓掌吧。另外，怕画错的几个同学现在敢大胆地画了吧？

生：敢。

师：你准备怎样添加上自己的想法，让你的大树更漂亮？

生：在树干上添加很多花纹。

生：添加很多像心形的树叶。

生：我准备添加一些又好看又好吃的果子。

……

师：真聪明，你们启发了老师，现在老师就在自己画的这棵大树干上加上我认为漂亮的花纹。（边说边把点、线、图形画到树干上）好看吗？

生：好看。

师：还有树枝、树叶，又怎么办呢？

生：也可加上自己喜欢的枝、叶、果子。

（五）添加花纹，完善画面

师：看哪些孩子最会动脑筋，能添加出漂亮的花纹、叶子、果子。

（播放背景音乐《好大一棵树》，生添画，师巡视，帮助有困难的学生）

师：大家都把自己心中最美的大树画好了，你怎么让人知道你画的是大树呢？（出示一幅树下有人、汽车的图片）你怎么判断这是大树呢？

生：树下的人、汽车都很小，树就显得大了。

师：对，我们也来让漂亮的树变成大树，好吗？（师在自己的画上加上了两个采果子的人）还可以加其他的吗？

生：可以加鸟。

生：可以加大象。

生：可以加车。

生：可以加房子。

……

师：对，都可以，不过加上去的这些都要画得——

生：小一些。

师：加上去吧。

（六）说说自己的画

师：请同学们比较一下自己今天画的大树和黑板上我们开始上课时画的大树（简笔画），你更喜欢哪个？为什么？

生：我更喜欢今天学画的大树，它有很多的花纹、叶子、果子 。

生：我喜欢今天画的大树，它让我学到了要观察后才能画得好。

生：我更喜欢今天画的树，很大，画面也很饱满，不像我原来画得那样很小。

……

师：你们真的很会学习，现在老师要告诉你们，以前很多小朋友都用这种简笔画的方法来画画，它不利于我们去观察，去思考。如果同学们坚持用今天学到的方法去画画，你们会越来越聪明，越来越能干，愿意坚持这样做吗？

生：愿意。（师播放背景音乐《好大一棵树》）

师：同学们，与自然接触会让我们感受到很多的乐趣。其实每一棵树和我们一样都是有生命的，生命和生命之间的交流要用心去体会，我们要用自己的心去感受树的生命的存在：当你坐在大树下，微风吹来的时候，大树会和你说话；当你给小树浇水的时候，你用心去听，会听到它对你说“谢谢”，你们相信吗？

生：相信。

师：今天就上到这里，下课。

>>> 教学反思

教学设计要有目的性

这是我在今年5月，就几个青年美术教师提出的在低年级教学中感到困惑的问题（如低年级的孩子不好教，老是爱用简笔画来表现物体，很难改变；只要教师一示范，绝大多数孩子就跟着教师画，很难画出有自己个性的画来……）而设计的一节美术绘画课。一天，我看到操场边高大的法国梧桐树，想到原人美版教材中用线画大树的课例，何不利用学校现成的教学资源上一堂课呢？于是，我根据自己对美术新课程标准的理解和把握设计了这堂课。

培养一双善于发现的眼睛是美术教学的重要任务之一。6岁左右的孩子已经很会观察周围的人和物了，刚刚上小学，对学校的一切都感到那么新奇，纯真的好奇心会驱使他们去发现学校里一切有趣的事物，这是培养孩子认真观察的最好时机。根据学生的年龄、知识特点引导他们在观察中不断开动脑筋去思考、去发现，使他们形成良好的学习习惯是低段美术教学的首要任务。于是，我首先让学生观察校园里的大梧桐树，直观地感受它的高、大、粗，干、枝、叶的组成关系。课堂上又通过不同的大树图片一次次进一步强化他们的这种感觉，使他们建立起大树的真实形象，从而自然而然地去淡化他们头脑中先入的简笔画形象，而不是刻意地去纠正，这样学生也更容易接受。

当孩子遇到挫折时，教师该如何帮助他。像本节课出现的画不完、画不出来的情况，我们在日常教学中是经常遇到的，也是我课前预料之中的。如果教师直接在他的画面上“改”，长期下去，学生会养成一种依赖的思想。因此，在这一阶段作业展示的时候，我有意把他们几个叫上来，首先肯定他们做得好的一面，然后让大家一起来帮助他们，既让他们知道了前面观察不够仔细和到位，又感受到了老师和同学都没有瞧不起他们，集体的温暖会激励他们更加专心地听讲，更加自觉地去观察、去思考。

学生的美术学习是一种对人文素养的培养，不只是跟着教师画画。低年级孩子如何与名家对话，如何从优秀的艺术作品中吸取营养是一个值得关注的问题。经典的优秀艺术作品内容是十分丰富的，可取可学的东西很多，把握不好就会对整个教学活动起到扰乱思维的作用。从本节课中教师对优秀艺术作品的运用来看，只要选择的作品适合本节课的内容和孩子的年龄特点，选择切入的角度正确，引导恰当，学生是完全可以接受的。

对学生的学习评价应当发挥好学生自我促进的作用。养成自觉反思的习惯是人的一生十分重要的品质。因此，我特别注意了角色的转换，不是由教师来发一个小星星，也不是由同学来投票，评学生为小能人、小画家，而是把外在的激励转变成学生内在的动力，这是学生不断取得长足进步的真正源泉。因此，我有意识地让孩子们把自己画的画和上课之初公认的“好画”进行比较，让他们在比较中学会反思，在反思中明白自己的进步，这才是真正的进步。

在课前精心组织学生拜访梧桐树，使每个学生在活动中获得真切的、富有个性的情感体验。画画是学生认识世界、认识自我的创造性表达过程，美术教师要“为学生的自主表现提供有利条件”。因此，美术绘画指导不能局限在课堂上，要指导学生与自然、社会亲密接触，从中寻找和发现表现的对象，使学生有物可画。其中，教师要精心设计活动形式，注重调动学生的多种感官，丰富其体验过程，这样才能有利于学生的创造性表达，有利于对他们美感的培养。

>>> 研究与思考

如何看，是儿童造型表现的基础

李力加

在小学一年级，如何提高全体学生的造型表现能力，是小学美术教师比较关注的难点问题。新课程改革后，国家《美术课程标准》设立了四个学习领域，其中与“造型·表现”学习领域相关的教学内容，涉及小学生手头造型能力的发展。重庆市北碚区人民路小学王世平老师的“好大一棵树”就是针对这一难点问题展开的教学研究。

整个国家幼儿园教育在美术课程的理念、教学方法、认知方式、学习方法方面呈现出对儿童美术学习发展抑制的情况，小学一年级儿童在新学年开始后的美术课上，往往会画出很多简笔画模式下的概念图形，这些图形是孩子们在幼儿园里学习的一种绘画表现的前概念，也是一种抑制儿童美术学习创造性知觉的固化图形。当小学的美术教师在美术课堂里发出表现指令的时候，无论什么主题的内容，孩子总是会用以前在幼儿园里学习过的图形，在作业纸上对应小学美术教师的表现要求。例如，画树的时候，不少孩子就延续着在幼儿园里已经学过的“树干”与“树冠”的图形，而不是根据小学美术教师的课堂要求去认真观察并知觉体验树的特征。这是一个非常严重的美术学习的认知问题，同时又涉及孩子们今后在美术学习里表现能力发展的进程。

王世平老师看到了这一问题的严重性。在设计“好大一棵树”的教学的时候，考虑到引导一年级的小学生正确观察生活物象（树），以此来改变孩子们的造型表现概念化现象。

一、创设对话平台，改变学生视知觉方式

课前，王世平老师为了能够比较顺利地实施教学，提前带同学们到学校操场边的法国梧桐树下，让他们亲身体验它的枝繁叶茂，参天耸立。王老师提出：“同学们，今天，我们与梧桐树来个亲密接触。”这个学习环节是非常重要的，此刻的活动本身，已经暗示给一年级小学生们，今天的美术课与这棵法国梧桐树有关。

教学开始，王世平老师首先以表现树、观察树为师生对话主题，设立了与一年级小学生们交流的平台。在教学中，以研究画树为话题，和孩子们讨论如何画树。花费一定的时间在这一环节上的目的，是要将孩子们的旧有思维方式引导到正确的思维方式上来。这是一个有实施难度的环节，因为在这样短的时间内孩子们的固有想法是不太容易改变的。其中，在共同欣赏了学生们在本课学习前画的树的作品之后，王老师这样提问：“老师也认为他画得不错，不过，老师在想：大树只能这样画吗？能不能不这样画呢？我们在操场边看到的梧桐树都是这个样子吗？”王老师此刻希望孩子们能够改变自己的认识。他所采用的方法是让学生欣赏不同树的摄影图片，观察树具有的不同形态特征，引导孩子们反思，树是千姿百态的，画树的方法可不能只有一种啊！

二、解析性表现与思考，引导学生的表现

在这样一个很具体的教学内容中，王世平老师的愿望与教学目标并不

那么容易实现。尽管他在上一环节里已经很仔细地与学生们研究了大树，又在本环节的画树过程中通过示范引导孩子们改变以前那种对树的概念图形，但还是有学生说："我怕画错，所以不敢画"。第二个学生说："我画不像。"第三个学生说："我没有彩色笔。"这个时候的学生就是在想方设法找借口不去画，这样的情况，在各地小学一年级美术课堂上特别常见。此刻第四个学生说："我也是画不像，不想画。"第五个学生说："我还是画成原来的了，画不来。"这些都是非常真实的教学情景。王世平老师本课教学的最可贵之处是他对问题的处理方式，他不断地表扬孩子们的作品比以前好在什么地方。这是一个小学一年级儿童在绘画表现过程中特别难以解决的关口，如果教师没有给这些孩子发展的机会，他们可能就会对自己的绘画造型能力失去信心。

为了解决画得像与不像的问题，王世平老师又开始带领学生进行新一轮的随堂欣赏和讨论。欣赏艺术家作品的目的，是为了解放孩子们的思想，让他们能够大胆表现，使其在造型上不再为现实里的物象形态所禁锢，这里又是一个学习难题。

那么，美术学习中如何改变孩子们的思维方式呢？

王世平老师这一课教学最大的亮点，就在于他关注了一年级小学生在造型表现学习中的细节。为了解决孩子们的造型问题，他分解各教学环节，强调现场的个别指导与引领。

但是，如果要在小学一年级开始真正改变孩子们视觉思维上的固有认知问题，美术教师对应的策略应该是一个系统工程。

1. 改变看的眼光。这是一个根本性的思维方法问题，需要美术教师在自己任教的一年级平行班里全面实施。具体的方法是，在新学期开始的第一节美术课，教师就要通过欣赏、讨论、表现，让学生们初步懂得这样一个道理：美术家的眼光与普通人的眼光是不一样的，美术的表现并不一定是要真实记录生活物象，要培养小学生"特殊的看"这样一种眼光。

2. 重新整合教材。围绕着解决儿童造型表现概念化的问题，教师要针对使用的教材内容，重新按照解决视觉思维方式的教学思路进行整合，需要从添加内容、观念引领、表现方式等多方面组织新的材料，使自己的备课体系能够按照一种新理念的指引而发展。原来的教材内容在调整中要形成有重点的几个单元教学体系，有的课题、课时要增加，有的则可以不上。

3. 教学方法调整。多采用“以学生教学生”的方法，尽量让更多的孩子到黑板上来表现自己的绘画方式，美术教师争取做一个敲边鼓的人，经常在孩子的作品旁边添加一些表现形式，启发学生们能够有个性的表现。美术教师的示范画最好不要画出完整的图形，以免让孩子有临摹的依赖性想法。示范的时候可以画一些表现局部形式的素材，以此启发学生们的表现。

4. 学习方式改变。多写生、多记忆性默写，少临摹。60年来，国内的小学美术教学中临摹的学习成分过量，小孩子在课堂上往往抬着头看着教师，渴望教师能够给他们做示范。为什么不能改变这样的状况呢？美术是一个最能够开启人创造力的学科，但过度的临摹学习，会让孩子从小就失去自主表现的信心。美术学习需要临摹，但更需要创造性表现。

观念变，教学才能变，孩子们才能有发展。为了全体孩子美术造型能力的发展，为了其思维上更有创意，美术教师需要挑战长期以来自己已经习惯的教学方法，而挑战的关键在于自己的教学观念要改变。为了学生的发展而教学，教师就不能固守目前各类美术教科书的课题内容，就要自己主动丰富教材，这样才能在美术教学领域做出有影响的成果。重庆市北碚区人民路小学王世平老师执教的“好大一棵树”，在这个研究方向上已经进行了有效的尝试，为大家做出了榜样。如果美术教师在各自的教学领域都关注在小学阶段培养全体学生的造型表现能力这一难点问题，学校美术教育定会有较大的发展。

10

思想最重要——《杜尚的启示》

——理解大师，唤起学生的知觉体验

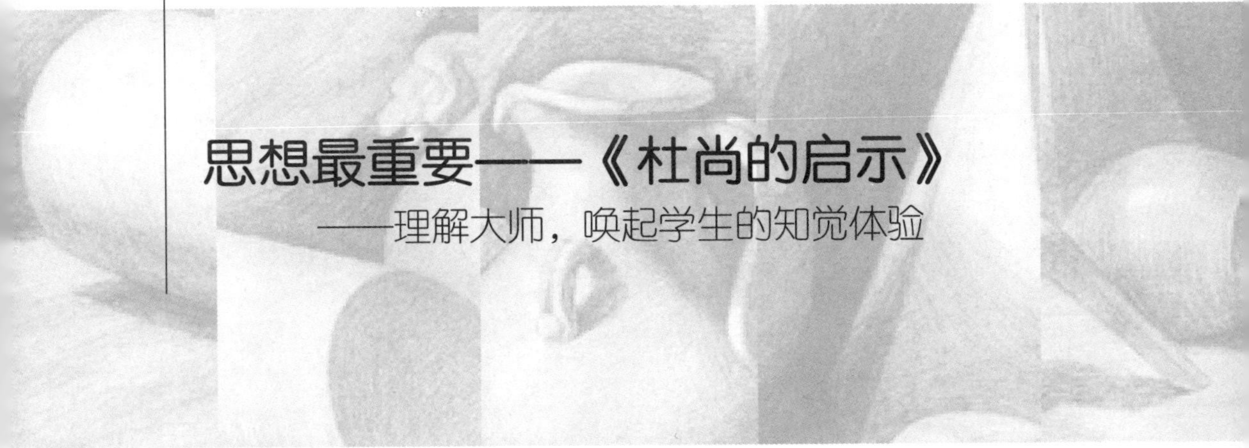

>>> 名师课堂

“思想最重要——《杜尚的启示》”教学实录（五年级）

李启云[①]

（一）课前谈话，预热思想

师：……看来同学们精神饱满，很有信心，今天来到北苑小学，像到了花园一样。今天是婺城区的“八婺书香”名师论坛活动，我想问问大家，（PPT出现“名师”二字）这两个字你们认识吗？

生：认识，名师。

师：你们心目中的名师是怎样的，能说说吗？

① 李启云，浙江省美术特级教师，浙江金华市教研室美术教研员。

生：那个，那个额头上有皱纹的那种，说起话来很有学问的。（生有点紧张，众笑）

生：上课非常吸引同学。

师：哦，上课非常吸引人。嗯，说得很好，我努力做到。

生：严格、凶残的那种。（众大笑）

师：哇……（惊讶、夸张的表情）

生：上课不乏味的。

师：哦，要求还挺高。

生：上通天文，下知地理的，什么事情都知道的。

师：我还没达到那个要求，我要努力达到这样的高要求。

生：十分著名，有名的。

师：我著名吗？我有名吗？ 我是有名的，你们想知道我的名字吗？

生：想。（PPT上出现“李启云”三个字）

师：老师的名字就不敢读了是吧，大声读！

生：李启云！

师：记牢了吗？

生：记牢了。

师：待会儿有问题问我，喊李老师也可以，喊李启云也可以，不要太拘束，因为我想成为你们的好朋友，好不好？

生：好。

（二）问题引领，激活思想

师：那我们闲话少说，开始上课了啊。哦？我是不是搞错了？前面出现了个“名师”后面又出现了个“大师”。（PPT上出现“大师”两个字）

师：我要请女同学来说说什么是大师。

生：大师就是学问很深的，然后报纸上经常刊登他的。

师：哦，要求这么高呀。唉呀，我还以为我这么“大”（用手比画着自己大胖子的模样），就是“大”师。好，请你来说说。

生：我觉得应该是某方面特别杰出的，可以给别人传授经验的人。

师：哦，这是你对大师的见解。你知道哪些大师？

生：我知道有功夫大师——成龙。（众笑）

师：嗯，还有李小龙。

生：我觉得大师是那种头发比较秃一点的。（全体师生大笑）

师：怎么就没人赞美我呢？不过讨来的赞美就不是赞美了。接下来，我给大家带来了一幅大师的作品，你们不要被吓倒啊。（PPT展示）

（生看着图窃窃私语，发出窃窃的笑声）

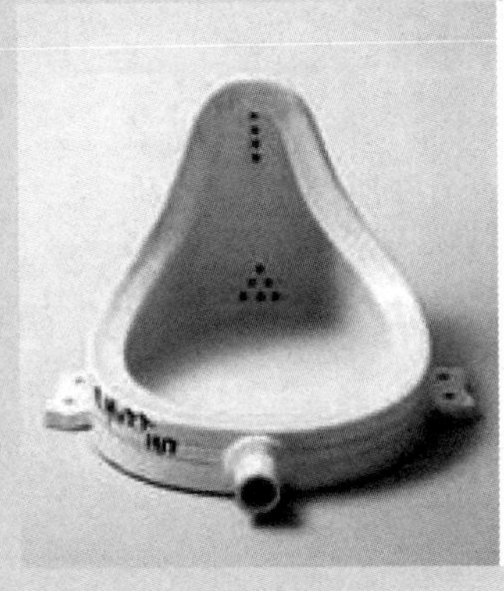

师：很好笑是吧？唉，既然是大师的作品，我要考考你们，它是什么？

生：我觉得是马桶。

生：我觉得是烟灰缸。

生：按摩器。

生：可能是那种脸盆。

生：夜壶。

生：鱼头。

师：哇！同学们可真了不起，想象是天马行空的。

生：它好像家里坐的马桶。（众笑）

师：哦，你家里有没有？

生：没有。

师：说实话啊，他眼睛蛮尖的，它就是个马桶，叫小便池。不要以为大师作品就会怎么样，不要把它想象成高深得没法解释了，大师的作品就这么简单。那既然是马桶，它是艺术品吗？为什么？

生：我觉得它跟普通的马桶比，与众不同。

师：哦，与众不同，有什么不同？

生：马桶都是长条形的，这个的后面很独特，像山一样。（众笑）

师：看来，你比大师有想象力。

生：我觉得它的构造很奇怪，让大家不好猜出来。

师：哦，那你猜到了吧。

生：旁边还有个像排水口一样的东西，突出来的。（众笑）

师：好，认为它是个艺术品的请举手。（有不少学生举起了手）请说说理由。

生：很独特。

师：独特？独特在哪里？

生：有好几个孔。

师：你们家小便器没有孔，是吧？（生笑）

生：我觉得这是个艺术品，因为它拍的角度不同。

师：哦，你认为它拍的角度与众不同。认为它不是艺术品的请举手。哇，1、2、3，3个，请你说说理由。

生：我觉得不是艺术品。

师：为什么？

生：我觉得艺术品不是那么那个的东西。（众笑）

师：那么哪个的东西？

生：那么那个的东西。（众笑）

师：不好意思讲出来啊。唉，你们想想看，如果你是那个举办展览的策划人，会有什么样的反应呢？

生：我就说，他想干什么？我看到就会说："这是真的还是假的啊？怎么会送来展览呢？"

师：哦，你这个策展商很疑惑，这个是真的艺术品吗？怎么会把这个东西送来呢？是不是搞错了？

生：我也会说，这个东西怎么会有这么多孔的？那么奇怪，觉得非常的惊奇。

师：我发现这个策展商觉得比较惊奇。好，你补充。

生：这是个什么东西啊？怎么这么奇怪？"小便池"还是"狗窝"啊？（众大笑）

师：对啊，如果我是策展商，我就会说："你拿这么个东西来展览，你想干什么啊？"

这位大师就想着把这个东西拿去，哪怕策展商真的不同意、不答应。最后呢，大师说："这个就是艺术品，你看它有稳定的三角形，它有优美的曲线。"策展商勉强地把它展示出来了。那么，展示出来后，结果怎么样呢，现在不说。既然这个是艺术品，那你们就试着给它取个名字吧，好不好？不要再取小便器啊，谁来说？

生：我觉得叫“陶器”。

师：陶器？中国五千年的历史全都被你概括进去了。（边说边竖起大拇指）

生：独特。

师：嗯，叫“独特”，怎么样？

生：我认为应该叫高级马桶。

师：高级马桶比小便器好多了。你来说。（指一位女同学）

生（女）：……（涨红着脸扭捏着不肯说）

师：先想好再说吧。我看有许多女同学看到这个东西都很害羞，都不知道怎么说了，那这样好了，同桌之间讨论一下，给它取个好听的名字，最好诗意点的啊！（生热烈地讨论）

师：讨论好、想好名字的请举手，赶快，3次机会。

生：多洞器。

生：陶筒。

生：青山处处有。（众笑）

师：哦，多有诗意啊！下次向大师隆重推荐这个名字哦！

生：小桥流水。

生：高山流水。

师：哦，高山流水，我觉得你们取得这些名字比这个大师取的好听多了。哦，还有同学要说。

生：三角圆弧。

师：数学三角理论都搬出来了。

生：尿液盂，哈哈。

师：我们来看看大师怎么取的？（PPT：“泉”）

师：你想到了吗？哪个名字好，你们取的好，还是他取的好？

生：我觉得他取的好，因为小便就像泉水一样。

师：真有想象力啊！那我想问一下，这个小便器可以是艺术品，那找一找，我们身边有没有像这样的艺术品呢？

生：有！

师：谁来说？

生：花盆。

师：就近边上的（找到花盆，并拿到桌子上），看来我的观察能力没你强哦，我要向你学习。（握手）这个是艺术品吗？是不是艺术品？不是，因为它没有艺术大师的签名！（众笑）

想一想，艺术大师为什么要用小便器去参展呢？是不是居心不良啊？是不是藐视这个展览啊？

生：不是。

师：看来很有思想啊！

生：因为这个东西不分好坏，只是看你画得好不好。

师：画得好不好？这个东西是画出来的吗？只要你从另外一个角度去看，就会发现它确实是个艺术品啊！

生：我觉得它很独特，因为一般人造不出这样的东西。

师：你到“飞机场”（指的是金华专卖建筑材料的集散地）去找找看，这样的东西很多很多。

生：贴近生活的就是艺术品。

师：贴近生活的就是艺术品，对，我们现在能接受你这个观点。你想想看，这个大师是什么时候把这个拿去展览的？看看上面的签名。

生：1917年。

师：到现在多少年了？算一算。

生：92年了。

师：92年前，那时候的人们是怎样的？那个时候，世界大战刚刚结束，百废待兴。机器工业正发达的时候，人们非常浮躁。这个艺术家拿着这个东西去参展，是有种讽刺的意思，因为那时候有很多艺术品啊，只要艺术大师在上面签了名，明明不怎么样的一件艺术品，就能成为艺术杰作。就像我们刚开始的时候，有一些同学认为它是艺术品，因为李老师在前面给它带了一顶帽子，叫什么？两个字——“大师”，你们是不是被那两个字吓到了？

生：嗯。（迷惑了）

师：所以有的艺术品可能不起眼，但是它里面包含的思想非常非常的独特。

（三）演绎名作，再现思想

师：我还带了一件艺术作品，这件艺术作品我要请同学来把它打开。（请一位表现积极的同学撕开包装纸）

（随着作品的打开，生叫出声：“蒙莎丽娜”）

师：哇，蒙莎丽娜？（众笑）

生：哈哈！蒙娜丽莎。

师：美不美？

生：美。

师：同样的，这位大师来了，他想着：“怎样给它改变一下，把这个作品变成另外一幅作品？”谁来帮他想想办法？

生：签个名。

师：随便签个名字就是他的了？这个可是达·芬奇的画哦。

生：把那个背景改一下。

师：背景改一下是吧，怎么改？

生：在原来的背景上再加点。

师：哦，如果你早生个几十年，又可以创造另外一个杰作了！那么，他到底是怎么改的呢？我来试试看。（师拿出记号笔边说边画）92年前，这位艺术大师就是这样在《蒙娜丽莎》的复制品上加上了小胡子……

生：哈哈……男的！！！

师：怎么样，还是达·芬奇的画吗？

生：不是。

师：那是谁画的？

生：李老师。

师：唉呀，真是，如果92年前这个是我画的话，这世界名画的作者就是我咯！可惜它真的不是我第一个画的。有什么变化？

生：变性了，半男半女。

师：变什么？原来是一幅名画，你把它改了改，变成这么一幅画。他为什么要改？你觉得改了还是艺术品吗？到底是不是？认为是的同学请站起来。（少数同学站了起来）

认为是的是少数的同学。认为不是的请站出来！向大师挑战。请你说说你为什么认为不是?

生：因为它只是在另外一个人的画上添了几笔。

师：嗯，所以在别人的画上添上几笔就成艺术品的话，太简单了，是吧！好，你说。

生：如果是这样的话，每一种艺术品，人们都添上几笔就变成了他的艺术品了。

师：好，李老师想问一下，假如这个人出现的话，你会感到什么?

生：很惊奇。

师：很惊奇，我们看多了就不觉得惊奇了。那么，他为什么要画这幅画呢？我想请站着的几位同学好好思考一下，你说。

生：他把这幅画改了。

师：哦，改了就不是艺术品了吗?

生：他侵犯了那个……侵权！

师：非常好，看来我们同学特别棒，那时候人们可还没想到侵权。但是他为什么画这幅画呢?

生：我知道他的一点故事。

师：好，你说。

生：就是以前她请了一个画家帮她画画，画了一下，然后去干什么事情了，没有直接画完，第二次这个画家……

师：后面有人改过了，是吧？你讲的是蒙娜丽莎，我问的是关于这幅画的情况（师指被改过的《蒙娜丽莎》）。

这幅画上面部分是一个大师画的，下面部分是另外一个大师画的，实际上是两位大师的画。如果你们还是不很明白的话，那么就好好思考这句话（顺手打开课件）：“虽然这张是个复制品，但是你把它改了，你就把它想象成艺术品吧。”

（四）了解生平，会意思想

师：一个问号“？”，又有什么问题要出现了呢?

这位艺术家终于出现了，你们学过英语吗？谁来读一下。（生试读）

师：实际上翻译成我们中文的话，就叫马歇尔·杜尚。就是这么一个画家。请你们想想：这个画家应该是怎样的一个人？你们发现没有，他站在哪里拍照？

生：墙角。

师：这个墙角是一个怎样的墙角？是那种直角的墙角吗？

生：不是。

师：是很窄很窄的墙角，他在干嘛？

生：抽烟。

师：就抽烟吗？是边抽烟边思考。你们想了解他是怎样的一个画家吗？他是1887年7月28日出生的，现在还活着的话120多岁了，但是他1962年就去世了。他的父亲是非常通情达理的一个人，他的两个哥哥和一个妹妹，不是画家，就是雕塑家，他的外祖父也是版画家，也就是说，他出生在一个艺术家家庭。所以，他从小受艺术熏陶，也就慢慢融入了这个艺术界。我们就这么简单了解一下吧，大家课后有时间再去了解。

（五）听中创想，知觉思想

师：再请大家闭上眼睛“听”（PPT播放脚步声），在你脑海中出现了一幅什么样的画面？

生：有人在钢板上穿着高跟鞋走路。

生：一个人在雕塑。

生：在打铁或者打鼓。

生：一个人在那里踢锅。

生：一个人在那里打碗。

师：光一种声音，我们就有许多不同的意见，那我们来看看你脑子当中出现的是不是这么一个画面。（PPT出示《一个下楼梯的人》）

生：下楼梯。

师：在你头脑中出现的是这样的画面吗？为什么？

生：不是，这个声音非常奇怪，因为它这样走路就像走在铁板上一样

“咣、咣、咣”地响。

师：实际上是高跟鞋在楼梯上走，发出咣、咣、咣的声音，所以和你刚才想到的形象一样吗？

生：不一样。

师：它是慢慢走的吗？

生：不是，它是越走越快，越走越快。

师：是停停走走？还是连续地走？

生：连续地。

师：如果请你来表现它（连续走）的话，怎么表现呢？这样表现吗？

生：不是。

师：那应该怎样来表现？如果请你把它画出来你怎么画？

生：我觉得应该是一个脚抬高点，旁边画几条线，意思是说，它在往下踩，很快地踩。

师：同意他的表现方法吗？还有其他不同的想法吗？

生：两只脚都画出来，一只脚是刚刚落到地面的样子，一只脚是刚刚抬到一半的样子，踩在地上的那只脚旁边画几条线，表示速度……

师：就这么一个画面，行吗？

生：先画一个人从楼梯上跳下来，然后再画……

师：是跳下来吗？

生：哦，走下来，然后再画几个波浪线，弯曲的，后面连起来。

师：哦，你脑子当中出现了这样一个画面，是吧？

生：我还有另一个想法，这条腿，只有一条腿是画实线的，其他的用虚线画起来，表示这条腿行走的速度很快很快。

师：哦，虚线画出来，表现下楼梯时很快很快，你们能理解他这种想法吗？你是不是也是这种想法？

生：在它之前走过的路上画些脚印。

师：脚印画一个就可以了吗？

生：画好几个。

师：一连串的脚印，看看是不是这样画的（图1、图2）。

图1

图2

图3

图4

是这样画吗？还不像是吧。这样呢？有没有同意这样画的？

这样有好多好多人影重叠在这里，也就是表现一个人从上到下（图3、图4），这样行吗？

图5

生：行。

师：有点接近想法了，是吧，好，再来看看。先仔细看10秒钟，看不看得懂？

生：好多好多人影。

师：一个人还是好多人？

生：好多人。

生：我觉得是一个人走得很快。

师：嗯，一个人走得很快很快，你怎么想的？

生：一个走得很快很快的人，就像拆出来了很多人。

师：嗯，就像什么？

生：瞬间转移一样。我看见的是一个人像风一样，好几个人影在那里跑过。

师：这就是杜尚画的《一个下楼梯的人》，他画的是一个人连续下来的过程，你想到了吗？想到了举手。

师：嗯，我们班里有三个同学举了手，了不起，实际上李老师看这幅画的时候，怎么也看不明白，直到看了它的题目之后，我才知道，它画的是一个人在连续下楼梯的一个过程。他是什么时候完成这幅画的呢？1912年。这幅画整整画了3个月。杜尚不是就会给蒙娜丽莎加几撇小胡子，也不是就会把一个小便池拿去展览的一个混混，他实际上也是能够画画的，而且画得非常的棒——画的让人想也想不到。

师：实际上，杜尚画这幅画时也受到了其他艺术门类的启发。什么启发呢？就是高速摄影对他的启发。（PPT展示摄影图片）

师：在东方，有比杜尚更早的表现连续动作的艺术作品——千手观音（图6）。它把手的动作的连续过程表现出来了。

图6

图7

杜尚的艺术创新思想也影响着现代艺术家的艺术创作。这是《奔狼》（图7），表现了一只狼从远处跑过来猛地撞上墙的这个连续的动作过程，你们想到这样表现了吗？

（六）联系生活，提升思想

师：下面我们一起来思考梵高说的话，请这位同学来读一下。

生：梵高说："真正的画家是受心灵指导的：他们的心灵，他们的头脑，并不是画笔的奴隶，而是画笔听从心灵和头脑的指挥。"

师：你能明白这句话吗？

生：就是画家首先是在脑子里构思好这幅画之后，然后按构思好的想法把它画下来。

师：画得像，画得好重要？还是——

生：我觉得有自己的想法更重要。

师：你能明白吗？

生：我觉得好的画应该有自己独特的一面。

师：你赞同吗？有些同学明白了，有些同学还不明白。

生：有些好的画和一些普通的画比，有些与众不同的地方。

师：什么地方？

生：比如说有奇特点。

师：这个奇特从哪里来？

生：生活中的，事物中的。

师：那如果光有生活中的，事物中的，没有你的大脑行吗？

生：不行。

师：对呀，“艺术等同于思想，而不是人们通常认为的那样等同于视觉”。会看，还要会去思考。

有了思想，你看简简单单的几盆乱草也能成为艺术品，一节朽木也能成为一道风景，一棵蔬菜也能成为亮丽的时装，一段枯树根也能成为不朽的雕塑；有了思想，我们的眼睛就是这么锐利；有了思想，我们旁边的垃圾也能变成艺术；有了思想，汽车可以装到墙上；有了思想，我们古典的梁架结构——卯榫也能作为艺术品呈列；有了思想，大地可以成为我们的画布；有了思想，地球就在你我心中，呈现得那么璀璨！

当我们把画卷缓缓关闭的时候，让我们有思想——艺术就这么简单，这么好玩。你们怕艺术吗？

生：不怕。

师：你们懂艺术吗？

生：懂。

师：似懂非懂没关系，就怕你不想。当然你去想的时候，有的时候会遭人白眼，有的时候会遭来横祸，有的时候就像杜尚的“小便器”一样，被愤怒的观众给砸碎了。但是，人是有思想的，被囚住的只能是人的身体，思想无限。今天我们这节课就到此结束。

这节课和大家一起交流十分愉快。最后，我问大家一个问题：你们还记得我的名字吗？来，一起喊一下。

生：李启云！

师：谢谢！！

>>> 教学反思

如何引领学生欣赏、评述

美术新课标指出，“欣赏·评述”领域是指学生对自然美、美术作品和美术现象等视觉世界进行欣赏和评述，逐步形成审美趣味和提高美术欣赏能力的学习领域。除了通过欣赏获得审美感受之外，学生还应用多种语言（口头语或书面语、肢体语言等）表达自己对自然、美术作品和美术现象等视觉世界的感受、认识和理解。

通过本课的教学活动，我们可以看出：

本次教学注重学生的积极参与，我通过各种生动有趣的教学手段，运用描述、分析与讨论等方式，努力激发学生的主体意识，克服以往以教师讲述为主的弊端。遵循审美的规律，给学生大量感悟艺术作品的机会，引导学生展开想象，进行分析，引导学生体验、思考、鉴别、判断，努力提高他们的审美情趣，激发了学生参与“欣赏·评述”活动的热情。

在思考、讨论、对话等活动中，提倡师生间的情感交流和平等关系，使教学过程成为师生交往互动、共同发展的过程。学生能够大胆运用平常语言表达自己独特的感受和理解，不再视“评述”为高不可攀的行为。评述的方式可以是多种多样的，每个学生都可以对自然、美术作品和美术现象等视觉世界作出自己的评述，提高视觉感受能力。

认识到独特思想的可贵。这节课使学生能够多角度欣赏和认识杜尚的代表作品的材质、形式和内容特征，初步了解杜尚的艺术思想，领略他的艺术风格，初步形成尊重世界多元文化的态度。

学生感受了美术创作与生活的关系，加深了对艺术社会作用的认识，有助于他们树立正确的文化价值观，涵养人文精神。

>>> 研究与思考

唤起知觉体验的美术课堂学习

李力加

“有效教学”是学校教学活动的一个基本追求。“有效教学”归根结底离不开有效地促进学生的全面发展，而学生的全面发展又是以有效地改善学生的学习方式和提升教师的专业水准为前提的。基于学生知觉体验唤起的小学美术课堂教学的有效模式，将研究的点落实在美术课堂教学里学生知觉体验被唤起的教学设计、实施，以及教师与学生对话的复杂性现场的控制与引导方面，改变过去关于对美术课堂教学现象研究实证不足的状况。李启云老师的“思想最重要——《杜尚的启示》”教学实录，依据真实的现场录像记录而成，学生与教师的对话均是具有现场感的文本。为了研究学生对教学内容的心理反应，李启云老师特别安排了关于这节课的课后问卷调查。

小学美术课堂并不是研究者掌握美术教学构成规律的客体，美术课堂是一个独特的文化环境，是研究者一切想象与一切鲜明立场得以产生的场。一个美术教师以这样的实验性角度深入研究自己的课堂教学，构建真正了解、分析、重构儿童知觉意象性体验的美术课堂，基本形成了一种可以普遍推广的小学高年级段美术欣赏课的（特别是专题欣赏）有效课堂教学模式。这节课从实践层面到理论层面对上述的观点都做出了有说服力的实证。

一、知觉体验的唤起由发现问题开始

李启云老师的美术欣赏教学课“思想最重要——《杜尚的启示》”，是一节启发小学生潜在能力释放，针对美术知觉表达能力发展本质根源——小学生知觉经验引导性改善的教学研究课。为此，李启云老师对教学设计进行了深入思考。从他所提供的教学设计文本来看，他分别从教学理念、教学意图、教学目标、教学设计等层面进行精心设计，特别在教学设计时考虑了课堂教学实施过程中预计发生的5个环节，设计了19个问题，为具体的教学实施做了比较周密的规划。

在课堂上，五年级的学生面对的是美术发展历史上具有结论性的美术作品。例如，本课教学中的杜尚，是美术史上已经确立为超现实主义的艺术大师。小学生在美术课堂上对这位艺术家及其作品进行欣赏的过程中，如果美术教师采取单一讲授式的教学方法，小学生的理解与认识肯定无法深刻，因为，单一的讲授知识，小学生必定缺乏知觉体验。在美术欣赏课的学习中，教师不断地提出问题，引导学生发现解决问题的办法，是学生知觉体验的基础。

李启云老师的课堂教学，以唤起小学生的知觉体验为目标，从一系列问题展开讨论着手，推进小学生不断在课堂上发现新问题。当大屏幕呈现出1917年杜尚的那件关于磁小便器的作品时，学生的发现便不断产生。对于这件实物究竟是不是艺术品的讨论，让五年级小学生们的思维彻底打开。在教学实录里，能够看到孩子们许多精彩的质疑和讨论。本教学实录的文本是根据第一次教学录像整理的，而在第二次公开课的教学中，学生的问题更有趣。

第二次教学面对的是乡镇中心小学的学生。教学之前，李启云老师担心地对我说，不知道这些地处乡镇的孩子们在课堂上是否能够积极回答问题，思维是否活跃。事实证明，这些乡镇小学的学生对话之精彩、思维之天马行空，让所有的听课教师震惊。例如，当问到这件磁小便器是不是艺术品的时候，有个学生这样回答："是！"李启云老师问："为什么你能够这样肯定？""因为，艺术啊，其实就是平平常常的东西，只要你善于发现。"

杜尚的《泉》这件作品，表现出对一切传统艺术观念彻底的否定与批判，这是颠覆性的观念。但一个五年级的小孩子此刻的回答既有其智慧的一面，更有其已有知识与文化学习的积累。在杜尚此前的任何艺术流派，哪怕再激进，最起码都要承认艺术品必须有艺术家的创作过程，而《泉》是没有的。而且，就普通公民的认识来说，艺术起码要表现美，《泉》则连这最"起码"的艺术观念也否定了。课堂上这个学生的回答说明，知觉体验是一个小学生美术课堂学习有效性的基础，没有体验就没有美术学习的有效性，而体验的本质是发现。

二、小学生美术欣赏课中的知觉变量

如何使美术课堂教学有效性的研究有一定深度，需要对小学生知觉体验的心理变量展开描述性分析，因为研究既要有对照性的比较分析研究，也需要有描述性的讨论。

例如，在乡镇小学的课堂上，教学进入对"杜尚这个艺术家自身是什么样的人"进行分析的环节，学生们的研究视线被引导到大屏幕上"杜尚孤独地站在狭窄的两面墙角中"的那幅照片上，此刻，学生们对照片上杜尚表现出的那种感觉评析得特别精彩。

李启云老师提出问题："杜尚为什么要在这样的地方拍照？"其中一位同学说："我认为，杜尚所倚靠着的两面墙代表'世俗'。"此话一出，语惊四座！在场教师全部震惊了，这个孩子的话竟然如此理性。李启云老师马上问："说说看，你为什么说其代表世俗？你懂得'世俗'这个词的含义吗？讲给大家听。"学生说："杜尚是一个与众不同的艺术家，他的思维特别有创意，一般人都不能理解。例如，他把那个尿壶摆到艺术展览会上，人家都反对，全都不理解，我认为，不理解他的那些人就是世俗的。这两面墙就代表了世俗，他在这两面墙的夹角处拍照片，是想说明一个问题：让别人觉得杜尚这个人身材之所以长得瘦长，是因为被两面世俗的墙给挤压的。照片表明了在世俗压抑下的杜尚，这样的照片才更有新意。"（热烈的掌声）

多么震撼的发言，这是典型的知觉体验心理变量案例。在美术欣赏课中，小学生知觉体验的方式与过程最少可分为两种类型——鉴赏型知觉体验和表现感悟型知觉体验。鉴赏型知觉体验又可以分为艺术作品的鉴赏知觉体验、图像的鉴赏知觉体验。学生对艺术作品鉴赏的知觉体验需要在教师的引导下，了解与作品相关的背景信息，结合视觉的即时感受，描述自己对作品的感觉。对图像进行知觉体验时，既要强调现实的视觉感受的冲击力，又要分析构成其图像画面的形式意味，并描述自己知觉后的内心感受。上面提到的那位学生此刻的知觉体验类型应该说同时包含了这两种类型。他的思维发散是被李启云老师设立的问题激发出来的，是被杜尚这位艺术家和作品的意义本质激发出来的，由开始上课时的试探性讨论，到此刻其思维的彻底释放，这个过程能够解释太多问题。例如，由课堂观察的角度分析这个学生的表现，这堂课的一系列问题生成了什么目标？效果如何？在这个学生身上，教师能够看到他对问题的认识是在逐渐深化的，他用"世俗"这个概念解释杜尚照片的话语，说明他发现了其他同学没有发现的问题，其问题是独一无二的，这样的学习是真正意义上的知觉体验。

三、构建美术欣赏学习的知觉场

在美术欣赏学习中，孩子们"知觉的'某物'总是在其他物体之间，它始终是‘场’的一部分”。[①] 小学美术课堂鉴赏学习的知觉与体验，是由课堂上教师带来的教学主题构成一个知觉的“场”，而且，这还是一个综合了各种因素的“场”，小学生在其中的知觉反应是受到相互影响和制约的。小学生在美术欣赏学习里的知觉体验，并不是仅仅由眼睛看到就是体验了，因为，在对美术作品、摄影图片的欣赏过程中，小学生的某些视觉产生联想的场域并不是由局部的视觉构成的，而是由整个知觉的场形成的文化性带来的对小学生美术学习本质意义上的影响。例如，在乡镇小学上这一课的开始阶段，课堂上出现了这样的情况：

李启云老师引导学生们研究这个磁小便器的过程中，“你看到了什么？”对这一提问，孩子们一开始都说“这是尿壶、抽水马桶、小便器……”第二个提问：“它是艺术品吗？”此刻学生回答：“是！”而且，在李启云老师的连续追问中，很多孩子都说“是”，他们的理由也非常相似，“看上去比较精致”“精细的样子”“看上去很光滑”，等等，还有的学生说出了“有创新”。李启云老师马上反问：“哪里有？”学生说：“形状特别。”李启云老师连续又问：“有没有认为不是的？”此刻竟然没有学生举手。

这个环节说明了什么？我的观察分析是，在教学刚刚开始时，学生们普遍存在着上课学习要顺应教师的心理趋向，这个时段的对话的最终结果应该说是属于无效的，因为，学生们对这个磁小便器看的过程并没有融入知觉体验，他们的眼睛只是看，他们的思维没有调动起来，他们这个时候最缺乏的是“发现”。在教学开始的这个环节里，鉴赏学习的知觉场域应该说还没有完全形成，这些小学生还是按照一种习惯的课堂学习方式应付李启云老师。在随后的学习环节里，他们的知觉体验真的被唤起的时候，才出现了让所有教师都震撼的回答与对话。这表明了，教学中知觉体验场情境的建构，是美术教师要好好研究的问题。

四、有知觉体验的美术课堂是学生个体的不同发现

什么是体验？美术课堂上的体验是每个学生对问题的主动发现。在李

① ［法］莫里斯·梅洛—庞蒂著，姜志辉译：《知觉现象学》，北京：商务印书馆，2005年版，第24页。

启云老师的课堂教学实录里，能够看到非常多的学生们的精彩评述，为什么学生对问题有这样精彩的表述？为什么学生对作品有这样深入的评论？因为在课堂上他们有了自己的发现。

对于体验这个概念的解释，有不少美术教师认为，只要小学生在课堂上动手了，画了、制作了，就是有了体验，这个理解是非常表面的。相当多的美术课堂上孩子们都动手表现了，但却是一种低水平的模仿，这样的表现、这样的动手并不是真正的体验，动手过程的体验本质是对表现方法的实践性发现。在动手表现的学习环节里，学生能发现新的方法并用其进行自主表现，才能落实为体验。在美术欣赏课上，学生的评述里有没有自己独特的观点，有没有对作品发自内心的描述及感悟，是检验小学生在鉴赏学习中是否有知觉体验的标准。在小学美术课堂上，学生没有发现就没有体验，没有发现就意味着空说体验。

在乡镇小学的课堂上，当李启云老师与同学们一起讨论"杜尚是一个什么样的人"时，开始，孩子们并没有看到他的照片，仅仅凭着对他几件作品的印象，就用语言描述个人想象的杜尚是什么样子。有个女同学这样说："我觉得他是个幽默的人，是个永远长不大的男孩儿。"这句话引起观摩教学的教师们的一片笑声。这个孩子为什么能够说出这样的话？因为她在课堂里对杜尚的作品有了深刻的知觉体验，由于《泉》这件作品是对"创作"的直接否定，把人们习惯的观念彻底颠覆了，对于此，在这个小学生看来，杜尚是个爱搞笑的人。特别是在李启云老师拿着麦克笔，直接在孩子们熟悉的"蒙娜丽莎"画像的脸上画小胡子，最终又知道了这幅作品的作者也是杜尚的时候，孩子就更加坚信，杜尚这个人是个"永远长不大的男孩儿"。这样的发现，构成了她当时的知觉体验。

任何学科的学习在课堂教学里都存在两个要素的矛盾，如何把握学科知识与学生的体验。"没有体验的知识是虚假的知识，同样，没有知识的体验也是没有价值的。"[①] 因此，在李启云老师这节课的课堂教学中，其一，没有那种片面的知识灌输。小学五年级的学生是借助自己同外界的交流、个人的旧有经验、社会见识等来积累课堂知识的，他们对杜尚及其

① 钟启泉，《打造教师的一双慧眼——谈"三维目标"教学的研究》，全国第四届有效教学理论与实践研讨会主题报告，http：//www.kcs.ecnu.edu.cn/newsDetail.asp?news_id=311。

作品的理解与认识，是自主地同知识发生关系（联系），是重组先行知识来解决课堂上的问题，对这种知识的学习才是有用的。其二，对课堂上概念性知识的体验是孩子们（学习者）的既有知识体系和生活经验，转化为“自主理解”的课堂学习实现了知识的结构化。李启云老师的教学调动了学习者的实践经验，进而去习得从生活经验中不能自然掌握的美术科学概念与知识。

对于美术课堂教学的研究，一般状态下的思考，多处于一种解释和分析。就一节普通的美术课堂教学来说，评价或者说是现场点评，总是会用某种理论（哲学概念、观念）来解释、分析这节课的优点与缺憾，而针对小学生的原状态整体描述其课堂表现知觉体验变量与发展的研究尚不多。美术课堂教学评价，特别需要研究者重返被课程理念规定好的、教学目标认识之前的学生本身，因为，关于学生们在一节美术课上要达成什么样的目标，都是被教师的教学设计规定好的、抽象的、符号化的，但是，美术课堂教学实施过程最终需要的是相互依存的动态关系研究。所以，美术课堂教学研究要使人们看到一种综合的研究，没有这种综合的研究，就不可能有比较客观的解释，美术学习有效性的讨论就可能落空。同样的一个美术学习课题，能够出现在不同版本的美术教材里，又有着不同文化背景的接受对象，如同李启云老师的这节课，在城市学校与乡镇学校里同课异构，不同的学校、不同的美术课堂、不同的学生群体、不同的文化背景是变化的知觉场。在这些各不相同的知觉场里，学生的思维随着自己的体验发生着知觉变量。孩子们的主观意识对同样的美术作品、同样的美术表现方法、技能有着不同的理解。所以，置身于不同的文化背景下，学生们的知觉体验肯定不会一样。

11

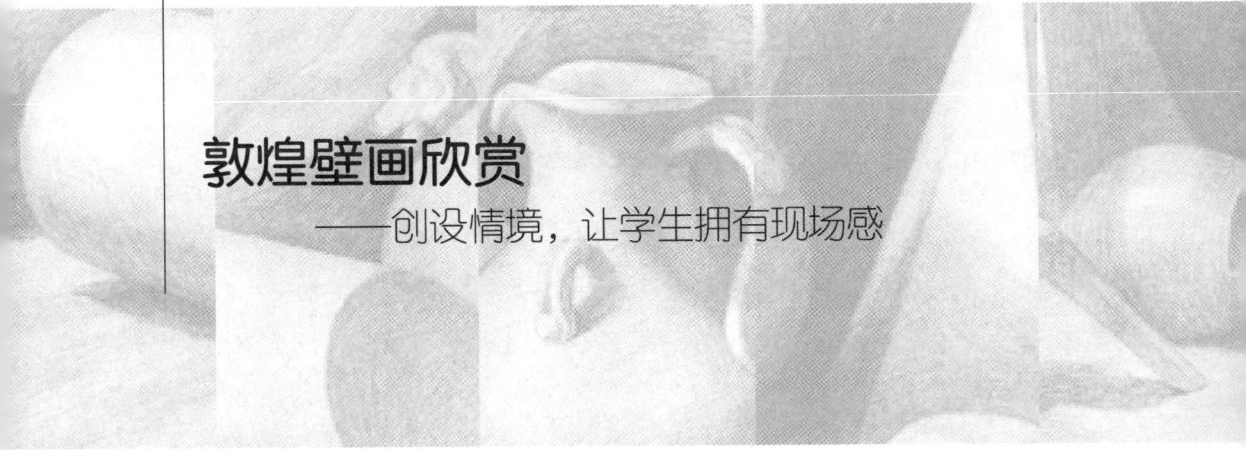

敦煌壁画欣赏

——创设情境，让学生拥有现场感

>>> 名师课堂

“敦煌壁画欣赏”教学实录（八年级）

徐军①

（一）导入课题

师：每一种辉煌的人类文明都会在它的历史上留下多姿多彩的艺术印痕，当我们对中国艺术进行一番巡礼时，往往会惊讶于中国西部边陲的一个艺术宝库。我想大家都应该知道它叫什么名字。

生：敦煌莫高窟。

师：在我比你们现在还小的时候，我就对这块土地心驰神往。直到有

① 徐军，中学高级教师，浙江省湖州吴兴实验中学教师。

一天，我终于按捺不住，因为当一种东西在你的思绪中，不断地久久地沉淀的时候，那种感觉非常地煎熬，除非一睹它的芳容，我们才能知道是怎么回事。所以我想，今天我们……尽管有许多同学都没有去过，但是我们带着一点感觉，带着一种探寻的目光，去遥想一下那艺术的宝库。我曾经和你们一样想象那里面一定有各种各样的东西。但我想它大概不会画这种东西（图片展示：动画狮子王）（生笑），它大概也不会画这样的东西（图片展示：雨中撑伞的女孩）（生笑），它更不应该是这个样子的（图片展示：火影忍者）（生发出“哇”的一声）。那它到底是怎样的呢？哪些同学能够想象一下那些洞窟里到底都有什么呢？

生：佛。

师：佛！

生：很多。

师：多到什么程度呢？请那位同学站起来讲。

生：应该是整面墙都画着一个个形态不一样的、跟人一样高的佛。

师：哗哗，整个画面都是这样的，对吗？（做挥动的手势）

生：老师，我觉得应该是雕上去的。

师：雕上去的，这跟画上去的区别大了，尽管“雕和画”只是动词的不同，但都是雕上去的，这个很好。

生：我觉得可能有色彩。

师：好！我们去看看色彩。（图片呈现：金黄色的敦煌莫高窟外部全景）这就是敦煌莫高窟，其实从我的内心来讲我是很渴望今天带领大家到那边去看看的。

生：（笑）老师你出钱。

师：不要做什么事都谈钱，我第一次去的时候就没带什么钱。今天我们不谈钱的问题，我们谈艺术的问题。这么一个雄伟的艺术宝库在我们心目中是什么样子的，大家刚才讲了很多，有的同学说雕了很多东西，有的同学说整面墙壁都是丰富的壁画。其实，对于这样一个艺术遗存，没有走进现场很难感受到它的博大和深沉，很难感受到它的精美绝伦，所以今天我也尝试一下让大家走进现场，我要拿样东西给大家看。（呈现敦煌莫高窟的模型）

师：敦煌莫高窟来了哦！

生：哇，“面包”！

师：这是我做的敦煌莫高窟的模型，你们看西天的晚霞（场景：窗外夕阳正好照在模型上）正好照在这个莫高窟上，越发增加了它的神秘。

生：好像啊！太像啦！

师：其实我们现在看不到的只是莫高窟的一小部分。

生：是什么做的？

师：是什么东西做的不重要，重要的是它现在已是莫高窟的一个缩影。如果要告诉你也很简单，这是我的一个好朋友帮我买的一个泡沫，然后我就在一夜之间用电烙铁在里面开了很多个洞。不过我这个模型比较有意思，在哪儿比较有意思呢？它有点机关。

生：什么机关？在反面？

师：看，反面（故意将模型转到背面）。

生：没有，应该是一层一层隔起来的吧？

师：你们说反面吗？（把模型转到正面）好，（拿掉上面的楼顶）我这个可以拿掉（微笑，放回），再猜猜看！（生激烈地猜测探讨，师把前面的遮挡物拿掉，里面出现了一个佛）

生：哇！

师：怎么样？

生：老师，您太有才了！

师：我把33米的大佛请出来啦！（将洞中的大佛拿出）大家从不同角度观看！注意啊！这个莫高窟实际上是造在一个断崖上的，看它的断崖面，我们斜着看，它的表面有什么特点？

生：凹凸不平。

师：对，自然的伟力将它雕饰得起起伏伏、高低不平，它不是一个平面，因为它每个时代都在开拓，每个时代遇到的情况也不一样。（将佛像放回）这是莫高窟的一个典型建筑，有9层楼高，我们对莫高窟的理解，就有了一个简单的感悟。好，这是莫高窟，那我们走进去，它到底是什么样子的呢？（图片呈现：窟内场景图）

当我们沿着这个阶梯往上走的时候，它有好几层，每个洞都有一个门，当然以前没有。当人从这边平台走进来，眼前出现的就是这个东西。（指向图片）宗教场所大家都去过吧！

生：去过。

师：湖州道场山你们已经去过了，湖州的法华寺大家可能也都跟着父母一起去过了吧！这个洞窟我稍微想提一下，在莫高窟最近的这个百年当中，发生了一件事。那是1900年，有一个姓王的道士，在清理甬道的时候，不经意间，发现沙逐渐地往墙里面渗进去，他就敲敲这个墙壁，发现里面是空的。于是他就慢慢地移开那个墙，发现里面是一个藏经洞，这个藏经洞引起了整个世界的关注，许多的文化考古学者和探险家蜂拥而至，对这里面的文物进行了疯狂的席卷，这里面有一件文物，我今天带给大家看看。

生：真的吗？

师：藏经洞里面有大量经卷文书，我这个就是其中的一件。

师：闻闻（把藏书展示给大家）。

生：好香啊！

（师打开卷轴给大家传阅，学生对这个物品产生了好奇）

生：香的，好像有樟树的香味。

生：老师，这是原版的啊？

师：你们也可以看看当时那些写佛经的人的书法水平。

师：手不要摸，一级文物！（师故意设置悬念，生各抒己见）

师：（收起画）这个藏经洞的遭遇引起了很多人的伤心，著名学者陈寅恪，针对这段历史，说“敦煌史是一段令人伤心的历史”，因为这里的

文物被这么一些人夺走。我刚才给大家看的就是《大般若涅·经卷第七》敦煌遗书。（图片展示：斯坦因、伯希和、华尔纳）

这是英国的斯坦因，这是法国的伯希和，这是美国的华尔纳，这三个人应该说都是一流的学者，甚至是科学家、文物考古学家，也是了不起的探险家。他们来到敦煌用各种卑鄙的手段，把这些文物从王道士的手里骗走。斯坦因是第一个，虽然他不懂汉语，但他身边有一个懂汉语的秘书，可以进行交流。最猛的就是伯希和，他是法国非常突出的汉学家。那伯希和在法国的地位是什么样的呢？我给你们说一句话，你们就知道了。他去世之后，法国人这样评价他："伯希和走了，意味着一个时代的终结"。他懂很多民族的语言、文字，所以他拿走的东西是最有价值的。还有一个人，他在从美国出发之前，就请一个化学家做了一种特殊的化学胶布，到了莫高窟看到精美的壁画时（手势演示粘胶布的动作）他就把胶布贴上去把画撕下来，拿走了，他还把很精美的雕塑也拿走了。

生：墙上的就全都没了？

师：嗯，是的，没了。今天你们到敦煌莫高窟去，好像是320窟吧！里面的墙壁上就有一块是空的。有的人就说敦煌的文物现在可能都没有多少了吧！不过，这也是一种极度的悲观主义。

生：那老师您这个经卷是从哪里弄来的呢？

师：我这个东西你就不用管了，从莫高窟里拿出来的东西就一定是这个样子，但肯定不是原来那一件。原来那一件拿过来有必要吗？这是我的学生从北京给我买过来的。好，让我们走进洞窟里看看吧。撇开第17洞窟，走进别的洞窟，492个洞窟绵延了1600年，在每个时代都有大量的壁画产生，这是我所看到的早期的洞窟（图片展示：壁画图片）。大家仔细看，从这张看起，往后推移，我们来关注莫高窟壁画的特点、色彩、造型、构图。

生：嗯。

师：这个老虎在吃人。这些壁画都很早。（图片展示：《九色鹿》）《九色鹿》的故事大家都应该知道吧，有谁能说一下它刻画的是怎样一种场景？这个同学都应该会讲吧。

生：不会讲。

师：有个人落水后，被九色鹿救了起来，接着他对九色鹿讲：“我怎么来报答你呢？”九色鹿说：“你不要报答了，出去不要说看到我就好了。”结果皇后睡觉梦到了九色鹿，醒来后想用九色鹿的皮做衣服，然后早上吵吵闹闹地想要抓九色鹿。这个时候，那个落水的人看到了这个公告，就把所有的信义诺言忘得一干二净，把九色鹿出卖了，告诉了皇帝。结果皇帝派了一拨人把九色鹿团团围住，然后九色鹿就跟皇帝讲了这件事情的前因后果。皇帝听了这个故事非常感动，于是就放了九色鹿。那这个落水的人呢，就受到了应得的惩罚。

我这里有一个关于九色鹿的完整的画卷，这张画从这头到那头是一个完整的故事。

生：是个连环画。（生把这个故事讲了一遍）

师：讲得太好了。（图片展示：《割肉贸鸽》）

生：我们只知道《割肉喂鹰》。

师：我前段时间写的是“割肉喂鹰”，怕学生不懂，而这幅画真正的名称就叫“割肉贸鸽”。知道“贸”是什么意思么？是交换、交易的意思。

这个故事讲的是鹰正处在饥饿的状态，它拼命地追逐一只鸽子，要把鸽子吃掉。佛祖看到后，要把鸽子救下来。鹰说：“这不行，我的吞吐量很大的，我要吃很多肉。”结果佛祖就把自己身上的肉割给它吃。

《舍身饲虎》讲的是三个王子出行，看到一只饥饿的老虎，它的旁边还有5只小老虎，都已经饿得奄奄一息了。于是三个王子就从悬崖上跳下来，用竹子刺破喉咙，流了很多鲜血，让老虎吮吸。老虎吮吸后恢复了体力，救了这几只小老虎。不管是刚才的《舍身饲虎》《九色鹿》，还是《割肉贸鸽》，这些故事渲染的都是怎样的一种气氛？你们能说说看吗？

生：佛教宣扬的是平等待人，就如孔子的“仁”的思想，认为动物也很重要。

生：孔子思想里的“仁”讲的是人更重要。

生：我觉得这些故事体现了佛教的慈悲思想，反映了佛教的一种教义。

生：我觉得体现了佛教提倡的热爱生命、热爱动物的观念。

师：佛教宣扬忍受痛苦、自我牺牲，即使有悲苦冤屈也不要反抗，人们为了逃避现实世界的悲苦、牺牲、惨痛，便开始信仰佛教，这些图表明人们是以悲惨的流血牺牲来取得心灵的喘息。

（图片呈现：敦煌壁画《狩猎图》）这也是敦煌早期的一幅壁画。随着时间的推移，我们慢慢步入唐朝。唐朝的壁画有什么特点？看这幅《四飞天》，盛唐时期的作品大部分在第320窟。这幅还是有点意思的，刚才大家有没有关注这个幻灯片的出现很有特点，其实它整个就是一幅壁画，它的构图跟刚才魏晋时期的作品不一样，它更强调左右的对称，那么对称的画面有怎样的特点呢？

生：对称、协调、匀称。

生：整齐、美观、很好看。

师：追求构图的一种饱满、一种祥和的气氛、一种快乐。（图片展示：《反弹琵琶》）大家来看《反弹琵琶》，你们看过“反弹琵琶”么？你们知道琵琶可以反着弹吗？我这里也有很多我自己画的壁画。你们想不想看？

生：想。

师：（呈现三幅壁画线描稿作品）这是我画的《双飞天》，这是《反弹琵琶》线描稿，比刚才的更加清晰。你们看这上面的斑驳就知道时间不太短。接下来给大家看《千手观音》线描稿。

生：哇，千手观音，老师您画了多久？

师：我每次把这幅图给大家看时，一般都会听到“一千只手啊”，这是大家的感慨。大家还会问，“到底有多少只手”“老师您画了多久”。我就知道大家要问这些问题，其实我画的时间并不是很长，就一个星期，但我不是随便画画的，画的时候线条要流畅，我就是用手中的这支毛笔画的，它就跟写书法用的毛笔一样。我们再继续往下看《四飞天》。

再看《西方净土变》，在唐朝的时候，有很多把经文的内容变成通俗文学的作品，叫做变文。把佛经以图像的形式表现出来，就是经变画。其实当时的老百姓很多都是不认识字的，你要想让他们明白佛经的经典教义，让他们接受佛教的教义，用绘画的方式来表现就容易多了。

师：（图片呈现：第57窟壁画）这是莫高窟第57窟，一个非常漂亮的洞窟，这个洞窟里有很多菩萨，她们被誉为敦煌最美丽的菩萨，因为她们都是美女。

生：哇（惊叹）！

师：中国文明在长久的历史进程中养成了一个很大的吞吐量。有一个健壮的脾胃，可以消化外来的文化。其实印度佛教中的菩萨是男性，但是到了中国就变成了女性，变成了中国人能够接受、喜欢接受的东西，你看以前的菩萨都是有胡子的，到了中国就没胡子了。

（图片呈现：佛像特写、蒙娜丽莎头像特写、簪花仕女图头像特写、漫画女孩头像特写）

师：这个佛像，你们看看她的眼睛有什么特点，我们将她与蒙娜丽莎对照一下，再跟簪花仕女图中的仕女对比一下。

我们来看一看，你们觉得古代艺术家在创造这些佛像图像的时候，他有什么想法？他为什么要创造这种形象？我是前段时间到了普陀山才弄懂的。

生：我觉得佛教中的佛像长得一般都很端正，目光通常都很慈祥。

师：他为什么要把佛像塑造成这样，而不是屏幕上这种眼睛大大的、透明的、晶莹透亮的形象？

生：古代应该还没有这种想法吧。

生：这个应该符合当时佛教的文化传统。

生：我感觉那时候他们应该把这种佛看得很神圣，眼睛很大的看起来很不礼貌。

生：我觉得这个符合历史的潮流。

师：呵呵。你看，你在面对这个大佛跪下去的那一瞬间，头往上抬的时候，佛、菩萨如果没有看你，而是看着天空，那时候你的感觉会有一种失落。而现实的佛像恰恰是这样一种情况：你在跪下去后再抬头看的时候，她的目光会这样下来（手作比画），你在看她，她也在看你，你的目光与她的目光交接，你的心灵可以跟她相呼应。这是一种感觉，这是一种有意识的创造。所以她的眼睛要低垂一点，目光要祥和一点，因为她普度众生、关注世间疾苦。（图片呈现：《净变图》）

师：看，《净变图》，现实世界很痛苦、很忧郁、很郁闷。你看看天空都是黑的，地上长的都是稀奇古怪的花草，是这样一种感觉。

刚才通过这样一些图片，你们可以感受到在敦煌早期的壁画中，渲染的是怎样一种气氛了吗？是一种悲苦的气氛。

你们看唐朝的壁画与魏晋南北朝早期的壁画相比，它们的格调是否一样？

生：不一样。

师：到底在哪些方面不一样呢？

生：魏晋南北朝早期的壁画是一种对心灵的描写。

师：一开始用流血来代替心灵的传情，但后来就不是这样了，盛唐时期把极乐世界渲染得无比繁华，来表达人们内心真实的想法。所以盛唐、盛唐，不是随便说说的，它不是悲观的。你们现在学习也是一样，不管怎样也不要太悲观，今天受点磨难，明天受点挫折，都不要悲观。这是我作的一个小结。

当然敦煌艺术显然不仅仅这么一点点，她对我们今天文化的构成有着巨大的影响。（实物展示敦煌三兔藻井图案丝巾）

我觉得古代艺术家们表现得真是巧妙，这个图案上的每一个兔子你怎么看它都有两只耳朵，但是这三个兔子全部就只有三只耳朵，这是一种很巧妙的方式。乍一看，给我一种错觉，逼近一看，是真的，古代人很聪明。所以我们现在讲图案、看图案的特征是什么。

（PPT展示全部由图案两个字组成的画面）

看看这个图案的排列有什么特点？

生：上下左右不会重复。

生：红色与绿色的排列都是对称的。

师：它有变化是吧，图案本身就讲究变化。我们来看（敦煌壁画装饰图案），红色的、深蓝色的、红色的，这个红的下面是蓝的，有节奏感，就像地板砖一样。（PPT展示飞天藻井图案、三兔藻井图案等四张藻井图案）

这个图案很有意思，我很喜欢这种，你们看这个正方形倾斜过去，里面再加个正方形，感觉不是很过瘾时，再加个圆形。它就是在这个里面寻求变化、寻求丰富。

你们看，多漂亮！敦煌莫高窟的洞窟不像我们教室的平顶，它像一个倒过来的装米的斗，中间有一块正方形，可以说莫高窟墙壁上到处都是壁画。（展示洞窟内部构造图片）看这个四周就是墙壁，中间是一个正方形，这里里外外全部都是壁画。看这张多漂亮，这就是我刚才给大家看的三兔藻井。

我们后来者对于这样一种文明，常常是一种仰望的态度。当然我们不能停留在仰望，我们更应该对其进行一种传承，那我们来看看现实中哪些东西传承了敦煌文化的元素。

这是一个敦煌壁画的复原，复制也是一种创造（图像呈现：敦煌壁画复原图一张）。

这是一种改编，寻求她的斑驳陆离，创造一个新的画面（图像呈现：作品《飞天印象》）。

这是一名艺术家把那种墙壁的斑驳感运用在他的国画绘画当中（图像呈现：唐勇力绘画作品）。

舞蹈家也在寻找和演绎这种元素（图像呈现：《千手观音》的图片）。

这是我的老师创造的《佛的诞生》（图像呈现：图片《佛的诞生》）。

看！奥运会福娃也在寻求敦煌壁画中的元素（图像呈现：福娃欢欢与敦煌壁画图片各一张）

让你们去文化当中挖掘点东西、去重新创造，你们会觉得很难。其实艺术家也就是在这里面寻求一点蛛丝马迹就创造出新的作品来了，是不是这样？

莫高窟里面的很多壁画都开裂了，墙皮也掉了，这些艺术家也从这里面寻求内容，重新进行改编，这幅壁画我非常喜欢。（呈现作品《莫高千年》）

在浙江有一个地方叫金华武义，那里有一个艺术家以前在敦煌从事文物的保护工作。有可能他对历史的遥想也是超乎寻常的，他总是想敦煌早期的艺术家是如何创造这些壁画的？那种劳动的情景到底是怎样的？于是他就把这种过程演绎下来，成就了这幅画。这幅画在1984年巴黎的国际沙龙当中获得了金奖，而这位艺术家潘絜兹现在已经过世了。

师：在我们今天的工艺产品中也常常会有敦煌的元素（图片呈现：手表、杯子、鼠标垫、宾馆内的场景），手表、杯子、鼠标垫，刚才的藻井图案就在这个鼠标垫上体现出来了。如果宾馆的主题与莫高窟有关，那它也应该提取一些元素，这个灯光、地板、墙壁都有所体现。

所以，接下去有个作业，请大家根据敦煌壁画的元素，设计一幅黑白或者彩色画，或者是在分发下来的半成品线描稿上进行开脸训练。你们的作业，我将珍藏在我的这个本子里面，当做文献档案。

在你们画之前，我想给大家看一个东西，这也是我千辛万苦从莫高窟里面拿来的一幅壁画图。（展示：作品泥板画《反弹琵琶》）

师：手摸一摸就知道了。摸一下就已经触及了绵延1600年的历史。

生：老师，我从来都没有触摸过1600年以前的东西。

生：老师，您太有才了。

师：对敦煌的元素进行提取、进行挖掘、进行重新的梳理，安排到你的画面中，想象力越奇妙越好。

大家都在担心我明天是不是要进监狱，有一点是可以肯定的，我是不可能像斯坦因那样，更不可能像伯希和那样，当然我绝对不会沉沦到美国的华尔纳那种程度，这是我自己制作的。

我的梦想是演绎1600年前的历史真相。这是用泥土一层一层贴上去的，过程非常麻烦。如果要使它紧密、使泥土凝固在这个地方，就要把麻布的纤维全部贴在里面，然后把泥土一层层覆盖在上面，再用麻布，再用胶水。这个壁画，能让你触摸到莫高窟墙壁的那种真实感。

在这么短的时间里我们走进了敦煌，走进了莫高窟，我似乎感觉到了同学们非常兴奋的心情，我觉得我对这节课是比较满意的。

在最后一点儿时间里，我希望大家总结一下，这节课上完了，你们的内心有哪些感触？首先请这位同学来谈一下。

生：我感觉从1600多年前到现在，壁画经过时间的沉淀，风格和蕴涵都有些变化，不过还是留有原来壁画的痕迹。

师：如果让你用10个字形容敦煌壁画，你会怎样形容？

生：生动、美丽、形象、匀称，好！

生：精美绝伦是对雕塑的描述，惟妙惟肖是对壁画的描述。（生鼓掌）

生：多姿多彩、历史悠久、形式优美。

生：以前对于敦煌不是很了解，今天学了这些内容，感觉很神奇。比如说，每幅壁画都有故事，而且制造壁画的人们很辛苦，我们应该保护好这些文物。

师：听了刚才这位同学的回答，我的心情比较沉重，敦煌文物的保护任务非常繁重。莫高窟后面的沙漠每天都在威胁着莫高窟，使莫高窟的洞窟中堆积了很多沙，而且现在洞窟里面的很多壁画用手一碰，就会全部掉下来，这是酥碱现象。所以我们的政府、专家们、考古学家们都对此投入了很大的精力，这种现象应该会得到缓解。

今天我们一方面要对古代艺术、文化有一种尊重的态度，另一方面对她的保护也要有一种正确的心态，敦煌文化传承了那么多年，还有今天这样的光华，我觉得这得益于人们对她的一种爱护。

生：为什么敦煌莫高窟要建在西部?

师：这个问题问得比较好！因为西部的天气比较干燥，这个地方适合开凿洞窟，你们看如果建在外面这个小山坡上，行么?

我们还有492个洞窟，这是多么伟大的工程！走进去是多么地震撼！当然，我希望我们的同学以后都能走进现场去看看。

>>> 教学反思

如何“磨”课

从1992年至今我已有8次去敦煌的经历，每次去都有全新的体验，也有无尽的感怀。在美术教学中每次与敦煌题材“相遇”，总有难以抑制的兴奋。在浙江人美版美术教材第17册中的“盛唐气象”一课中，有很多敦煌的内容，于是我就有了把它整合为一课的设想，课前曾征求了不少学生的意见，听了他们的想法，了解了他们对敦煌知识的储备状况，当得知学生对这块神奇的土地有强烈的好奇心时，我决定把它作为一节课固定下来。在此课的教学设计初具雏形的情况下，我先后到杭州和金华作公开展示，两地上课的情形有所不同，当然也一直未能达到我期待的效果。备课过程虽然非常有意思，刚开始气势旺盛，想象丰富，但等到备课成型时，比起开始时就要打个对折了。在杭州上课时课的容量太大，将莫高窟的建筑形制、壁画、彩塑等整合在一节课里，内容显得庞杂，为教学的深入处理带来了困难。在金华上课时，我把内容缩减了很多，仅留壁画部分，与我平时在自己学校上课截然不同。课后，我在思考“磨”课是否可以到不同地域不同层次的学校，去了解教师与学生对教学内容的感应程度、教师与学生互动的最大可能性，以及教师对课堂的调控能力，等等。

>>> 研究与思考

以研究的方式教学

李力加

什么样的美术教学叫做专题研究型的教学？自认识徐军老师开始，这个答案就解开了。认识和熟悉徐军老师，是在2007年11月26日的无锡，当时，第五届全国美术课堂教学评比正在紧张进行。全国几千名美术教师汇聚在这个江南小城，期待着自己心中的好课诞生。特别在初中组，两天来的展示课都比较中规中矩，缺乏亮点。在教师们的议论之中，徐军老师的“书籍装帧”一课横空出世，赢得一片叫好声。他对教学主题极其深入地挖掘，他亲手制作的不同时代、不同装帧版本的“徐军之书”，让评审专家也自叹弗如，而以这样的专题研究方式来教学，更是让观摩的美术教师们认识了什么样的美术教学叫做专题研究型教学。他对这一教学主题的倾情付出与深入研究，让现场上千名美术教师感觉无言相对。自然，本次比赛的一等奖由他高分夺得。

2008年10月25日，第七届国际教育大会在杭州举行，在会议安排的开幕式的美术学科专题教学展示活动中，我与徐军老师同台献艺。当时，他教学的主题为“走近敦煌”，这就是本课“敦煌壁画欣赏”的教学原形。

展示教学后的晚上，我一直和徐军老师进行交流，他对教学研究的执著，给我留下了深刻印象。

从那以后的1年时间，“敦煌”这个教学主题一直是徐军老师研究的课题。他连续在浙江省支援农村学校美术教学展示会、浙江省农村美术教师“领雁工程”班，以及各地市美术教学展示活动里对这一教学主题进行深化。

为了设计好这一主题的基本教学框架，徐军老师先后7次自费去敦煌考察研究。当许多普通美术教师听说他为了一节课的教学竟然这样地投入，都极其震惊。同时，他们也提出疑问，教学研究难道是这样的？花这样大的精力研究美术教学值得吗？

态度决定结果。正是由于徐军老师对教学研究的特别执著，所以，在他所展示的不同的“敦煌”教学中，能够看到他自己在敦煌研究院临摹的壁画白描稿，能够看到他复制的敦煌壁画残片，能够看到他从敦煌带回的沙子，能够看到他亲手制作的、能够拆装的壁画模型与雕塑，能够看到他临摹制作的可以乱真的经卷……这些，都是目前全国范围内中小学美术教师教学研究中比较缺少的态度与实际行动。

在一个视觉信息化成为主要传媒手段的时代，美术教师的教学大都离不开多媒体课件的运用。恰恰就是这样的技术时代，使得中小学美术教师的动手能力在逐渐衰退。有谁能付出这样大的心血来打造一节课，又有谁能够为此消得人憔悴。这仅仅是因为对这些教学内容有兴趣吗？这仅仅是因为课题所具有的美术文化内涵合自己的口味吗？

我认为，并非如此。徐军老师这样投入与付出的本质是：为了学生。

敦煌，被称为“和太阳一样灿烂夺目”。[①] 在初中美术课堂上，美术教师如何把握敦煌文化这样宏大的主题呢？这是徐军老师一直在思考的问题。由2008年的“走近敦煌”，到我们阅读中的“敦煌壁画欣赏”教学实录，他一直在不断修改着自己教学的触及点。如果说徐军老师在“走近敦煌”中带领学生初步感悟了敦煌灿烂夺目的光彩，那在“敦煌壁画欣赏”中他则选择了几幅壁画有重点地引领学生知觉、体验、感受敦煌文化的博大。

① 冯骥才著，《人类的敦煌》，北京：文化艺术出版社，2001年版，第1页。

“壁画是通往天国的美丽的梯子。”[①] 伴随着不同时代的美术表现形式，莫高窟里的壁画一直悄悄地发生变化，但其主题却一直伴随着佛教艺术的中国化而绵延了1600年。徐军老师基于这样的一个背景，没有从宏观角度泛泛地介绍敦煌莫高窟，而是在课堂上从《九色鹿》这个中学生们熟悉的故事入手，先后呈现并与学生一起研究了《舍身饲虎》《割肉贸鸽》《狩猎图》《四飞天》《反弹琵琶》《西方净土变》《净变图》、飞天藻井图案和三兔藻井图案等图画，这些作品从一个侧面反映了敦煌壁画的发展脉络。

如何欣赏敦煌壁画？这是本课教学的难点。

由于年代久远的关系，敦煌壁画作品本身的颜色已经发生了太多的改变，学生不能亲自到莫高窟里体验地欣赏敦煌壁画，所获得的知觉感受肯定大不一样。另外，今天的初中学生的视知觉欣赏习惯已经被现代的图像信息全面影响，这些都对学生在美术课堂里更有体验地鉴赏敦煌壁画产生了阻碍。虽然，敦煌壁画艺术作为美术教学的课题在课程改革前的美术大纲教材里就有，但那个年代教学图片资料的来源都比较困难，而且印刷质量也不能保证，所以，这一教学主题并没有在中学的美术课堂教学里达到过真正意义上的有效学习。

对于唤起学生在课堂这个特定环境里欣赏敦煌壁画时的知觉体验，徐军老师在本课教学中用四个环节刺激初中学生对敦煌壁画的认识，在教学环节不断深化的基础上唤起他们的知觉体验。首先，教学导入利用语言和图片制造悬念，让学生们急切地想看到敦煌壁画，在呈现莫高窟外景图片的同时，拿出他制作的莫高窟模型。这个模型的拆装过程，如同变戏法儿一样，将学生们的好奇心激发起来，因为，几乎所有的学生都没有到过敦煌，这就唤起了学生们知觉体验的欲望。

在第二个环节中，他参照原33米佛像制作的微缩佛像模型，引起了学生们对藏经洞的关注，此刻，徐军老师又展示了自己制作的教学道具“经卷”，学生们把这个仿真品拿到手上时，兴奋感由心而生，每个学生都想亲手摸一下这个经卷，此刻，大家已经不在乎它是否是真品，因为，对莫

① 冯骥才著，《人类的敦煌》，北京：文化艺术出版社，2001年版，第121页。

高窟的知觉场域这个时候已经形成，学生们都沉浸在身临现场的感受中。在美术课堂上，学生的“知觉不是关于世界的科学，甚至不是一种行为，不是有意识采取的立场，知觉是一切行为得以展开的基础，是行为的前提”。① 美术课堂并不是教学研究者和美术教师掌握美术教学一般规律的客体，它是一个独特的文化环境，是教学研究者的一切想象与一切鲜明立场得以产生的场。徐军老师为学生们营造了莫高窟这样一个独特的文化环境，学生们的想象和他们对于敦煌文化鲜明的价值立场已经产生。

接着，在第三个环节，徐军老师话锋一转，将学生们的注意力引向了让人悲愤的100多年前的1904年3月。徐军老师深情讲述：“著名的学者陈寅恪，对于这段历史，说‘敦煌史是一段令人伤心的历史’，因为这里的文物被这么一些人夺走。刚才我给大家看的就是《大般若涅·经卷第七》敦煌遗书。”这样的情境，怎么能让课堂里的学生心中平静呢？在这样的一段历史中，莫高窟经历了太多磨难。

很自然，在第四个环节进入教学的主要时段，教师带领学生对敦煌壁画进行比较深入地欣赏，学生们的知觉体验已经全面释放，课堂上徐军老师带来的敦煌壁画这个教学主题已经构成了一个知觉的“场”，而且，为了使这个场域的气氛更浓郁，徐军老师制作了很多的教学道具，所以说，这是一个综合了各种因素的“场”，学生们在其中的知觉反应是受其整体影响与制约的。在美术欣赏课教学中，学生并不是仅仅由眼睛看到敦煌壁画，就可以说已经体验了，因为，学生们在对敦煌壁画欣赏过程中产生联想的场域并不是由局部的视觉因素构成的，而是学生在整个课堂里知觉到的敦煌艺术之场形成的文化性带来的对学生本质意义上的影响。

在美术课堂上，任何知觉体验都有一个主体与知觉对象的关系问题。例如，学生在美术课堂上是学习的主体，是知觉体验活动的主体，徐军老师出示的莫高窟系列道具，都是学生（主体）的知觉对象。美术教师在研究如何提高学生本节课美术学习有效性的时候，二者之间究竟是一种什么样的关系呢？是相互作用还是分离的，抑或是由概念进入的一种对表象的

① ［法］莫里斯·梅洛—庞蒂著，姜志辉译，《知觉现象学》，北京：商务印书馆，2005年版，第5页。

知觉呢？

如果徐军老师在课堂教学中只采用单一的传递方式介绍敦煌壁画的概念，带给学生的可能就只是一种对学科知识、概念的浅层次呈现。这样，中学生们在课堂上的知觉水平是表面的，他们也不会形成对敦煌壁画的真正认识，这就是没有唤起学生知觉体验的课堂。

美术课堂学习的有效性，要从研究学生如何学，研究学生的知觉变量的角度去思考问题，去检验学生能力水平发生的变化。一个美术教师研究学生的过程，反衬出教师自身对美术课堂教学有效性的重新认识。美术课堂教学有效性的达成，取决于真正意义上的科学的辛勤劳动。徐军老师用一年多的时间，面对不同教学对象的时候，将“敦煌”这个美术教学主题进行了连续不断的修改和探讨，反复对教学进行研究，付出了辛勤劳动。构成这一辛勤劳动的知觉心理变样反映是：中学生们在美术课堂学习中有一个知觉体验的在场的关系，这是本课教学成功的决定因素。

12

美术可以表现主观情感

——欣赏大师作品，在绘画中表达情感

>>> 名师课堂

“美术可以表现主观情感”教学实录（八年级）

苏美荣[①]

师：同学们，前三节课我们学习了第二单元“丰富多彩的现实，多种多样的表现”的第一部分“美术可以再现生活真实”，通过三节课的学习，我们不仅知道了美术作品源于生活且高于生活，而且还通过临摹和写生两种方式，初步体验和尝试了美术作品再现生活真实的一般过程和方法。今天这节课我们继续学习第二单元“丰富多彩的现实，多种多样的表现”。

首先，请同学们打开图画本，准备好铅笔、彩笔等，跟老师做三个绘

① 苏美荣，山东省“齐鲁名师”，中学高级教师，青岛育才中学美术教师、音美组教研组长。

画小练习。

第一个练习：请同学们认真听音乐（多媒体播放一段从死亡网站上下载的较低沉的音乐），可以闭上眼睛听，听完之后，将你自己的感受，快速地在图画本上用线条表现出来，铅笔、彩笔不限。

（师在快速巡视全班之后，简单小结）同学们都用线条画出了听这段音乐的感受，大多数学生用的是折线和波浪线，有的同学还直接用了黑色笔画。下面请同学们继续练习，请尝试快速地画画这个命题（多媒体出示《有乌鸦的麦田》），单色、彩色均可，要把刚才所听音乐的感受也加入画中。（生课堂练习，师快速巡视，对画的好的、创意好的同学及时表扬，对不知该如何画的同学进行启发指导）

（大多数同学画完后，师作简单评价）好多同学都画得很好，（展示三位同学的作品）不仅构图好，画得好，而且用的色彩都较好地体现了刚才所听音乐的感受。也有一些同学有很好的创意，但画不出来，有的是不会画乌鸦，这不要紧，让我们来欣赏一下画家画的《有乌鸦的麦田》，看看画家笔下的乌鸦是什么形象，看看画家和我们哪些同学有共鸣吧。（多媒体出示梵高的《有乌鸦的麦田》，配上刚才所听音乐，先请学生欣赏）

师：同学们，我们对梵高已经很熟悉，他的《向日葵》《星月夜》《割耳朵的自画像》，我们在初一时都已经欣赏过。这幅《有乌鸦的麦田》，他还是用了他最喜欢用的蓝色和黄色，哪位同学能说说，这幅作品表达了梵高什么样的情感?

生：表现了他很悲伤。

生：表现了他的孤独。

生：表现了他很忧郁。

师：《有乌鸦的麦田》是梵高创作于1890年7月的一幅油画。梵高在这幅画上仍然有着人们熟悉的他那特有的金黄色，但它却充满不安和阴郁感，乌云密布的沉沉蓝天，死死压住金黄色的麦田，沉重得叫人透不过气来，空气似乎也凝固了，一群凌乱低飞的乌鸦、波动起伏的地平线和狂暴跳动的激荡笔触更增加了压迫感、反抗感和不安感。画面极度骚动，绿色的小路在黄色麦田中深入远方，这更增添了不安和激奋的情绪，这种画面处处流露出紧张和不祥的预兆，好像是一幅色彩和线条组成的无言绝命书。就在第二天，梵高就来到这块麦田对着自己的心脏开了一枪。梵高的画着意于真实情感的再现，也就是说，他要表现的是他对事物的感受，而不是他所看到的视觉形象。

下面，我们进行第二个练习：请同学们听一段音乐（多媒体播放一段较为轻快的音乐），音乐结束后，请同学们说说听此音乐可以想象到一幅什么样子的绘画作品？作品主要用了哪几种色彩？

生：我想象的是一幅风景画，主要用了绿色、黄色、紫色。

生：我想象的是一幅抽象画，主要用了红色、黄色、蓝色。

……

师：同学们的想象力真丰富！老师给这段音乐配了一幅画，请同学们欣赏，看看老师找的作品和你自己想象或猜想的色彩有没有相似之处。（多媒体出示康定斯基的作品《黄红蓝》）

出生于莫斯科的康定斯基20岁时进入莫斯科大学法律系学习，他在从事民俗史学的研究中，广泛接触到俄罗斯民间艺术和装饰艺术。康定斯基认为，绘画可以来源于对抽象的强烈要求，而不一定受客观世界面貌的约束。他的绘画令人感觉到如同音符般的因素存在，有一种与音乐相通的气质。康定斯基的作品从画面构图到线条色块都有一种内在精神、欲望和激情的自由流露，同时，运用线条、色块组合也没有固定的格式，这正是康定斯基强调精神表现的产物，被称为“看得见的音乐”。

师：是不是有很多同学刚才的想象与画家的作品有相似之处啊？（有的学生非常兴奋）好了，下面我们来做第三个练习：准备好图画本、彩色笔。

请结合音乐（多媒体播放一段非常舒缓的、有些神秘的音乐）创作一幅题目为《鱼的魔术》（多媒体出示）的绘画作品，此练习要求必须涂色。（生创作，师巡视指导）

师：好了，大部分同学已经画完了，没画完的同学因时间关系，不能再画了，等课下再找时间画完吧。在《鱼的魔术》这个练习中，好多同学的作业都充分展示了自己的绘画水平和想象能力，像这位同学画的鱼飞到了天上，这位同学画的是带着魔术帽、拿着魔术杖的鱼，正在海底世界变魔术呢！同学们看他画的鱼的造型多可爱啊！而这位同学呢，他画的鱼自己吐了一个大泡泡，把自己包了起来，钓鱼的人、敌人等都看不到自己，多有创意啊！（实物投影展示几位学生的作品）

同学们的想象力真丰富啊！大家想不想看看画家是如何画《鱼的魔术》的?

生（齐）：想。（师多媒体呈现克利的作品《鱼的魔术》）

师：保罗·克利是20世纪最不可思议的画家。他出生并成长于瑞士，但学习在德国，并在那里度过了一生中的大半时光。在经过了长时间的绘画创作后，他断然转向了新的绘画领域，向人们证明了他可以自由自在地操纵线条和色彩。保罗·克利任凭自己的创造力自由地飞翔，创作出如同魔法一样充满魅力的绘画，从清澈的幻想到严密的抽象，克利涉猎的范围之广阔令人惊叹。

《鱼的魔术》是用油彩和水彩创作的，乍一看上去画面快活而简单，但却表现了克利复杂的思考。相对于陆地上的有限时间和宇宙的无限时间，自然界秩序之中的人类处于特殊位置。鱼漂浮于黑暗的背景中，这一背景暗示出无限空间和海底世界的两个方面。但在这里，也出现了不属于大海的物体。在画面左上方，拉开了仿佛是窗帘一样的东西，在它的下方，小丑像是介绍情况似地露出面孔。在画面的中央部分、重叠粘贴的小四方形画布中，时钟的表盘装在铁丝鸟笼中被悬挂在那里。而鸟笼又与右端的行星相连接，表盘的圆形也同相似于太阳的东西和月亮相呼应。

同学们，看看你们自己的作品，再看看克利的作品，克利的画对你们有所启发吗？你们能否学着画家的画也画画呢?

生：可以。

师：三个练习做完了，通过练习，同学们不仅锻炼了自己的绘画能力和想象能力，而且还认识了康定斯基和克利两位画家，通过欣赏康定斯基的《黄红蓝》和克利的《鱼的魔术》，以及梵高的《有乌鸦的麦田》，我们知道了美术作品不仅能再现生活真实，还能表达画家的情感。今天这节

课我们就来学习第二单元“丰富多彩的现实，多种多样的表现”的第二部分“美术可以表现主观情感”。（师板书课题）

表现是美术创作的基本手段和方法之一，着重反映作者的主观感受。表现性的美术创作，其特点是理性的观念和强烈的情感起了主导作用，自由创造，不受已有技法的约束，带有较大的随意性。

请同学们打开课本第9页，找到蒙克的《少女》，结合老师给出的蒙克的作品《呐喊》（自制教学范图），请四人小组一起欣赏，并探讨蒙克的作品表现了他怎样的情感。（生四人小组一起谈论、欣赏，师巡回参与）

（小组代表发言）

生：蒙克的画，从人物的眼睛可以看出画家表现的是一种恐惧的情感。

生：蒙克的画，画得很夸张，人物的表情很恐惧，表现了一种紧张、不安的情绪。

……

师：从各位代表的发言中，可以看出各组的欣赏、讨论很认真、很用心。好几个组的学生都从蒙克的画中读出了恐惧、不安，你们的欣赏很到位。

堪称20世纪表现主义艺术先驱的挪威画家爱德华·蒙克，童年时父母双亡的经历在其心灵深处留下了不可磨灭的印记，这使他早年创作了许多以疾病与死亡为主题的作品。他的绘画对于德国表现主义艺术产生了决定性的影响。《呐喊》是他重要的代表作品之一。在这幅画中，蒙克以极度夸张的笔法，描绘了一个变了形的尖叫的人物形象，把人类极端的孤独和苦闷，以及那种在无垠宇宙面前的恐惧之情，表现得淋漓尽致。蒙克自己曾叙述过这幅画的由来：“一天晚上，我沿着小路漫步——路的一边是城市，另一边是峡湾。我又累又病，停步朝峡湾那一边眺望——太阳正落山——云被染得红红的，像血一样。我感到一声刺耳的尖叫穿过天地间，我仿佛可以听到这一尖叫的声音。我画下了这幅画——画了那些像真的血一样的云。”——那些色彩在尖叫，在这幅画上，没有任何具体物象暗示出引发这一尖叫的恐怖。画面中央的形象使人毛骨悚然，他似乎正从我们身边走过，将要转向那伸向远处的栏杆。他捂着耳朵，几乎听不见那两个远去的行人的脚步声，也看不见远方的两只小船和教堂的尖塔，否则，那紧紧缠绕他的整个孤独，或许能稍稍得以削减。这一完全与现实隔离了的孤独者，似已被他自己内心深处极度的恐惧彻底征服。这一形象被高度地夸张了，那变形和扭曲的尖叫的面孔，完全是漫画式的。那圆睁的双眼和凹陷的脸颊，使人想到了与死亡相联系的骷髅，这简直就是一个尖叫的鬼魂。

在这幅画中，蒙克所用的色彩与自然保持着一定程度的关联。虽然蓝色的水、棕色的地、绿色的树以及红色的天，都被夸张得富于表现性，但并没有失去其色彩大致的真实性。全画的色彩是郁闷的：浓重的血红色悬浮于地平线上方，给人以不祥的预感，它与海面阴暗处的紫色相冲突，这一紫色因伸向远处而愈显阴沉。同样的紫色，重复出现在孤独者的衣服上。而他的手和头部，则留在了苍白、惨淡的棕灰色中。画中没有一处不充满动荡感。天空与水流的扭动曲线，与桥的粗壮挺直的斜线形成鲜明对比。整个构图在旋转的动感中，充满粗犷、强烈的节奏，所有形式要素似乎都传达着那一声刺耳尖叫的声音。画家在这里可以说是以视觉的符号来传达听觉的感受，把凄惨的尖叫变成了可见的震动。蒙克在这里，将那由尖叫所产生的极度的内在焦虑，转化为一种令人信服的抽象意象。如此，他将画面上的情感表现几乎推向了极致。

请同学们结合老师的讲解再次欣赏蒙克的《呐喊》，再次用心体会画家是如何在作品中表达自己情感的。（生体会、欣赏）

师：好了，带着对蒙克《呐喊》的理解，请同学们再来欣赏这幅作品（多媒体出示马格利特的《绿洲》），同学们理解画家的这幅作品表达了什么样的情感吗?为什么叫《绿洲》呢？在画面上你看到绿洲了吗？树怎么会长到桌子上？白云为什么挂在树上呢?

生：没有看到绿洲。

生：看到了，在树上。

生：把树都砍了，做成了桌子，所以树长到了桌子上，作者用这种方法来警示大家要爱护树木，不能过度砍伐，这幅画表现了作者关注生存环境的紧迫心情。

生：天空中的污染太严重了，白云没办法待在那里了，只好跑到树上来了。

生：因为大家都不是很关注我们生存的环境，所以时间久了，环境变得很恶劣，“绿洲”变成记忆中的了。

……

师：同学们说得真好！这幅作品是比利时超现实主义画家马格利特的作品，他用我们已经习惯了的写实逼真的手法画画，但他笔下却常常出现与我们的日常期待与判断相悖的结果，以此来破坏我们已经习惯了的内心对外部世界的认可。《绿洲》这幅画创作于1927年或者更早至1925年。作品的内容和题目都很简单，很容易理解，不像该画家的其他作品那样抽象难懂。白色的桌子和下面没有根的树构成了画作的主体。云朵穿插于树冠之间，有些在前，有些在后。它们看似离地面如此之近，似乎不符合客观现实，然而，马格里特已改变了空间比例，使画中各部分的布局相对比较合理，看上去很协调。也就是说，他打破了人们头脑中的常规和惯例，使自然世界不再受空间的限制，把白色的桌子、绿色的树、白色的云朵、黄色的土地和蓝色的天空进行重新组合。

同学们，欣赏了两位大师的画，大家是不是对美术可以表现主观情感有了比较清楚的认识啊？下面我们做个小游戏，请同学们欣赏八幅大师作品，欣赏之后，快速回忆，比比谁记住得最多（作品的名字、作者的姓名、作者的国家），然后，选择一幅自己喜欢的，谈谈你认为画家表现了怎样的情感？（多媒体课件自动播放8幅大师作品：荷兰·梵高的《星月夜》，中国·吴冠中的《山村》，西班牙·达利的《西班牙内战的预告》，瑞士·克利的《有黄色小鸟的风景》，西班牙·米罗的《午夜和晨雨中的歌》，西班牙·毕加索的《格尔尼卡》，荷兰·蒙德里安的《场景第二号》，法国·马蒂斯的《舞蹈》）（生欣赏）

生：我记住了荷兰画家梵高的《星月夜》、西班牙画家达利的《西班牙内战的预告》、瑞士画家克利的《有黄色小鸟的风景》。我喜欢《有黄色小鸟的风景》，我认为画家表现了充满趣味的轻松高兴的心情。

生：我记住了荷兰画家梵高的《星月夜》、西班牙画家达利的《西班牙内战的预告》、中国画家吴冠中的《山村》、法国画家马蒂斯的《舞蹈》、西班牙画家米罗的《午夜和晨雨中的歌》。我喜欢《午夜和晨雨中的歌》，我认为画家表现了自己的快乐和童趣。

……

师：由于时间的关系，就说到这吧，同学们的感受很好！像那位同学说的《午夜和晨雨中的歌》，认为画家表现了自己的快乐、童趣，非常到位。西班牙画家米罗的画就具有鲜明的个人风格，他的作品有幻想的幽默、简略的形状、强调笔触的点法、精心安排的背景环境，给人奇思遐想、幽默趣味和清新的感觉。

今天，我们学习了“美术可以表现主观情感”一课，通过做练习、小

游戏，进行欣赏等，同学们体验到了绘画作品在不同程度上体现了艺术家的主观思想情感。而且，不管是再现生活真实的美术作品，还是表现主观情感的美术作品，都需要借助各种艺术形式和语言，具象、抽象、造型、色彩、明暗、结构等的运用在塑造形象与表达情感、意蕴上都有着重要的作用。

下节美术课，请同学们利用课堂45分钟时间，选择一种适合自己的形式，运用恰当的美术造型语言，学着艺术家的样子尝试着画一幅表现自己某种情感和心境的作品。

好，今天的课就上到这里，下课。

>>> 教学反思

让学生的体验更深入

我曾于2003年6月受人民教育出版社委托拍摄了“美术可以表现主观情感”一课，课的光盘随教师用书在全国发行。当时自己对本课的设计还是比较满意的（虽然拍得不是很好，面对三台摄像机，非常紧张，总是忘词），但随着课改的不断深入和我自身的不断学习，再看此课，感到真是

愧对当年的学生，愧对全国看过我的课的教师和专家。当时设计本课时，主要考虑的是如何新，如何体现新课程改革的精神，如何体现自主、探究，如何能出好的效果等，少了对学生真正学到了什么的思考，少了让学生从内心里感受表现主观情感的作品的真正内涵。回想当年学生们在我的设问下所做的表面的回答，回想当年看似热闹的课堂、看似成功的合作作品，真是感到愧对那些学生。

本学期开学前，我在通备教材时，就想一定要重新设计本课。经过几个不眠之夜，我反复思考修改了数次教案和课件之后，就有了以上对本课的教学。新的课堂教学我主要注重了以下两个方面：

一、真正变教师主导为教师引导，变学生被动为主动

以前的教学虽然也是教师引导学生学习，但当时的引导只是表层的引导，只不过是教师提出几个问题，让学生回答，或是直接出示作品，让学生谈谈感受，说说最喜欢哪一幅、为什么等，学生们对作品并没有深刻的认识和理解，只是从画面上简谈自己的感受而已。在新的课堂教学中，我注重设置学生们感兴趣的活动和练习，使学生们真正做到了自主探究，使他们通过自身体验，与画家共鸣。出示范画欣赏，以问题引导学生欣赏，整个课堂学习过程是在教师层层引导下，学生充满兴趣的、积极的、自主探究体验的过程。

二、引导学生体验、探究、理解表现主观情感的美术作品

在欣赏大师作品时，充分运用音乐，让学生听音乐、画感受、尝体验、找共鸣，在环环相扣中，渐渐地走进表现主观情感的美术作品。这比学生被动地听教师讲授大师作品，效果好得多。

在欣赏马格利特的《绿洲》和蒙克的《呐喊》两幅作品时，出示自制范图，改变了只用多媒体课件的单一方式，更方便学生欣赏，也可以避免一些不可抗拒的因素的影响。

总之，通过再次设计本课，我重新审视了自己的美术课堂教学，找到了一些还需改进的地方，在今后的教学中，我将更用心地去反思、去学习，争取让自己的美术课能够真正提高学生的审美意识和审美能力。

由命题解释走向思维认识

李力加

“美术可以表现主观情感”是一个命题。但是，普通中学生对这个命题的基本认识应该说还是比较模糊的。从事美术教育的教师们，对于这个命题虽然都有一定的认识，但要将命题内容比较深刻地与中学生们分享，是需要认真思考、精心备课、加之诸多教学手段辅助才能达成的。苏美荣老师的这个教学主题，在2003年美术新课程进入国家实验区第二个年头的时候，就作为教学范本被拍摄成了录像。随着教学研究的深入，她对本课的思考与研究在逐步深化，这也印证了一个道理——“常教常新”，每个教学主题都能够在这样的不断锤炼中得到充实，每次的面对，教师又会有新的感悟，这也是教学能够带来快乐的秘诀。

一、学习内容的衔接与延续教学

美术，一直伴随着艺术家的情感、梦想与创造而发展。人们熟悉的达·芬奇，一般的民众都认为其是大画家，这是因为，公众太熟悉那幅“微笑”。但是，美术教学没有强调并关注达·芬奇在各个领域的创造力，以及他的成果500多年来一直对人类的发展产生的巨大影响。学校美术课堂的教学内容，过多地聚集在美术学科要素这一个点上，致使很多学生成人之后，仅仅把美术看成一个孤立的技能表现学科。这个问题反映了人们对美术历史、对美术在当今时代发展中的作用认识肤浅。

“美术可以表现主观情感”这个命题（教学主题），是基于人民教育出版社初中《美术》教材中第二单元“丰富多彩的现实，多种多样的表现”这一内容的。这是一个非常宏大的艺术叙事，苏美荣老师已经用三个课时完成第一部分“美术可以再现生活真实”的学习内容。学生对“美术可以表现主观情感”这个命题（教学主题）的探究，是在前面学习的基础上展开的。能够看到，在苏老师的导语中，已经将这一学习累积的基础交待给了大家，这样的教学设计很值得提倡。这是因为，这些年来在各级各类的美术公开课比赛与录像中，很少有美术教师在实施一个教学主题的教学前会陈述学生的学习基础，好像一节课的美术学习是悬挂在空中的，让人感觉特别不扎实。特别在初、高中的美术欣赏课教学里，更应该提倡这样的设计思路，这也切合目前初高中美术教材的实际情况。初高中教材中一般的主题内容设计得比较宏观，这类课题在教学设计的时候必须按照单元课程的思路系统关照，而不能在一个教学课时里泛泛地对内容进行叙述。美术教师需要将学习内容的衔接与延续教学的脉络比较清晰地呈现，这并不是一种教学套路，而是一种备课态度与实施原则。

二、多种感官知觉促进学生对作品的理解

在苏老师的三个教学练习环节里，对三个艺术家的作品欣赏时她都使用了音乐。一是将梵高的作品《有乌鸦的麦田》呈现在大屏幕上时，二是在康定斯基的作品《黄红蓝》呈现时，三是在克利的作品《鱼的魔术》呈现时。怎样看待这样的教学技术在课堂上的运用，这些年美术教师们对此有不少讨论。

生活的感觉是人自身状况的感受。即便是闭着眼睛躺在床上，在半睡半醒之间，头脑中也能够产生或者生发出某种感觉。例如，感觉到了邻居家吵闹的声音，感觉到了街上汽车驶过的声音等，这样的感觉是由听觉唤起的。眼睛的感觉可能会有更多的联想，例如，看到了红色，有着一种激荡的心理感觉；而看到了绿色，则感到了安静与舒适，等等。这说明人的感知觉是在整体作用下触发人的思维的。20世纪60年代，著名学者钱钟书在《通感》中有一段精彩论述：“在日常经验里，视觉、听觉、触觉、味觉往往可以彼此打通或交通，眼、耳、舌、鼻、身各个官能的领域可以不分界限。颜色似乎会有温度，声音似乎会有形象，冷暖似乎会有重量，气味似乎会有体质”。在初中美术教学里，通感是一种由对某一门类艺术的感受连带勾起对其他相关艺术门类的感受，利用通感的课堂教学方式丰富而生动。深入艺术创造内部看，艺术家的审美通感能力起着直接、决定性的作用，它是各艺术门类之间超越互补、交融互渗的心理基础和主体根源。康定斯基就是这样一位艺术家。因此，学生的听觉在音乐作品的刺激下与眼睛同时感悟作品，能够使学生产生更多的联想和思考，激发出对作

品较深刻的感悟。

三、在视觉感受中的即兴表现练习

“美术可以表现主观情感”这节课，从教材本身的构成元素看，应该说比较概念化。教材的这种编写方式，给美术教师的具体操作人为造成了很多困难，虽然教材看起来很科学化，但缺乏美术的本质——美术使人类持有梦想的权利，因为有梦想，才能创造。

为了打破教材的学科化倾向对初中学生课堂学习的心理抑制，苏美荣老师在作品欣赏环节设计了即兴的动手练习环节。例如，“多媒体呈现梵高的《有乌鸦的麦田》，配上刚才所听音乐，请学生欣赏”，同时，安排学生“尝试用线条画画听音乐的感受”。这样的教学设计与实施，考虑到了初中学生对作品的理解和认识水平，为第四个环节学生的评述进行了一定的铺垫。由此可见，苏美荣老师为了唤起初中学生的知觉体验，煞费苦心地在研究如何更好地让学生理解、认识这个教学主题。

1990年，在梵高自杀后100年的7月27日，全世界曾经疯狂地掀起纪念这位艺术家的热潮，梵高作品的价格爆涨到了神话的地步，有成千上万的游客涌向了荷兰的梵高博物馆。为什么梵高的一生让我们震动？他的画为什么能触动我们，使我们心境不安、生发激情？为什么阅读梵高一生传奇的许多读者流下动情的泪水？因为，他在作品中表达了自己的主观情感。基于这一目标，对于这个命题的解释，需要让学生在体悟梵高作品表现中笔触（线条）的躁动感中，强化对其主观情感表达的理解。在这样体验的基础上，学生的思维认识才能发生变化。

四、如何解释“美术可以表现主观情感”这个命题

“美术可以表现主观情感”这个命题，本身是不用说的，这是大白话。但教材这样设立了命题，对其进行解释就成为美术教师需要思考的教学重点及难点。还是举有关梵高的例子，如果在今天的生活里，在我们及同学们的生活周围，有梵高这样的人当邻居的话，我们应该如何对待他？因为，在100多年前的时候，梵高是一位使他的亲戚、邻居、同事都感到非常不安的一个人，但是，100年后全世界在他的诞生日纪念他的时候，

他变成了抚慰人们心灵，满足这个时代很多人内心具有的悲剧感的同时又引发人们生命激情的伟大天才，这是为什么？

美术欣赏课学习的知觉体验，是中学生们能够在课堂上发现问题，针对问题展开研究和探讨，并能坦诚发表自己对此的看法。在梵高的现实生活中，人们控告梵高，是因为他的暴力，因为他的精神失常，人们要控告这样的人，最好使他入狱，这是一个值得讨论的问题。例如，美术课堂上教师们经常讲到，他与画家高更从友谊到破裂的关系，讲述这个主题的时候，会呈现梵高的作品《两把不同的椅子》。在现实生活里，梵高以暴力来攻击他的朋友高更，最终梵高割下自己的左耳朵，他也因此被捕入狱。但是，在艺术领域，在美术课堂上，大家惋惜他的早逝，人们为他的精神受苦而流泪，甚至在荷兰的梵高博物馆，曾经发生过有的男子在梵高《自画像》前掩面失声痛哭，使得那些站得比较近的观众匆匆离开的事情。这些又是为了什么？初中学生如果在美术课堂上认真地研究了这些为什么，可能会对“美术可以表现主观情感”这个教学主题得出最恰当的解答。

所以说，美术并不是与社会生活脱离的、独立的学科。学校的美术教育在实施的时候，教师应该从整体的视角与学生共同研究美术问题。美术所反映出的人类的情感问题，特别是表现的画家的主观情感，更不是美术学科本体的要素、形式、方法能够完全解释清楚的。

艺术（美术）为什么可以表现主观情感，梵高这个艺术史上少有的例子，最恰当、最典型地说明了——艺术创作常常是、恰恰是人们现实生活里的另一种补偿与救赎。人们对现实生活的沮丧、绝望、痛苦，在艺术创作中找到了补偿与救赎的归宿。

13

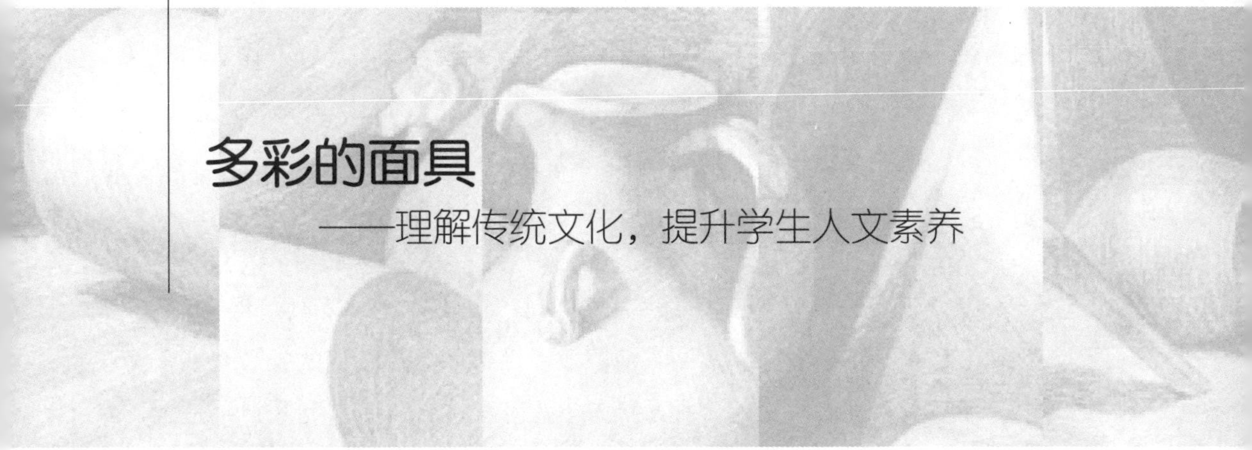

多彩的面具

——理解传统文化，提升学生人文素养

>>> **名师课堂**

“多彩的面具”教学实录（五年级）

吕月琴[①]

（一）环境渲染，浓郁气氛，导入新课

（课前教师在教室的周围布置了美术兴趣小组学生画的大型作品——岩画面具；课前2分钟，让学生自由参观、欣赏岩画面具，观察这些原始面具的脸部造型特点；随后，让学生简单交流参观、欣赏后的感受）

师：这些岩画面具非常神秘，今天就让我们走进面具世界，去感受面具里特有的文化与艺术吧。（板书课题：面具）

---

① 吕月琴，中学高级教师，江苏省常熟市实验小学教师。

（二）面具欣赏，体验特色，感受文化

1. 说说自己对面具的最初感受

师：同学们，你们戴过面具吗？在哪些地方见到过面具？

生：我在小摊上买过面具，戴在脸上很好玩。

生：我在商店里看过很多卡通面具，很漂亮的。

生：我在电视连续剧《还珠格格》中看到过，萨满法师在作法的时候就戴着面具。

师：《还珠格格》中的萨满法师为什么要戴面具呀？

生：那是要隐瞒自己的真实身份，是要驱逐鬼怪。

……

师：是呀，生活中处处都有面具，看这是街头的卡通面具、万圣节面具、影视作品中的面具……（师播放课件）面具让我们的生活充满了愉悦，增添了色彩。同学们，那面具是不是我们现代人的专利呢？不是的，它在很早很早以前就出现了。

2. 与原始乐舞、巫术分不开的傩戏面具

（1）了解傩戏面具的起源

①解释“傩”字。

师：在很早很早以前呀，人们常常会遇到许多巨大的灾难（边说边写“傩”字），如干旱、洪涝、雷击、大火，等等。古人对这些自然现象很不理解，迷信地以为是鬼怪在兴风作浪。为了把恶魔赶走，他们就佩戴上面具，并举行隆重庄严的宗教仪式来祈求神灵的保护。在逐鬼舞动时，人们的嘴里还会不自觉地发出“傩傩傩”的声音（师在刚才的“傩”字上写上nuó的拼音，引导全班同学读），于是傩戏就产生了。下面就让我们来看一段录像，瞧瞧傩戏面具吧。（板书：傩戏面具）

②教师播放录像，学生感受傩戏面具。

（2）初步感受傩戏面具的特色

师：傩戏是为了寻求神的力量来驱逐妖魔鬼怪。在我国许多地方都有傩戏面具，下面让我们走进贵州，去看看那里的傩戏面具吧。

（课件出示贵州傩戏面具）请大家观察这些傩戏面具的五官与表情

各有什么特征，并用动作与表情来模仿。

生：有的面具笑嘻嘻的，很友善；有的面具面目狰狞，看了让人害怕。

生：后面的面具的眼珠子都要突出来了，表情特别可怕和恐怖。

图1

图2

（生边说边做着面具上的表情）

师：是呀，我们常人看到这样的面具都这么害怕了，别说那些鬼怪了，所以面具有镇宅辟邪的作用。

3. 与民间歌舞、戏剧相结合的藏戏面具

（1）了解藏戏面具的起源

师：随着人类社会的进步，面具艺术与民间戏剧和歌舞活动相结合起来，其中最有代表性的就是藏戏面具，下面让我们一起走进西藏，去感受藏戏面具。（师播放课件）

这个面具（图3）代表的人物不同一般，他是藏戏中的智慧之神，也就是戏神，是他开创了藏戏。据说这位戏神在母亲腹中待了达60年之久。（听说这位戏神在母亲腹中待了60年，生都表现出很惊讶的样子）

师：神话人物一般怀孕时间都很长，我们知道的哪吒在他母亲的肚子里也待了3年多，这位戏神生出来就是白胡子、白眉毛、白头发的老头婴孩儿，看，这就是用山羊皮毛做的老头婴孩儿面具。这位戏神在他积善行德的过程中，创编了不同形式的藏戏，这是戴白面具表演的藏戏（图

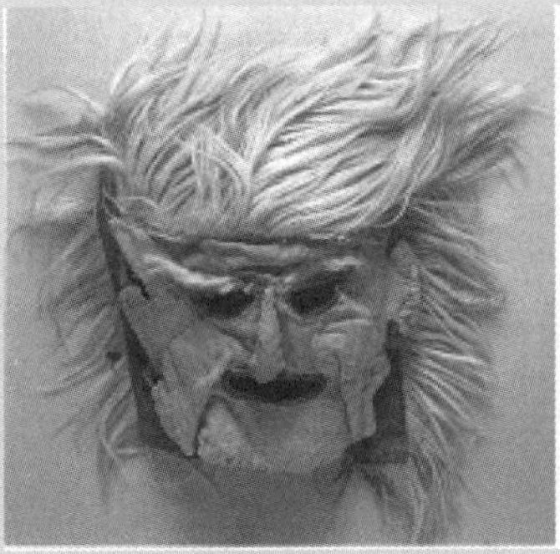
图3

图4

图5

4），这是戴蓝面具表演的藏戏（图5）。每当隆重的节日到来的时候，藏族人民总喜欢戴着白面具和蓝面具载歌载舞，祈求智慧之神保佑他们的生活更加幸福美好。瞧，又一个隆重的节日到来了。

（师播放录像，生感受在隆重的节日里，藏族人民戴着白面具和蓝面具载歌载舞时的欢乐情景）

（2）比较傩戏面具与藏戏面具的不同艺术特色

师：现在让我们仔细看看藏戏面具跟我们刚才欣赏过的傩戏面具有什么不同呢？大家可以从表情、色彩、制作等方面来比较分析。

生：傩戏面具龇牙咧嘴、怒目圆瞪，表情特别可怕，而藏戏面具笑嘻嘻的，感觉慈眉善目的。

生：傩戏面具立体感很强，而藏戏面具比较平。

生：傩戏面具可能是用木头雕的，藏戏面具可能是用布绣的。

师：傩戏面具是用木头雕的，雕好后的面具经过一些简单处理后，埋在土里一段时间，色彩就变得非常古朴了。藏戏面具是用针线在布上刺绣的，共绣8种吉祥图案，下面白色的是用山羊毛做的。（师引导学生比较分析）

	表情	色彩	制作
傩戏面具	狰狞、恐怖	古朴、平淡	立体的、雕塑的
藏戏面具	慈祥、亲和	鲜艳、强烈	平面的、工艺的

师：（小结）傩戏面具具有“原始狰狞”的特点；藏戏面具具有“细致精美”的特点。（板书：原始狰狞、细致精美）

从“原始狰狞”的傩戏面具到“细致精美”的藏戏面具，我们可以看出面具艺术与人们生活的密切关系，前者是乞求神灵的保护，是人们内心对虚幻荒诞的神灵世界的向往，后者与民间的歌舞相结合，这说明面具艺术慢慢走入了人们的现实生活。

4. 与各种仪式相关的非洲面具

师：我国是面具艺术流传最广的国家。傩戏面具和藏戏面具只是我国面具艺术中的一个小支流，在我国少数民族中还有300多种不同特色的面具艺术，而且每一种面具艺术背后都有一个动人的故事。在非洲，面具艺术同样也有着悠久的历史，下面让我们去感受非洲独具魅力的面具艺术吧。

（1）欣赏用于各种仪式的非洲面具，初步感受其艺术特色

师：（演示课件）水牛是非洲博博族部落当做图腾崇拜的动物（图6），水牛在博博族不准吃，也不准杀。看，这个水牛面具上两只圆瞪的眼睛和极其弯曲的双角都是一种权力的象征。非洲面具不仅表现了人们对祖先、图腾的崇拜，还在各种场合中出现：这是村里发生瘟疫时人们佩戴的野兽面具（图7、8），这些“怪异”的形象是为了更好地驱除邪恶；这是哀悼仪式上的面具（图9），人物表情非常安详，后面还梳着高高的发髻；这是秘密会社的面具（图10），歪鼻子、歪嘴，充满了神秘感；这是舞蹈用的人兽同形的面具，又具有一种特殊的美（图11、12）……当这些面具在一定的场合，配上相应的服饰，由人来表演的时候，面具才成为“活雕像”（图13、14）；如果再配上舞蹈、音乐、戏剧等，那么非洲面具就更具艺术魅力了。现在让我们一起来感受这震撼人心的艺术魅力。（播放录像：非洲面具艺术表演）

图6

图7

图8

图9

图10

图11

图12

图13

图14

（2）仔细观察各种仪式中的非洲面具的表情特点

师：下面让我们再仔细看看这些用于不同场合中的非洲面具各自不同

的表情吧。看看它们的眼部是怎样刻画的？嘴部又是怎样刻画的？

生：这些面具表情有的神秘、有的安详、有的诡异。

生：这些面具的眼部刻画各不相同，有像柱子一样突出的眼珠，有像橄榄形一样的眼珠，还有的干脆挖了两个洞。

生：这些面具有动物的、人物的，形式多样，制作手法很夸张。

师：是呀，夸张、变异是非洲面具的艺术手法。（板书：夸张变异）

5. 与民族特色相融合的各国面具

师：面具作为一种人类所特有的文化产物，它在世界各地繁衍、流传，让我们再来领略一组各国面具（播放课件），课后大家有时间可以上网查找更多的面具。

6. 交流欣赏感受

师：通过刚才的观察、欣赏和分析，大家说说自己现在对面具的理解与感受，可以用“我原以为……，现在认为……”的句式来谈学习感受。

生：我原以为面具只有街上卖的孙悟空面具，现在认为世界各国的面具种类是那么丰富。

生：我原以为只有中国才有漂亮的面具，现在认为世界各国都有具有自己民族特色的面具。

生：我原以为面具只是好玩的，现在知道了面具里面还蕴涵了民族文化。

……

师：（总结）是呀，通过刚才的欣赏，我们知道了面具种类繁多、风格多样，是集雕塑、绘画、工艺于一身的装饰、佩戴的艺术品；面具表情丰富、特色鲜明，面具上的丰富表情不是人类表情的简单凝固，而是人们内心世界的象征。因为在这些生动的表情背后蕴涵着人类的爱与恨、渴望与欲念，面具是人类文化的特有产物。（板书：艺术品、文化产物）

（三）分步尝试，激活灵感，创作表现

1. 尝试用最基本的泥塑方法塑造面具的脸型与五官

师：刚刚我们欣赏了好多各具特色的面具，增长了不少见识。同学们，你们想不想也来做一个面具，或观赏或佩戴着表演呢？那么，下面就让我们用3分钟的时间，拍一块泥板，做面具的脸型吧。

（生拍泥板，师提醒生不要拍得太薄，启发生想办法将刚才拍的泥板变成立体的脸型；

孩子们的方法很多，有的在泥板下垫报纸、有的将泥板放在木搭子上、有的将泥板包在小球上、有的将泥板包在旧鞋子上……师随时表扬并展示最会动脑筋的学生制作的泥板面具脸型；

生再用2分钟的时间为刚才的面具分别配上一双眼睛或一个鼻子或一张嘴巴，师随时表扬做出有创意的眼、鼻子和嘴的学生，并让学生说说自己是采用了什么手法做出的眼、鼻子、嘴；

孩子们的泥塑表现手法很多，有搓、刻、贴、挖、戳、卷等）

（1）让学生欣赏一组同龄人制作的面具五官局部，通过这些五官的表情特点和泥塑手法，进一步激发学生的创作思维，进而突破本课的教学难点。

（2）让学生欣赏一组同龄人创作的面具作品，感受这些面具的表情特征，学习这些作品的制作手法，从而再一次激发他们的创作欲望与灵感。

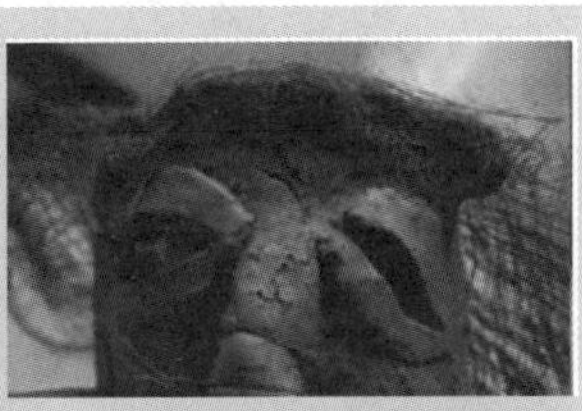

（3）学生构思面具形象：准备做的面具的表情是怎样的？用于什么仪式中的？采用哪种泥塑方法来表现？

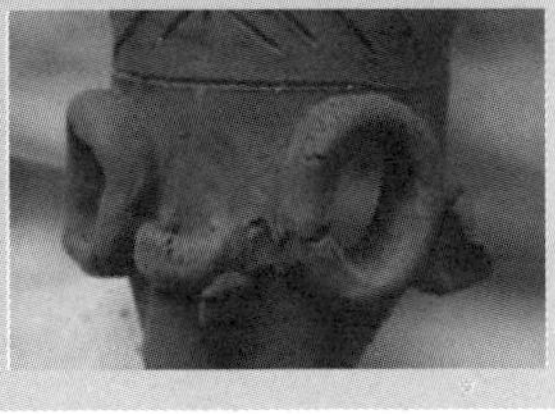

2. 学生作业，教师巡回指导

师：（提出作业要求）单独或与同学一起用黏土和少量的废旧材料设计制作一件面具作品，力求表情生动、造型夸张，具有一定的艺术特色。

（四）作品展览，品评交流，享受成功

（将课堂作业展示活动布置成面具作品展览会形式，各小组选代表上来观看与互评，如说说制作时的感受、面具作品的艺术特色和面具佩戴的场合）

师：我们的面具作品展示活动非常成功，老师会把大家的这些作品拍成照片发到我们学校的“泥火传情”网页上，同学们课后可以上网点评，发表欣赏感受与制作感言。等这些作品烧制之后，学校准备将其布置成一堵面具墙，使我们的校园更有艺术气息，也能让更多的人来了解面具里的文化与艺术。面具不是人类表情的凝固，而是人们内心世界的象征，它不仅是一种艺术品，还是一种文化、一种精神。

（五）再次欣赏，延伸空间，再激兴趣

（课件展示一组教材中所选用的用绘画与废旧材料制作的面具作品，并让同学们课后再去尝试这样的面具制作形式）

>>> 教学反思

“多彩的面具”教学的三个度

“面具”在不同版本的美术教材中都出现过，一般都以质朴天真、活泼可爱的形式出现，学生作品也大多以绘画表现、废物造型为主，传统的教材在编写上突出一个“趣”字。我的这节“多彩的面具”是综合了教科版小学《艺术》第9册与人美版小学《美术》第5册上的“面具”一课的编写特点，自己建构的课程。课堂教学中力求做到以下三个度，突出“文化”与“创新”四个字，从而达到新课程所倡导的艺术教学要使学生的人文素养与艺术能力整合发展的目标。

一、浓郁的文化情景——使课堂有厚度

“任何美术作品都不是孤立的，都是在一定的文化环境中创造出来的。”面具是人类文化的特殊产物，随着社会的发展、人类的进步，以及地域、种族的差异，形成了各自的体系，风格迥异，争奇斗艳。为了让有关面具的课堂教学带给孩子们更多的文化思考和艺术感受，我花了大量时间与精力阅读了《非洲黑人雕刻艺术》与《中国面具》两本书，对面具的起源、类型、功能，对面具的不同文化背景、区域特色、风格特点有了全面的了解，深深地感受到了中外面具艺术的博大与精深。“美术是人类文化的一个重要组成部分，与社会生活的方方面面有着千丝万缕的联系，因此美术学习绝不仅仅是一种单纯的技能技巧的训练，而应视为一种文化学习。”基于这样的教学理念与教学背景，为了在有效的40分钟内深入浅出地让学生感受、体验面具文化与艺术，我从厚厚的两本书中截取了三个点：起源于原始乐舞、巫术的傩戏面具，起源于民间歌舞、戏剧的藏戏面具，起源于祖先、图腾崇拜的非洲面具，并根据自己的理解，利用代表性图片对各种面具的特色进行比较分析，结合背景音乐展示大量图片，感受非洲面具的独特与神韵，努力让学生感受面具的文化性与艺术性，并从网上下载三段录像，剪辑后插入课件中，以通过生动的视频录像，由静到动地让学生深刻感受：面具只有与服饰相匹配，由人来表演时才能被称为活雕像；面具只有与音乐、戏剧、歌舞相结合时才能焕发出撼人心魄的独特艺术魅力。

二、多样的教学手法——使思维有广度

本课用面具文化这根主线贯穿整个教学设计，环环相扣地展开教学：环境布置中的浓浓面具气息、欣赏分析中的经典面具图片、录像播放的面具艺术表演……这些无不让孩子们置身于原始、空灵、充满了神秘色彩的面具艺术世界中。让学生与面具进行零距离地接触、面对面地交流，使其深刻地体验面具所独有的文化内涵与艺术特色，并通过“我原以为……，现在我认为……”的句式表达自己的感受，使学习有了自我的理解与思想。

“创新是一个民族或国家的灵魂，源源不绝的创新能力是一个民族或国家生存与发展的基础。在知识经济时代，一个国家的公民的创新意识显得尤其重要。”“技术指根据实践经验和科学原理而发展起来的各种工艺操作方法和技能。”美术课离开了“术”，也就没有了“美”，美术课的技法技术是学习美术的基本保障。本课通过让学生分小组尝试“用最基本的泥塑方法塑造面具的脸型与五官”，使其自主地探究出了“搓、刻、贴、挖、戳、卷”等面具脸型与五官表现方法，为他们下面个性地创作作好了技术铺垫。

有了对面具艺术的全新了解，有了对陶塑面具的技法尝试，本课孩子们手下的面具多姿多彩。这些面具的形态与神态有的滑稽怪诞、有的粗犷奔放、有的狰狞恐怖、有的质朴天真……在制作手法上，孩子们不仅表现出了娴熟的陶艺表现技法，还巧妙地利用了废物，使作品充满了情趣，这些充满个性与灵动的作品无不流露出孩子们对面具文化的独特理解和黏土表现的技法创新。

三、精彩的学生感言——使教学有深度

一节课下来学生到底能学会什么呢？如何看课堂的有效性？这就要求我们不仅要留意学生的面具制作过程，还要分析学生的课堂作业，更要重视学生的学习感受。语言是最简便的学习感受表达方法。本课我不仅给了学生两三分钟的时间即兴发表学习感受，课后我还及时提供网址让学生再次反思课堂发表感言。现在让我们来点击这些贴在网上的感言，读读面具课堂带给五年级的孩子们内心的感动和心灵的震憾吧，相信这些动人的感言与感悟将会影响他们今后的艺术追求。

夏奕梦：以前我只知道面具是一种迷信，现在我知道面具代表着一个民族灿烂辉煌的历史。

戈吴意：以前我觉得面具只是戴戴玩玩的，现在我觉得面具是神圣的代表，是艺术中的宝物。

李骋鹏：面具是人类历史宝库中的一员，是前人留给我们的灿烂文化和辉煌艺术。

陈纯：本来，我认为面具是迷信的，现在我觉得面具是各国历史的见证。

沈靖城：一开始我觉得面具只是好玩，现在我才知道面具是一个民族的文化遗产，是人类的智慧结晶。它似一个艺术殿堂，吸引着来自各方的朋友，更体现了人类内心的世界，表达出了人们内心的想法。面具是人类的光荣历史。

胡益豪：面具是人类的杰作。

叶家莹：面具作为与世界上古老民族共生的文化现象，有着悠久的历史。它不仅是一个玩具、一个装饰物，它更表达、抒发了我们的祖先对神灵的崇拜与敬仰之情。它是一个古老民族悠久文化的表现。

陆星儿：以前我们都忽略了面具，只把它当玩具而已。现在，我们真正了解了面具，深深地体会到它所表达的含义，也为此喜欢上了面具。

小小的面具艺术课堂带给孩子们很多的启发与思考，激发了他们无穷的创作热情与求知欲望，架起的是一座领会面具独特艺术的学习体验之桥，培养的是一种探究面具文化知识的良好学习习惯。

当然，由于授课时间、本课内涵和本人能力的关系，如何用好这把文化与技术的双刃剑，本次教学还有许多不足，请各位教师多提宝贵建议。

>>> 研究与思考

倾情塑造心灵意象

李力加

认识江苏常熟市实验小学的吕月琴老师好多年了，她是一位很用心的美术教师。为了上好一节课，她所付出的心血和努力是别人的许多倍。在苏州市，很多教师提起吕老师，总是对她的敬业、全身心投入教学的劲头儿很是佩服。看到“多彩的面具”教学实录文本，又一次感受到她对课堂教学的倾情研究。

这个教学主题来自两个教材版本的“面具”。实际上，这一主题在其他版本的美术教科书里都有，因为，从操作表现性与作业结果看，这一主题是最容易出教学效果的。因此，在公开课展示中，经常看到类似主题的课。但是，吕老师的“面具”是与众不同的，对这一课的教学她是在追求自己执教生涯里的一种完美，尽管达到完美是那么得不容易，但她是在朝这个方向努力着的。

一、探究面具的文化意义

面具，作为人类生存活动中的一个物，有着功能与精神上的双作用。面具是世界上许多民族都有的。面具这个教学主题，涉及艺术人类学的许多问题。自19世纪中叶人类学作为一个独立学科诞生，很多人类学家倾心于艺术发生学的研究，探讨艺术的起源和进化。在吕老师这节课里涉及的傩戏与藏戏面具，自然也与艺术人类学中艺术的发生学关系紧密。将这样浩瀚的文化主题在课堂教学中展现给小学生，所选取的视角必须集中在一、两个点上，以小见大地进入，使孩子们能够在课堂情境的体验中，管窥到自人类早期开始就已经存在的丰富的面具艺术，从而产生对艺术文化的探究兴趣。

面具不是一个单一的物，与面具共生的有音乐、舞蹈、口头文学，以及造型艺术中的图案、绘画、雕塑。因此，能够看到，吕老师在这一课的教学里，自然将音乐、舞蹈、造型艺术的整合元素纳入课堂，使孩子们能够在艺术文化的整体中初步理解和认识面具。

面具，这个最具体的造型艺术之物，在视觉上呈现的图像，承载了先民们世代传承的某种心灵意象。无论是傩戏面具中的形态，还是藏戏中的造型，都有自己的意念支撑着这些图像的构成。在面具的视觉表达风格上，艺术人类学家已经有比较深入的研究。例如，北美西北海岸的面具，就有被称为“剖分式”表现风格的造型，这种“剖分式”表现风格，是把动物形象描绘成仿佛其身体被纵向劈开并展开的样子。实际上，这样的“剖分式”表现风格在藏戏面具的造型里也有所表现。

二、整体设计教学目标

面对这样的教学主题，吕老师在设立教学目标的时候，把目标划分为“空间目标”和“时间目标”两大块，其中的目标顺序是很有学问的。例如，在“空间目标”里，第一个目标首先是情感、态度、价值观目标，这是与本课题特有的文化意义分不开的，小学生要初步认识和理解面具，必须要由感受先人们为什么创造面具的情感动机入手，而不能先由技能目标开始。在“时间目标”里，吕月琴老师的设计是很有讲究的，她将这个整体目标分为“已有、现有、未有”三个时空层面，并与“空间目标”紧密关联，引导学生在综合与完整的思考中，发现问题、研究问题、感受体验、倾情塑造、意象表达。这一系列认知学习的逻辑关系，由教学设计开始，就把课堂上可能要发生的问题和结果预测到了，同时又有面对临时突发问题的对应策略。

世界上各族群的面具用材、塑造方法相差不多。在吕老师的课堂上，孩子们所看到的傩戏、藏戏面具在制作方法上各划分为两类，立体的、雕塑的（傩戏），平面的、工艺制作的（藏戏）。这样的介绍，既让孩子们容易理解，又为孩子们的造型表现铺垫了知觉基础。吕月琴老师多年来的教学特色是陶艺。在本课题的学习中，面具这个主题用泥塑的材料、工具、表现方法来塑造，更容易与材料的表现性吻合，孩子们也能够在此大显身手，利用泥巴的特性塑造出自己心目中的面具。

三、艺术家、先人们、儿童表现的本原都是意象性

意象表达，这是世界各国面具中多采用的手法。意象既来自先人们心灵上的意念，又有着他们寄托的心理图画。即便面具造型是比较写实的风格，意象性的表达依旧是面具造型的主导。因为面具的造型具有装饰性，所以，在表现的程式化、具体形态、线条，特别是色彩等方面，它是通过某种形式的情感暗示来传达与确立某种宗教、习俗、崇拜、社会道德生活的价值取向的。儿童的泥塑造型及烧制而成的陶艺作品，虽然造型上由于有某种操作上的限制性，例如，泥板造型、泥条造型、自然塑造等，但孩子们的表现也充满了意象性元素。从艺术人类学与儿童心理学角度分析，先人与儿童知觉心理上的相似性，也使吕月琴老师在课题内容与造型材料的选择上产生了异质同构。因此，本课教学所有的作业（成果）形态是相当有意味的。

在孩子们造型表现的开始，为了使大家的塑造有一个借鉴，吕老师在随堂欣赏的小环节里，向孩子们呈现了非洲面具作品。这样的欣赏对孩子们的造型表现有着一种暗示，包括孩子们欣赏后在视知觉上残留的图像痕迹，都对他们在泥巴上的造型有着比较多的影响。从这里看，这也是陶艺教学中在泥塑造型环节教师们可以参照的好方法。

这节课从对不同面具作品的欣赏，到孩子们的倾情塑造，都验证了艺术创作中的一个道理：艺术创作的关键并不在于所表现的那件物品，而在于通过艺术创作再造的那个代表创作者心灵的对象。例如，傩戏中的面具是这个对象，藏戏中的面具也是这个对象，孩子们在这节课里塑造出的每

个形象，也都是孩子们心灵里的对象。无论塑造的这个对象是用所谓的写实性表现，还是某种形式表现，这个物本身并没有什么意义，而是创作者表达的自己更想代表的某种文化。因此，从这个意义上讲，表达心灵的意象是艺术家、先人们、孩子们共同追求的最终目标。这节课正是学生与吕老师沿着这一目标，共同行进的过程。

14

现代主义美术鉴赏

——让学生在研究性学习中提高美术鉴赏能力

名师课堂

“现代主义美术鉴赏”教学实录（高一）

崔峰[①]

师：请问大家，迄今为止，世界上最昂贵的绘画作品是哪一幅?

生：达芬奇的《蒙娜丽莎》。

生：梵高的《向日葵》。

生：梵高的《医生肖像》。

……

师：对！就是这幅作品——毕加索的油画《拿烟斗的男孩》，2004年在伦敦举行的拍卖会上，以1.04亿美元的天价成交，打破了梵高作品《嘉

---

① 崔峰，中学一级教师，广东省茂名市第一中学美术备课组长。

谢医生肖像》于1990年在克里斯蒂拍卖行创下的8250万美元的世界纪录，成为世界上最为昂贵的油画。（师展示《拿烟斗的男孩》并介绍）为什么毕加索的这幅作品这么昂贵呢？我们这节课就来研究一下以毕加索为代表的“现代主义美术”。（导入课题，生较有激情，求

知欲强）在课前，我曾要求同学们分小组对现代主义美术进行课题研究，不知道大家研究得怎么样？下面，有请第一组同学给大家展示研究成果，掌声欢迎！（一片掌声和欢呼声）

（第一组学生代表A和B走上讲台，做准备，同学们在期待着）

生A：（展示PPT课件）我们小组研究的是现代主义美术之野兽派，首先了解一个野兽派的代表人物——马蒂斯，请B同学给大家介绍。

生B：（展示马蒂斯的照片和其代表作《戴帽子的妇人》）亨利·马蒂斯（1869~1954年）是法国著名画家，野兽派的创始人和主要代表人物，也是一位雕塑家、版画家，他以使用鲜明、大胆的色彩而著名。

马蒂斯一生都在做实验性探索，在色彩上追求一种单纯原始的稚气。他从东方艺术中吸取了许多平面表现的方法，使画面富于装饰感。在学习东方艺术的过程中，他从原来追求动感、表现强烈、无拘无束，渐渐发展成追求一种平衡、纯洁和宁静感。他后来自己评价自己的作品说，我的作品好像一种抚慰，像一种稳定剂，或者像一把合适的安乐椅，可以消除他的疲劳。马蒂斯认为，无论是和谐的色彩或不和谐的色彩，都能产生动人的效果。他还认为，色彩的选择应以观察、感觉和各种

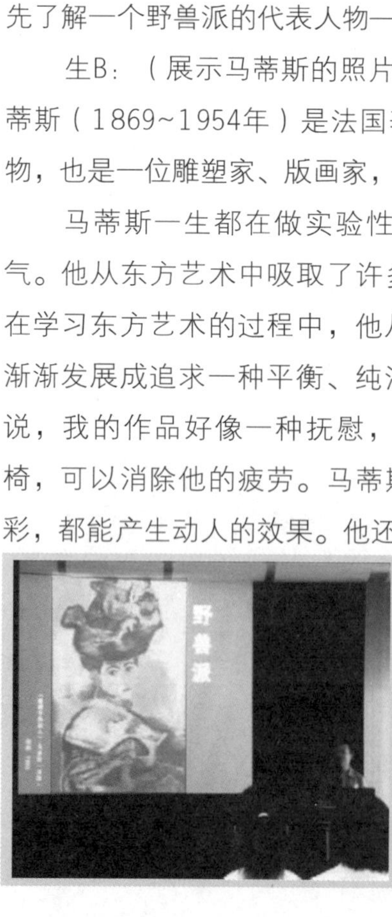

经验为根本。（生A接着又介绍另一位野兽派代表人物杜飞）

师：（展示已经准备好的PPT）（小结）谢谢两位刚才的展示，那么请问大家这一派别为什么叫野兽派？（有学生回答“色彩艳丽”）对了，“野兽”顾

名思义就是色彩很艳丽，笔触很豪放，有“野”味。野兽主义是自1898至1908年在法国盛行一时的一个现代绘画潮流。它虽然没有明确的理论和纲领，但却是一定数量的画家在一段时期里聚合起来积极活动的结果，因而也可以被视为一个画派。野兽派画家热衷于运用鲜艳、浓重的色彩，往往用直接从颜料管中挤出的颜料，以直率、粗放的笔法，创造强烈的画面效果，充分显示出追求情感表达的表现主义倾向。野兽主义得名于1905年巴黎的秋季沙龙展览，当时，以马蒂斯为首的一批前卫艺术家展于同一层厅的作品，引起轩然大波。有人形象地将这些画称作“一罐颜料掼在公众的面前”。

总的来说，不管你是否接受野兽派，但是野兽派作品在视觉上刺痛大家的眼睛，让你感觉上有震撼，这就是他们的成功之处。

好的，下面继续请出第二组同学，掌声欢迎！（一片掌声和欢呼声）

（第二组学生代表C和D走上讲台准备，打开研究课题成果PPT课件）

生C：巴伯罗·毕加索（1881~1973年）是西班牙画家、雕塑家。毕加索是20世纪现代艺术的主要代表人物之一，遗世的作品达两万多件，包括油画、素描、雕塑、拼贴、陶瓷等。毕加索是少数能在生前“名利双收”的画家之一。

生D：他一生的画法风格几经变化，第一时期是蓝色时期，第二时期是粉红色时期，第三时期是黑人时期，第四时期是立体主义时期，第五时期是古典时期，第六时期是超现实主义时期……（展示他各个时期的代表作）

生C：毕加索的艺术地位是众所周知的，他那充满神奇和多彩的人生，给大家太多的话题，他的作品风格多变，数量之多，就已经创下了传奇。《亚威农少女》是立体派风格创作的代表作……

生D：我们的展示到此结束，谢谢大家！（掌声）

师：（走上讲台）非常感谢第二组同学的表现，他们的研究成果很丰富，大家受益匪浅，我们再一次掌声谢谢他们。（掌声）

毕加索是现代主义美术非常重要的代表人物，刚才该小组同学从毕加索的人生以及代表作深入地讲述了其艺术价值和艺术风格，那么，大家又是如何评价毕加索和他的作品的呢？（大家讨论，师巡走，个别提问）

生E：我觉得毕加索的作品很有艺术感，他早期的作品比较写实，后期的作品有比较抽象夸张的表现，我更加喜欢他后期的作品，特别是那幅《格尔尼卡》，表现了对法西斯战争的控诉，通过夸张变形的表现，很有震撼力。谢谢！

师：看来这位同学对毕加索还是比较赞许的，有没有其他的看法？

生F：我觉得毕加索的画非常丑八怪，（同学中一阵欢叫声，师点头示意大家安静下来，好让学生F把他认为毕加索的画是丑八怪的理由说出来），我在一篇文章上看过，忘记了是什么文章，就是说毕加索画的女人都是丑女人（学生中有一阵笑声），其实，没看过毕加索的作品还不知道有多丑，现在看了，才确认为实。他画的人都是眼睛分开，嘴巴错开，一点都不好看。但是呢，我觉得他这样画就是一种创新，因为传统都是写实唯美，而他却打破传统。谢谢！（同学们掌声热烈）

师：刚才这位同学说毕加索的作品很丑，但是却喜欢，那喜欢什么呢？

师生（异口同声）：创新！

师：好的，关于毕加索的画的艺术价值各有评价，有赞许也有否定，我个人的看法是，毕加索的成功之处表现在：第一画的是他自己所感所想，第二是懂得如何把所感所想用恰当的手法表现。如当他刚到巴黎的时候，生活不顺心，好朋友离开，他的心情非常低落，他描绘的作品题材都是下层人们的生活，而他选择的表现颜色就是“蓝色”色调，为什么？

生：蓝色色调比较苦闷。

师：很好，蓝色最能够表现他当时想表现的题材和心态。而当他遇到第一位恋人的时候，生活变得甜蜜起来，他又用什么色彩来表现这种开心的生活？

生（异口同声）：粉红色！

师：是的，这就是他的粉红色时期！毕加索就是这样用心按照自己的想法去画画，他的风格一直在变，从蓝色时期到粉红色时期，从黑人时期到立体主义时期，从新古典时期到超现实主义时期，他是一个多变的画家，也是一个多产的画家，作品数以万计，他不愧为现代主义美术中最有影响力的画家之一。好的，下面继续请出第三小组同学给我们展示研究成果，掌声欢迎！（该组学生G、H和I上讲台准备）

生G：老师、同学们好！下面由我们三位来展示我们对“表现主义美术”的研究成果。

生H：首先由我来向大家介绍表现主义的代表人物——蒙克（展示蒙克的自画像）。爱德华·蒙克（1863~1944年）出生于挪威。蒙克的苦难童年和家庭悲剧使他的心灵深受伤害，这样的经历对他后来的艺术创作产生了重大影响。22岁时，蒙克来到巴黎，并参加“新艺术运动”的设计和讨论活动，开始转向表现主义。此后，他长期居住在德国柏林，45岁时由于患上精神分裂症，回到挪威定居。蒙克对表现主义影响最深的是居住在柏林18年中的创作活动，他堪称是表现主义的创始性艺术家，为德国表现主义的发展开辟了新路。

生I：从画面上看，蒙克的作品充满“精神气息”，这对后来的艺术家产生了深远影响。表现主义绘画的主要特征在于“借夸张与扭曲的色彩、线条丰富画面的表现力；在印象主义中得到充分表现的自然主义被放弃，而取其简化的手法，并注入更多的情感因素加以发挥”。表现主义艺术家反对以理性方式作画，认为这是违反精神的一种罪恶。

生G：（展示蒙克代表作《呐喊》）蒙克完成于1893年的代表作《呐喊》举世闻名，关于这幅作品，蒙克自己有一段记述：“我和两个朋友一起去散步，太阳快要落山时，突然间，天空变得血一样的红，一阵忧伤涌上心头，我呆呆地伫立在栏杆旁。深蓝色的海湾和城市，是血与火的空间，朋友相继前行，我独自站在那里，突然感到不可名状的恐怖和战栗，我觉得大自然中仿佛传来一声震撼宇宙的呐喊。”奇特造型、动荡线条、燃烧的血红色的彩云，以及象征死亡的黑色，表现出他的恐惧情感。作品中的人物是忧郁、惊恐、彷徨状态下丧魂失魄的幽灵；画面中扭曲的线条、神秘的色彩都具有鲜明的表现主义特征……

好的，我们小组展示完毕，谢谢大家！（掌声）

师：研究表现主义美术的同学表现很出色，掌声鼓励！（掌声再一次响起来）表现主义，是指艺术中强调表现艺术家的主观感情和自我感受，而导致对客观形态的夸张、变形乃至怪诞处理的一种思潮，用以发泄内心的苦闷，认为主观是唯一真实，否定现实世界的客观性，反对艺术的目的性。它是20世纪初期绘画领域中特别流行于北欧诸国的艺术潮流，是社会文化危机和精神混乱的反映，在社会动荡的时代表现尤为突出和强烈。

下面我们继续请出进行超现实主义美术课题研究的同学，欢迎！（掌声热烈）（生J和K上讲台准备PPT课件）

生J：下面我们给大家展示“超现实主义美术”。弗洛伊德以梦的解析开创了精神分析的新时代，受其影响，在1922年前后，在达达派艺术内部，产生了超现实主义——一个对整个欧美影响巨大的现代画派。超现实主义画家强调梦幻与现实的统一才是绝对的真实。因此，力图把生与死、梦境与现实统一起来，具有神秘、恐怖、怪诞等特点。代表画家有米罗、达利、恩斯特、马格里特、伊夫·唐吉、保尔·德尔沃、马森·克利等人。

生K：（展示达利作品）其中达利是一位较为重要的超现实主义代表，他的作品《永恒的记忆》中展现了达利杂乱梦幻的世界，展示的是一片死一般的沉静，没有人影，也没有鸟兽，在一片荒凉的旷野上，只有几个软绵绵的钟表，或挂在枯枝上，或摆在桌台上，或搁在一个不明物上。在这幅幻象的画面中，一切事物不近情理，却又表现了可知的物体，表现了人们心中的幻觉或梦想，创造出了一种现实与臆想、具体与抽象之间的“超现实境界”。

生J：超现实主义明确强调受理性控制和受逻辑支配的现实是不真实的，只有梦幻与现实结合才是绝对的真实、绝对的客观。超现实主义者主张把生、死、梦，现实、过去、未来结合在一起，把它们统一起来，于是他们的艺术作品纷纷呈现出神秘、恐怖、荒诞、怪异的特点。

好的，我们的展示到此结束，谢谢大家！（掌声）

师：大家看完了小组同学的展示之后，有什么感想？你又是如何对这些流派进行评价的呢？

生：我觉得超现实主义的那些画，给人一真一假的感觉，怎么说呢，它有现实的东西在里面，形式又非常梦幻，那些实际的事物用一种特殊的表现手法描绘出来，给人的感觉很特别，想透过那些实际的事物进入那种梦幻的世界。

师：好，讲得非常好！看看其他同学的感受怎么样？

生：我觉得超现实主义的画家有一种逃避现实的想法，对现实世界有强烈的不满，想通过超现实的表现展示内心世界，谢谢！（掌声热烈）

师：回答得很好，谢谢！（接着展示达利的作品《内战的预感》）

超现实主义美术是现代主义美术里非常重要的一种风格，大家一起看看达利的另一幅代表作《内战的预感》，一个人能否把自己撕破？

生：不可以！

师：但是达利就是这样，一个人把自己撕破，内脏掉得满地都是，很恶心，这种景象只有一个人在什么状况下可以看到？

生：只有在做梦的时候！哈哈！

师：对，超现实主义就是这样把现实的东西通过不合逻辑的表现，带给我们震撼的视觉感受，这种构图和表现在现代的广告设计里经常用到，可以吸引大家的注意，给人很强的视觉冲击力。

那么，网友又是如何评价超现实主义美术的呢？（师打开校园网的论坛，之前已经在网络上发出超现实主义美术评价的调查帖子）

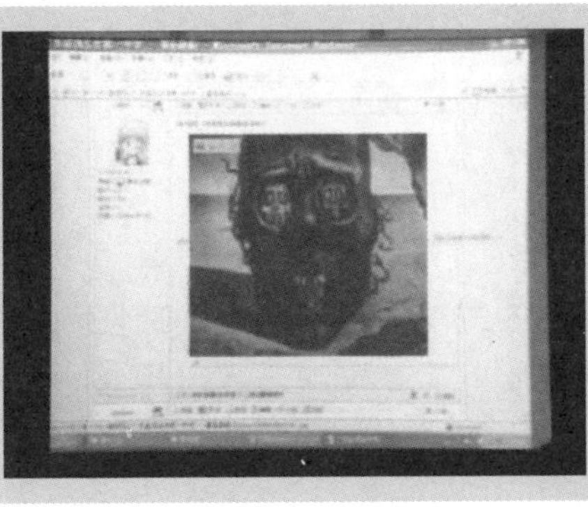

有网友评价：说不上喜欢，但可以给我们以莫名的震撼，是痛苦，或是一种宁静，或是一种梦幻的感觉……

有网友评价：不喜欢，只是佩服，哈哈！

……

（网友的评说，延伸了课堂的延伸）

师：好的，通过以上几个小组的展示，相信大家已经对现代主义美术有了较深的认识和理解，那么现代主义美术对我们中国现代年轻人有什么影响呢？下面我们一起来看一张图片，这是成都美术学院毕业生的创作现场，两位男生很辛苦地倒提起一位女生，该女生全身包裹着当做一支毛笔，利用女生的头发沾满墨水而进行书法创作，他们的这一创举，不知道大家是如何看的？

好，这位同学举手想说，有请。

生（很气愤地站起来）：怎么可以这样！这对那女生简直就是一种侮辱嘛，乱来！（一阵笑声）

师：好的，这位同学，你又是什么看法呢？

生（很平静地站起来）：其实，我很佩服他们的勇敢，尽管女生牺牲很大，但他们的行为很创新，这种敢于打破传统的思维和行动非常值得我们学习。（掌声）

师：这位同学欣赏他们的创新，你们还有其他的看法吗？好，这位同学举手，请说。

生（站起来）：我觉得他们的这种创新很刻意，很不和谐，怪怪的，仅仅是一种形式而已，没有真正的内涵，我不是很接受。（掌声响起来）

师：好的，这位同学认为创新要有内涵，不要刻意地去创新，要有自己的想法。大家有没有看过周星驰主演的《唐伯虎点秋香》？

生（很兴奋）：看过！

师：里面有一段唐伯虎画画的场景，是用什么笔来画的？

生：（又一阵欢呼）用人的身体。

师：是的，是用人体蘸满墨水，很夸张地在纸上作画，比我们现在所看到的成都美院的学生还夸张和张扬，这些看起来很搞笑，但从另外一个角度来说就是一种创意，为什么我们会笑呢？笑之余有什么感受？因为他们所做的是我们没有想到的，或者不敢想的，这就是一种创意，当然啦，这种创意，不同的人会有不同的感受和评价。

几个小组通过课前对现代主义美术的课题研究，将内容在课堂上很精彩地展示给了大家，使我们对现代主义美术有了比较深刻的认识和了解，在此，我们再一次掌声感谢他们！（掌声热烈）

那么，如果让大家用一句话或者几个字来概括今天我们学习的现代主义美术的特点，大家怎么说?

生：标新立异！

生：与众不同！

生：创新是硬道理！

生：丑八怪的审美！

……

师：（在PPT里展示四个字）在我的感觉里是“个性、创新”，因为他们的作品都突出自我的个性，又追求一种创新的手法来表现自我，我们知道，一个民族的灵魂是什么?

生：创新！

师：对，一个民族的灵魂是创新，这是谁说的?

生：江泽民！

师：是的，创新对一个民族来说太重要了，我们中国现在太需要创新人才了，要变“中国制造”为“中国专利”，这就需要你们这一代人的努力了，你们任重而道远！

好了，这节课到此结束，下周再见！下课！

生：谢谢老师，老师再见！

>>> 教学反思

如何让学生进行研究性学习

一、亮点

1. 研究性学习方法在美术鉴赏课堂教学中的应用得以生效，学生由被动学习变为主动学习。

2. 学生通过“上网找资料——整理与研究资料——设计PPT——展示成果”等一系列的学习过程，培养了小组协作能力、网上搜索能力、整理材料能力、研究能力、平面设计能力、演讲能力和审美能力等。

3. 教师在整个教学环节中是一个组织者、策划者。

4. 这种教学注重的是学生的学习方法和过程，学生最后展示出来的效果有高有低，讲的不足或者重点不突出的，教师再“借题发挥”深化主题。

二、不足

学生在整个学习过程中要花掉大量的时间，而且要受教学设备等设施条件的影响。

三、设想

1. 研究性学习方法的可操作性有待提高，解决办法是：将学生研究的课题缩小，如一位同学只研究一幅作品，这样学生花的时间就比较容易控制，也相对少受教学设备设施的限制，可操作性强，还有一个优点就是每个学生都能够参与，而且研究得将会更加到位。

2. 对教师的要求：为了避免教师边缘化，教师在整个教学环节中必须要发挥统帅作用，要及时深化学生的学习内容，要对学生的研究成果有概括性点评，并且对学生的课题要有拓展的能力。

>>> 研究与思考

在美术鉴赏课中开展好艺术批评

李力加

英国知名的美学家兼艺术理论家奥斯本，有一部很著名的著作《鉴赏的艺术》。在本书中，他认为，“艺术鉴赏是一种技能或者是敏悟活动，艺术鉴赏的价值在于完善人性”。[①] 我国学校的美术教育，历来都重视美术欣赏课的教学，从美术教学大纲中美术欣赏课时占整个学校美术课程总课时量的20%，到2001年美术新课程改革启动后，国家《全日制义务教育美术课程标准》专门设立了“欣赏·评述”这一模块，美术欣赏课成为贯

① ［英］奥斯本著，王柯平等译，《鉴赏的艺术》，成都：四川人民出版社，2006年版，第2页。

穿于整个学校美术课程的重要内容。高中美术新课程改革，专门设立了必须开设的教学模块——“美术鉴赏”，随即，不同版本的美术鉴赏教材相继问世。美术鉴赏的具体实践，在全国各个年段的学生中全面实施。

一、让学生做教师，师生共同研究

崔峰老师“现代主义美术鉴赏”一课，是在课程改革的大环境下，美术教师专题研究美术鉴赏教学的一种探索。如何上好美术鉴赏课，特别是对于初中及高中的美术教师来说，是一个需要边实践边研究的常态问题。按照奥斯本的观点，“对美的事物的鉴赏，尤其是对优美艺术的鉴赏，均需要一种技能。对绝大部分人来讲，这种技能源自种种能力的培养或修养，尽管这些能力本身与开发这些能力的冲动差别甚大且因人而异。”他又说：“一般来说，鉴赏并不需要非同寻常的天赋。”① 从奥斯本的观点来看崔峰老师的“现代主义美术鉴赏”一课，能够发现一个重要的问题：现代主义美术这个范畴的作品，不属于“优美艺术的鉴赏”，因为，现代主义美术作品更强调的是创作者自身的表达与释放，如果不用对“优美艺术的鉴赏”的眼光来审视现代主义美术作品，课堂上的引导以及场景会出现什么样的情况呢？

在崔峰老师的课堂上，我们看到学生们的反应是如此的强烈。课堂上，学生们针对现代主义美术作品展开的艺术批评应该说是非常成功的。说到艺术批评，并非是艺术评论家的专利和特权，任何一个中学生都能够依据自己的文化积累和作品欣赏中的现场感受，对自己感兴趣的问题展开思考，提出个人的观点，并与同学们讨论、甚至争论。在崔老师的课堂上，对现代主义美术作品进行讲解的是不同小组的学生，这些同学通过自己查阅资料，研究教学内容，讨论如何上课的过程，已经将自己对这类作品的观点容纳在准备讲述的内容里，在课堂上他们给全体同学讲解的时候，已经带有自己的观点。这种情况引起了听课的同学们的积极思考，美术批评的场域马上形成。例如，当同学C介绍完毕加索及其作品的时候，立刻就有同学站起来发表自己的看法。特别是学生F的发言，极其精彩：“我觉得毕加索的画非常丑八怪，（同学们发出一阵欢呼声，教

---

① 奥斯本著，王柯平等译，《鉴赏的艺术》，成都：四川人民出版社，2006年版，第17页。

师点头示意大家安静下来，好让学生F把他认为毕加索的画是丑八怪的理由说出来）我在一篇文章上看过，忘记了什么文章，就是说毕加索画的女人都是丑女人（学生们发出一阵笑声），其实，没看过毕加索的作品还不知道有多丑，现在看了，才确认为实。他画的人都是眼睛分开，嘴巴错开，一点都不好看。但是呢，我觉得他这样画就是一种创新，因为传统都是写实唯美，而他却打破传统。”

这样的评述，启发了学生和美术教师，新的思考与发现从这位同学的论述中生发出来。一般中学生对毕加索及其生活趣闻都会了解一些，但是，对于毕加索的作品以及其立体主义的表现形式等，是公众百姓（包括中学生）都不太了解的。如何理解现代主义美术，如何看明白毕加索的作品，是需要经过讨论或争论得出一定结论的。在没有学习现代主义美术这个主题之前，中学生们对于这些艺术家和其艺术创作时思考的认识，存在着自己是否能够解释其内涵的疑问，这也是很正常的事情。因为，艺术家在很多方面处于一种特权地位，似乎唯有他本人才能告诉我们他头脑中创作的时候在想什么，他的思想是如何贯穿于自己作品中的。在课堂上，崔老师及时与学生对话交流，他在阐述自己观点的同时，又启发其他同学对毕加索本人及其作品深入讨论。

二、以学生为主体进行鉴赏

虽然说美术鉴赏需要一种技能，但是，中小学课堂上的美术鉴赏（欣赏）教学并没有传承下来的、可以供大家立刻套用的操作性知识及方法。因为，人（学生）的群体是不同的，文化背景也各不一样，虽然有的高中美术鉴赏教科书归纳了4种鉴赏方法，但一些学者也提出了一些其他的鉴赏方法。

例如，在文化情境和历史发展过程中来认识和理解美术作品的鉴赏方法，是一种综合的方法。又如我国现代著名教育家丰子恺先生认为鉴赏的方法是：第一诉于感觉，第二发生感动，第三感情移入，第四美的判断，第五美的批评。也就是说，鉴赏最先应从感性出发，让学生去感悟作品，产生情感，然后慢慢过渡到理性的分析，发展到对美的判断和批评。还有，美国的费德门提出了四阶段分析的美术鉴赏模式：叙述，形式分析，解释，评价。另外，以胡塞尔现象学为理论基础的美术批评模式：包括接受（以一种全新的角度观照艺术品）、趋向（与艺术品建立沟通的关系）、集中（专注于艺术品所展现的特质）、解释分析（讨论艺术品元素间的关系）与综合（对艺术品的价值作出整体性的判断）等五个部分。但是，美术鉴赏的学习，不只是训练学生学会欣赏个人以前看不明白的作品，更重要的是让他们在美术鉴赏课堂里能够习得新的感知能力，也就是美术鉴赏学习要能唤起学生过去迟钝的感觉，使自己的思维变得逐渐敏感。

对于这一点，崔峰老师课上的学生们的出色表现说明了一切。例如，在崔老师在大屏幕上呈现出“两位男生很辛苦地倒提起一位女生，该女生全身包裹着当做一支毛笔，利用女生的头发蘸满墨水而进行书法创作”这一图片的时候，有位同学很气愤地站起来说：“怎么可以这样！这对那女生简直就是一种侮辱嘛，乱来！”（学生发出一阵笑声）有的同学则发表了这样的意见：“其实，我很佩服他们的勇敢，尽管女生牺牲很大，但他们的行为很创新，这种敢于打破传统的思维和行动非常值得我们学习。”（掌声）又有一位同学说：“我觉得他们的这种创新很刻意，很不和谐，怪怪的，仅仅是一种形式而已，没有真正的内涵，我不是很接受。”（掌声响起来）

学生们的回答说明，在美术鉴赏课欣赏方法的运用上，教师要以学生的感悟为主要启发线索，教师的引导思路要沿着学生出现的想法对其进行引导，能够在学生现有理解、分析的基础上使问题的讨论、评价更深刻。这一点，崔老师在教学中表现得很出色。

三、艺术批评教学的思路

“现代主义美术鉴赏”一课，采用的教学方法是研究性学习，学生经过“上网找资料——整理与研究资料——设计PPT——展示成果”等一系列的学习过程，培养了小组协作能力、网上搜索能力、整理材料能力、研究能力、平面设计能力、演讲能力和审美能力等。这是崔老师在教学设计的时候就已经确立的目标，整个教学也比较顺利地按照这样的预设思路在进行，学生的学习效果非常好。但是，需要关注的是，中学生们有没有在美术鉴赏课的学习中，建立艺术批评的意识，并由此促进自己艺术感知能力的提升。

美国著名教育家杜威认为："批评的功能是对艺术作品的感知力的再教育过程；在此艰辛的过程中，也就是在学看、学听的过程中，批评起一种辅助作用。"①

1.强化讨论。一般中学生收集资料与备课的程序均来自网络与电脑，学生们对电脑的依赖程度比较高。强化讨论的做法是，将教学主题的基本资料下载后，要有针对性地在讲课前展开小组讨论，同时用录音笔将大家的即兴发言记录下来。如果时间允许，选一位同学整理出集体的意见，代表本小组讲课的基本观点。这些观点要有很有针对性的艺术批评元素，有疑问、有论证、有观点、有分歧，还有留给全班同学和老师来回答的问题。这样可以使教学实施的质量提高，使单纯的欣赏真正转变为鉴赏，因为鉴赏是需要艺术批评的。

2.全员写作。在课堂上适当安排学生用描述、表格评定等形式进行文本写作，在课后安排同学针对不同的论点或某件作品、某个专题进行写作，使口头评价归于更理性的分析。教师可设立美术鉴赏学习的专题博客，用以发表学生的有关艺术批评的文章，并安排专门的课时在课堂上由学生与教师共同演示、朗读这些文本，这样既给学生们以成就感，又提高了他们的艺术批评能力，还可以激发学生对美术鉴赏课学习的兴趣。

从课程与教学目标的角度来分析美术鉴赏课中崔峰老师对学生艺术批评的学习的引导，假定课堂教学里学生在美术鉴赏过程中的知觉体验是一座冰山，一般情况下，课堂呈现出来的，也就是说浮在水面上的不过是"冰山"的一角。例如，露出水面的一层是显性学力——美术鉴赏学习主题里反映出的"知识与技能"，学习深入一点的中学生露出水面的是对学

① ［美］列维史密斯著，王柯平译，《艺术教育：批评的必要性》，成都：四川人民出版社，1998年版，第128页。

习主题、学科知识和技能的初步“理解与记忆”。那么，藏在水面下的则应该是支撑冰山上方显性学力的隐性学力。例如，在这一节课中，学生通过艺术批评的即时反应，生发出的“思考力”和对鉴赏学习中“问题的解决力”；又如学生由艺术批评的深入探究所引起的对某一个美术问题、某个艺术家、某个观点等产生的“兴趣与意欲”；再如在艺术批评的激励下，学生在美术鉴赏课整体学习中得到的身心“体验与实感”。所以，艺术批评在美术鉴赏课上实施及开展的程度，决定了一个中学生在美术课堂上所达成的“基础学力”，这是由上述的显性学力和隐性学力组成的中学生整体的理解能力与思考能力，它们是相辅相成、不可分割的一个整体。

15

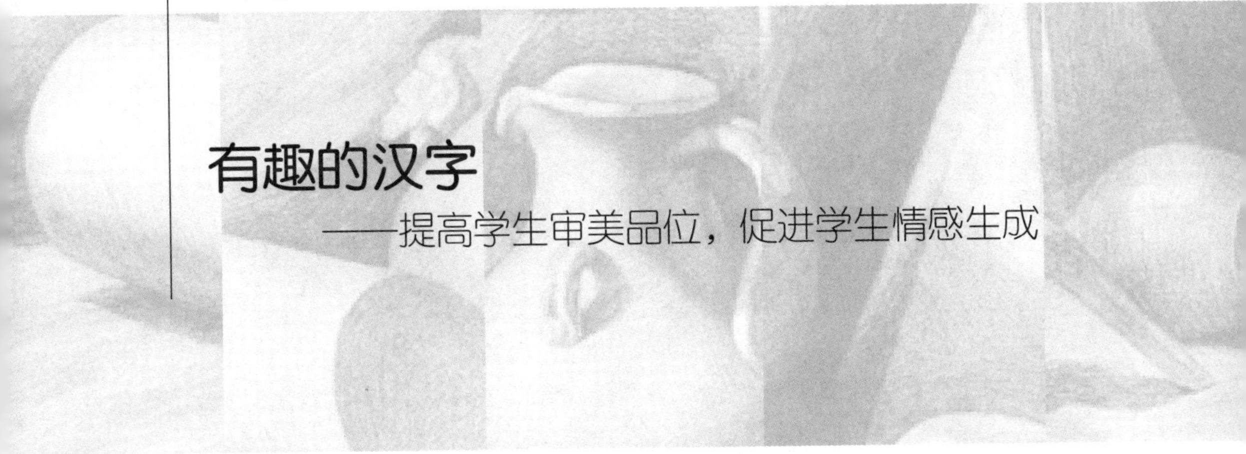

有趣的汉字

——提高学生审美品位，促进学生情感生成

>>> 名师课堂

“有趣的汉字”教学实录（五年级）

贾继红①

师：课下我了解到大家都非常喜欢看动画片，也对里面的角色记忆犹新。今天老师也给你们带来了一个特别有意思的动画片，请你们在观看的时候，注意细节，看看这个动画片里演的是什么内容。

（播放动画《三十六个字》片段，让学生感受汉字生动趣味的特征）

师：好玩吗？除了好玩，你们还看懂什么了？

生：是汉字，是象形字。

师：你们知道这些字为什么叫象形字吗？（生答，略，师出示象形

① 贾继红，小学高级教师，北京大学附属小学美术教师。

字）是的，你们看，这就是象形字，看它们多像画一样形象啊。你们喜欢这种字吗？为什么？

生：它们的样子很像所表达的内容，因此看起来很好玩、很有趣。

师：今天我们就一起来学习这些有趣的汉字。（出示课题：有趣的汉字）

师：这些汉字最初是谁发明的？

生：仓颉？古人？……

师：先别急着回答，让我们带着这个问题一起去探讨一下。（播放课件：探险原始山洞，轻呼“芝麻开门”）

师：同学们快看，这里面有什么？

生：这些都是象形字，都被刻在甲骨上，被称做甲骨文。

师：这些都是刻在龟甲和兽骨上的甲骨文。这些字你们认识吗？你们认识哪个字？谁来给大家介绍一下？（生认字）

生：我想这个字一定念“牛”。

师：你是通过什么来认识这个字的呢？

生：看文字的上部很像牛的两个犄角，所以我判断这个字念“牛”。

师：你真善于观察和分析，还有谁来认一认呢？

生：我觉得这个字一定念“车”，因为这个字上有两个车轮子。

师：你真聪明，猜得真准，看来这些字和生活是紧密相连的。

（介绍几个较难的组合的字，出示“丰”字）你们看看这个字，应该念什么呢？（生猜测，产生疑问）

师：你们看上面好像一个容器，在容器里好像有什么？

生：好像是谷穗。

师：是的，这正是装满了谷穗的容器，表示丰收了，这个字就念“丰”。（出示休息的“休”）你们看，这个字像什么？

生：像一个人靠着一棵大树。

师：人在木旁休息，这个字就念休息的“休”，看多有趣啊！

（师再分析几个有趣的会意字：鼓、好、美等）我们的祖先真的非常聪明，有很好的创造精神。

师：你们再看，山洞的壁上这些形象，是汉字吗？

生：是祖先们在岩石上画的画。

师：想一想，我们的祖先在岩石上画这些画有什么作用呢？

生：记录生活中发生的事，互相交流。

师：那你们再想一想，这些画和这些象形字有什么关系吗？

生：象形字就是由这些画演变过来的。

（板书：画——►字）

师：难怪这些字这样有趣，原来，它们都是由画演变过来的。既然象形字这么有趣，现在我们为什么不用它们了呢？

生：因为书写象形字太麻烦了，因此需要对汉字进行简化。

师：人类不断进步。为了书写更方便，汉字就又进行演变了。现在我们就看看汉字这几千年的演变过程，看它是怎样一步步发展到今天这个样子的。（播放课件，汉字的演变）

同学们，这是我国最早的成熟文字——甲骨文，它出现在我国殷商时期，之所以称其为甲骨文，是因为这些文字都是刻在龟甲和兽骨上的。甲骨文中大多数是一些像图画一样有趣的象形文字。到了西周，甲骨文逐渐演变成金文，金文主要是刻在金鼎器物上，金文中，象形的笔画逐渐减少，文字也开始圆润整齐了。秦朝时期，秦始皇统一了中国，同时统一了文字，出现了小篆，文字更加规范了。随后，隶书产生、发展并逐渐成熟，使得汉字的书写速度大大提高，汉字也变得更加美观大方了。隶书进一步发展又形成了楷书。随着时代的进步，汉字书写形式更加丰富多彩，又陆续出现了行书、草书。

此时，我国汉字已经到了十分成熟的阶段，它的每一步发展无不充满了我国劳动人民丰富的想象力。它不再仅仅是进行记录和交流的语言符号，更是形神兼备、韵味悠长的书法，作为一个重要的艺术门类，置身于艺术的殿堂。

师：孩子们，这就是我国汉字从古至今的演变过程，通过了解汉字的演变，你们又知道什么了？

生：我知道汉字的演变不是一次形成的，而是历经了不同的朝代，演变过不同的形态后才到今天的样子。

师：是的，汉字经过几千年演变到今天，不仅实现了书写的方便，更超越了生活形成了书法艺术。咱们班里有谁学习书法呢？谁能说一说，书法最初的原型是什么？

生：书法最初的原型也是画。

师：当然，古人通过在岩石上画画，也逐渐形成了绘画的艺术。书法和绘画是同一个根源，谁能用一个词来形容。

生：书画同根，书画同源。

师：是呀，原来书画是同源的。（板书：画——►字——►书法，书画同源）汉字的演变过程，融入了我们祖先多少智慧呀！让我们真地不禁崇拜起我们的祖先了。现代人同样了不起，你们看，这些有趣的造型，是画还是字？（出示民间艺人绘制的花鸟字进行赏析）

生：是字，是画，又是字又是画，是字画的结合……

师：看着像画，仔细看，画面中还有字的笔画，字和画巧妙地融在了一起，这不又是一种新的创造吗？（赞美汉字）

师：了解了汉字演变的伟大历程，又欣赏了汉字巧妙生动的变化，你们此刻想怎样赞美我们的汉字呢？

生：我们的汉字很生动、优美、变化无穷……

师：真得太生动了，难怪有的画家用字来创作水墨画。（出示现代画家古干的《农家乐》）这是现代画家古干的《农家乐》，你们看出画面中有什么字了？

生：我看出了画面中有“羊”字和“木”字。

生：我看出画面中还有“鱼”字。

生：我看到画面里好像有人在跳舞。

师：画面里这么多内容，谁知道这幅作品是表现什么的？

生：是表现农民生活的。

师：是的，这正是我国现代画家古干创作的《农家乐》。谁知道画面是通过什么表现“乐”的呢？

生：通过绚丽的色彩。

生：好像很多人在跳舞，舞红绸……

师：这些代表农家生活的象形符号与表现快乐生活的色彩和线条巧妙地结合，构成了一幅表现农家幸福生活的水墨画。画面中，色彩和汉字巧妙地融合在一起。字中有画，画中有字，趣味无穷。

不但画家喜欢表现我们的汉字，许多小朋友也被这些生动的汉字深深打动了，下面让我们翻开书第17页，看看他们都用了哪些方法进行创作呢？想一想，你喜欢哪一幅，为什么？

生：我喜欢中间那一幅，这幅作品画了很多汉字，不是简单地表现汉字，而是用图画的方法更生动地表现出来。

师：在构图上也有新意，采取了分割的方法，大家看看是怎么分割的。

生：用了一个大大的“木”字，同时还用了红色和蓝色进行装饰，画面非常好看。

师：你们再仔细看画面里都是象形字吗？

生：有的地方用的是象形字，有的地方是现代的文字。

师：是的，这样的画面真有意思。还有谁想谈一谈你喜欢的作品？

生：我喜欢课本右下角那一幅，那幅作品的颜色让人感觉非常欢快。画面中虽然画的是一个“木”字，但是让你感觉像是一个人在跳舞，旁边好像还有一个人在弹琴。

师：哦，你的想象力真丰富。这幅作品的主体非常突出，而且色彩也非常鲜艳，让人看了很激动。

师：这里有一幅完全用水墨表现的作品，有喜欢这种风格的作品的同学吗？看看它好在哪里？

生：我很喜欢这幅作品，因为这幅作品不单独用字表现，还把一些字变成了画，画面里有山有水，而且字中还有字。

师：你们再看这幅作品没有颜色，会不会显得很单调呢？

生：不会，因为画面中墨色变化很丰富，有浓有淡。

师：说得真好，这也是中国画特有的艺术魅力。看看，他们运用了这么多表现形式，有的运用了现代字的写法，有的运用了象形字，还有的把汉字进行了变形，把画面分割进行装饰，使其具有现代美感，多有趣呀！

看了这些，老师也想创作了，老师非常喜欢象形字，我就选象形字中的“鼓”字作为主体进行创作吧。这个字左边是一面大鼓，右边是一只手拿着鼓槌正在打鼓，整个字是表示打鼓的意思。你们觉得我该怎么突出主体呢？

生：把它写得大大的。

师：好，那老师就用一杆大笔，首先蘸浓墨来表现这个“鼓”字。

师：因为我是在画画，需要像写书法一样地遵守笔画格式吗？

生：不用，可以大胆地表现。

师：我首先画出左面的大鼓，关于右边的部分，我不想只画一只手拿鼓槌，我就直接画出一个人在打鼓，这样的变化是不是也挺好玩的？

（生表示认可）

师：谁能看出老师表现的这个人的动作是什么样的？

生：好像一边打鼓一边在跳舞。

师：是的，看来他挺高兴的。

师：字的主体完成了，我刚刚用的是浓墨，在中国画中画面应该有什么变化呢？

生：应该有浓淡变化，可以在画面中用淡墨渲染一下。

师：好，我首先用淡墨对字进行渲染，让画面有了水墨的味道，同时，还可以用淡墨表现什么呢？

生：可以表现远处的风景。

师：好的，我可以画几个“木”字代表远处的树，同时我还可以用淡墨再画几个在远处跳舞的人。

师：除了用墨色表现，还可以用什么表现呢？

生：用颜色表现。

师：刚刚我们欣赏了古干的《农家乐》，画面中的色彩表现的是一种感情，我们也可以来学一学。你们说先用什么颜色？

生：黄色。

师：好，我就用黄色，用色的时候不要直接蘸了颜色就到纸上去画，要先在调色盘上把颜色均匀地揉在笔头里。看看，画面中渲染了黄色给你什么感觉?

生：好像是丰收的景象。

生：像稻谷或者天边的晚霞。

师：我们再用什么颜色?

生：红色，老师把红色画在鼓锤上，好像系了一条红绸。还可以点一些颜色在空隙里，表示人们穿着红色的衣服，表现喜庆的气氛。

师：好主意，我们还可以用什么颜色?

生：绿色，表示生机盎然。

师：太有创造性了！你们没有说是草，而是说生机盎然，说明你们已经在用色彩表现情感了。绿色还是和平的象征，表达人们美好的愿望。

作品完成了，你们想不想画?（生跃跃欲试，情绪很激动）

今天你们也可以表现一幅这样有趣的画面，看看谁的作品构图特别新颖，字画结合得最好，让墨色变法丰富。同时，老师也准备了一些象形字供大家进行参考。现在你们就开始吧。

（生开始创作，师巡视指导，纠正学生创作过程中不准确的用笔姿势，指导用色技巧，鼓励大胆创作，突出主体；指导创作好的学生将作品粘贴到事先准备好的胶片上，同时指导粘贴的技巧，鼓励画完的同学选择不同的题材再次进行创作；提示学生先创作到这里，把笔放在水桶里，组长负责将本组展示的作品的胶片举起来面向同学，请大家欣赏）

师：请组长把我们的作品举高，请大家环顾四周，看一看。这些就是我们用我们祖先创作的象形字创作出来的艺术作品，谁来评价一下你喜欢的作品或者介绍一下自己的作品，说一说哪里做得好?（生对作品进行评价）

生：我很喜欢我自己的作品，我感觉它主体很突出，因为我把主体的“牛”字画得很大，同时我还用淡墨画了一头牛，这两个牛顶在了一起，感觉很有趣，而且画面浓淡搭配得也很好。

师：老师也很喜欢你的作品，这说明你非常用心。

生：我喜欢这幅表现山水的，我感觉这幅作品很新颖，画面中有山有水，还用了大片的绿色。画面很生动，有一种生机勃勃的感觉。

师：你说得真好。大胆渲染，轻松表达一种意境，这就是我们国画的魅力所在。

孩子们，汉字来源于我们祖先生活中的创造，汉字也表现了我们祖先的生活状况。今天我们又用这些汉字创作了这么多美妙的艺术作品。那你们说艺术来源于什么？

生：艺术来源于生活。

师：今天，我们要用这些艺术作品装饰我们的生活。老师有一个好的想法，让我们把胶片两端粘好，把它卷成一个小桶放在事先准备好的灯座上。（师将自己的作品粘贴好，放在台柱上，并陆续将学生粘好的作品放在灯座上，然后关上灯光，点亮灯柱）孩子们，快看这里，让我们静静地看着。

生：哇！（孩子们很惊喜，不禁鼓掌……）

师：孩子们，你们看，这还是普通的灯柱吗？

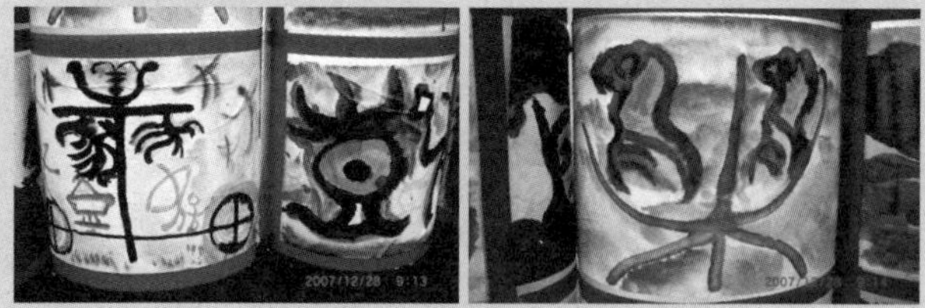

生：不是了，太美了！

师：它的不平凡表现在哪儿呢？

生：这些都是我们亲手创作的作品，感觉很亲切。

生：灯柱上都是我们祖先创造的汉字，我们把它们变成了艺术品。

师：看到你们亲自打扮起来的灯柱，你们有什么感想呢？

生：平时经常写字，但是没有感觉出来汉字原来是这样美，我以后一定更加认真地写好汉字，把祖先的文化传承下去。

生：我感觉汉字比其他国家的符号漂亮多了，我爱我国的汉字。

生：我看到这些灯柱，心情很激动，此刻，我好像置身在艺术的海洋里。我们应该感谢汉字带给我们这样美的感受。

师：说得真好，老师也被你们的作品深深打动了。

汉字呈现了祖先们的生活，汉字记载了人类的生活。今天，汉字又妆点着我们的生活。让我们永远热爱我们的文字，把祖先智慧的结晶永远流传下去，把中国的文化发扬光大。

让我们永远记住：

（屏幕呈现，生读）汉字——趣味的生活；汉字——中国的精神；汉字——永恒的艺术。

我们今天就上到这里，下课。

>>> 教学反思

巧妙展示，为学生营造艺术殿堂

中国的汉字是人类社会的艺术瑰宝。“有趣的汉字”一课将中国古代的汉字带入美术课堂，教师结合汉字的起源和演变历史，向学生呈现了我国古代汉字的艺术魅力，从而加深了学生对汉字的认识，培养了他们热爱祖国文化的思想感情。在本课教学中，让学生体会“书画同源”是至关重要的，它为我们运用汉字构型并进行绘画创作提供了丰富的灵感。在本课的设计与创作中，重点在于引导学生开启形象思维之门，充分发挥中国汉字字体的特点及构型，使学生在欣赏汉字造型美之余更深入地了解我国汉字的造字规律，并运用巧妙的绘画方法和独到的构思，创作出精美的作品，使学生充分感受中国汉字的审美意趣。

一、利用丰富而合理的教学资源引导学生迈进汉字美的神秘意境

在课程的开始，为了让孩子们尽快进入与自己距离甚远的远古汉字的探索与学习，我抓住教材中对于“趣”的应用，采取“以趣引趣”的方

法，激发学生兴趣从而使其感受趣味。

1．动画引入，激发学生学习和感受的兴趣。我利用动画视频《三十六个字》引入本课，孩子们通过自己感兴趣的动画片轻松认识了象形字的有趣造型，从而对其产生了喜爱之情。

2．探索原始山洞，将学生带入了有关汉字起源的神秘意境，使他们的好奇心和注意力牢牢地牵系在课堂，使他们全神贯注地跟随火把的亮光发现原始山洞中那一片片如瑰宝般的“远古残片”，体会汉字富有趣味的造型和独特的魅力。

二、设计直观、创新的教学示范，启发学生富有创意的发散思维

成功的示范不是给学生一个方法，而是激发他们一种思维。教师在示范环节应该既能带给学生实际的知识技能，又不阻挡学生思维前进的脚步。在本课中，我利用“鼓”字为主题进行了完整演示，目的是对孩子在技能技巧以及思维拓展方面进行激发引导，解决他们在绘画过程中容易忽视的问题。同时，引领学生通过观察、联想、比较、思考，在情感体验中提高想象力和创造力，继而领略中国书画中笔墨之美感，体会中国画用墨、用色以及画面构图的独特表现，引导学生尝试变化与创新，表现自己内心的独特感受。“鼓”字的结构是一面鼓的造型和一只持鼓槌的手，表示一个人拿着鼓槌正在敲鼓。为了引发他们的求异思维，我在示范表现“鼓”字右边的笔画时，没有用手来表现，而是用了一个动态的人，为了让旁边的人更漂亮，我特意在其头上画了羽饰，孩子们立刻联想到这又是一个新的象形字“美”。这样的设计是为了让他们感受到书写与绘画的不同，绘画可以大胆进行联想、表现，充分发挥自己的创造力。

在进行色彩表现的演示时，过去我们总是画一些颜色然后再问学生这些颜色能代表什么，这样容易造成孩子比较被动地猜测。为了更好地启发他们的想象思维，我通过分析现代画家古干的《农家乐》中色彩的应用，让他们体会色彩的情感内涵，让他们说出怎样来创作画面，需要用什么颜色来表达什么样的艺术情境，这样对他们的创作会更有价值。

除此之外，在本课试讲过程中，由于教师示范很多，在学生作品中还是发现有的学生模仿教师的作品创意，这样的现象大多发生在创新意识比

较薄弱的学生身上，孩子们崇拜教师的表现方法，不知不觉中思维受到了教师的影响。为了避免这种现象重复出现，在本课教学中，我着重强调了作品的创新性，拓宽学生思路，避免雷同和模仿。示范的时候，我针对不同的示范环节，激发孩子们更多的想象。比如，你感觉还能怎样表现这个主题，你认为什么样的鼓更加漂亮，你感觉画面构图还有什么更好的办法，等等，这样即使孩子们也想表达这个字，在方法上也会有很多变通了。

三、巧妙展示，为学生营造艺术殿堂

作品展示不应该仅仅是形式化的环节，我们要通过展示，使学生个体自信得以加强、群体眼光得以拓展、审美品位得以提高。在本课中的作品展示中，学生通过团结合作，并以胶片的形式呈现作品，采取自评互评的方法，促进了课堂交流。最后，教师补充讲评，引导学生感受不同作品的艺术魅力。

从生活中来再回到生活中去，是我设计的思路。孩子们用生活中的汉字创作了一幅幅有趣的汉字作品，随后又用它来装点生活，这样让孩子们更深刻地理解汉字与自然、生活息息相关，这样自然将学生对汉字书画之美的感悟提升到一个新的高度，使学生充分感受中国汉字的审美意趣，在培养基本的美术素养的同时，陶冶高尚的审美情操。

四、感受汉字的独特魅力，促进学生情感生成

孩子在欣赏作品的时候，往往从讲述作品内容出发，这只是从表面描述作品画了一些什么，或者只是很概括地说色彩漂亮，等等。让孩子们能够从艺术鉴赏的角度，从作品的构图特色、色彩效果、构思创作等方面更加深入地去分析作品，是需要我们探索和实践的。

通过了解汉字演变的过程，我们应该让孩子们深刻地感受汉字的魅力。在此环节中，汉字演变过程所体现出来的人类的创造精神，使学生产生了一些情感上的火花，孩子们由衷地表达了对汉字的热爱以及感受，体会了汉字体现的中国精神，感受了汉字永恒的艺术魅力，并表示要学习祖先创新的精神。

唤起思维，激发情感

李力加

这是一节获得全国录像课一等奖的课。从教学实录看，北京大学附属小学贾继红老师对“有趣的汉字”一课的教学设计，在充分挖掘课题深厚的文化内涵，唤起小学生思维的创意，激发学生对中国文化的情感上做足了文章。

中国艺术与汉字有着密切关系，中国早期绘画的产生取法于汉字，绘画的笔墨形式与书法密不可分，汉字通过书法影响着绘画的形式构造。“有趣的汉字”一课，教学主题——汉字，是生命符号的载体，为我们提供了一套认识世界的方式、一套独特的思维系统，中国艺术的思维方式受到汉字这种独特的符号形式的影响。其主题蕴涵的文化意义和哲学命题为“象”，这是一个影响整个中国艺术的核心概念。在小学美术课堂上，如何能够使这一教学主题更深刻地影响学生的情感，是教学成功的关键所在。

一、由学习兴趣到唤起思维

符号作为一种标识某种表现的东西，旨在使人借助某种事物的符号去“理解”另一事物的“理解”过程，这是人在大脑中进行的一种深刻的直觉过程。在通常情况下，人们不容易把符号性的表现形式与它所代表的真实事物区分开来，一个符号看上去就好像是它所代表的事物本身，或者说该事物就包含在符号里。汉字的根本特点是有形可像，它是一种具有鲜明感性特征的视觉符号。贾继红老师的教学设计紧紧抓住汉字的本质特征，由象形造字法这个点进入教学，采取“以趣引趣”的方法，激发小学生对古汉字探究的兴趣。

教学中对学生兴趣的激发不是目的，唤起小学生的思维才是贾继红老师的教学重点。她利用动画视频《三十六个字》引入教学内容之后，随即带领学生展开“探索原始山洞，将学生带入了汉字起源的神秘意境”等一系列的探究活动，为的是唤起小学生们富有创意的发散思维，进而更好地进入下面环节的学习。

古汉字的视觉形态，对于今天的小孩子来说，犹如比较深奥的艺术作品。贾继红老师在课堂上所呈现并演示的每个汉字都是一种特殊的表现形式，远古的中国人所创造出来的汉字构造形式，在课堂上给小学生的感官以想象的知觉，而艺术家根据汉字创造出的作品所表现的形式承载的是中国人的情感。贾继红老师以唤起小学生思维，激发其文化理解的情感为目标，将本课的演绎提高到小学生通过学习产生对中国人生命意义的理解高度。

二、理解汉字美的神秘意境与创造性

汉字是一种生命符号。一位叫仓颉的人，以“观物取象”的体验，创造了汉字。其象形符号是对生活万物的一种抽象，每一种表现性的形式都是一种能够引起感官知觉或想象的整体，汉字这个符号既是传播语言的媒介，又是生命的载体，它记载着中国人的生命发展历程。而汉字的表现形式本身就是一个生命体，在概括中体现了中国人的宇宙观和人生态度。课堂教学中，贾继红老师的引导始终沿着这样一个探究生命本质意义的路径进行着，启发小学生们在一个个汉字的图像形态中，体验汉字所展示出的整体内容，以及其各个部分、各个点、各种特征和方位之间的特定结构的关系。由此，孩子们生发出对中国文化审美的情感，对汉字所蕴涵的文化意义开始有所了解。例如，学生说：“我知道汉字的演变不是一次形成的，而是历经不同的朝代，演变过不同的形态后才成为今天的样子。”学生又说：“书法最初的原型也是画。”这样的回答，已经把贾继红老师在这节课里所要阐释的“书画同源”点明了。

中国艺术的创造方式，由观物取象开始，它不是简单的由物出发、借物比喻的思想，而是直接影响中国艺术的意象创造。汉字的创造过程，正是这样一种意象的生命符号，每个字都具有独立的意义。课堂上小学生在探究每个汉字神秘意境的过程中，不仅知道了汉字创造中的故事，还对中国艺术的阐释方式有了初步的了解。例如，汉字所阐释的不仅有语义符号，更深刻的还有象外之象的符号意义，这些都是需要小学生在课堂学习与课外延伸阅读中逐渐领悟的。因此，研究一节课，要从整体的角度思考其对小学生的深远影响。

三、由知觉体验到审美思考

本节课小学生们的表现性学习，集中落实在中国水墨画的笔墨意趣里。该教学旨在让小学生能够明白，这种表现性的形式可以成为一种符号，在这个世界上，所有的表现性痕迹只不过就是某个主体（艺术家、儿童、人）利用不同工具在与不同材料接触后，所产生的记录性符号，汉字就是这样一种符号，水墨画的笔墨痕迹也是这样一种符号。但笔墨符号所标识的东西并不是容易想象和理解的，因为水墨画的笔墨中负载了创作者的情感。所以，在贾继红老师的课堂上，学生们最终又明白了，这些符号是在主体受到情感、情绪作用后的一种释放性的心理表现。由此，孩子们的审美思考开始产生，他们发现，贾老师所展示的艺术家的表现汉字的作品，用笔墨所进行的每一次记录性表现符号，都是受到主体（人）的情感、情绪左右的产物。例如，当进行教学展示活动时，贾老师用灯柱展示的方法把学生们的一幅幅作品呈现的时候，学生们的情感得到了极大的激发，学生说："我感觉汉字比其他国家的符号漂亮多了，我爱中国的汉字。"另一个学生说："平时经常写字，但是没有感觉出汉字原来这样美，我以后一定更加认真地写好汉字，把祖先的文化传承下去。"这些话是孩子们发自内心的感悟，是他们在学习发展中的审美思考与升华。

汉字是具有强烈感性特征的象形符号，每个汉字都凝固了中国人在具体生活中的生命感受和体验。贾继红老师在课堂上充分展示了汉字这一特征，不是去"指谓"世界，而是用形象"呈现"世界，理解这一特征，这是一种特殊的审美学习与思考。例如，本课教学是以图画的方式表现汉字，达到字中有画、画中有字的特殊的审美知觉。完成目标的载体是水墨表现形式，这又与汉字以线条为基础的表现紧密结合，学生们对此理解、思考的过程，要经历象形与抽象化的相互转化，这样的审美知觉在课堂上是需要经过综合体验的。

四、对话交流在随堂欣赏中的作用

在学校美术课堂上，学生在与美术教师所呈现的作品的对话交流中，与艺术文化产生的碰撞中，学会了将文化内化于生活，也就是在心理知觉上产生一种变化，这是由情感、感觉等元素所构成的一种心理活动。在“有趣的汉字”一课中，无论是贾继红老师采用的视频导入、创设情境到山洞探险，还是对不同汉字进行的欣赏、分析、讨论，这一系列的过程里有着大量的师生对话，有着学生与作品所蕴涵的文化意义的对话。美术文化的传承，需要美术教师在教学设计前对教学主题的背景材料进行比较充分的了解，需要美术教师对教学内容进行结构化的组织。其中，提问就是一个非常重要的设计。也就是说，美术教师在课堂上引导学生朝着什么方向走，这就有了对话的基础。例如，呈现我国现代画家古干创作的《农家乐》这幅作品时，贾继红老师问：“谁知道画面是通过什么表现‘乐’的呢？”这是一个关键性的问题，由此可以引发出同学们一连串的思考。又如下面的问题，“这幅作品‘在构图上也很有新意，采取了分割的方法，大家看看是怎么分割的呢？’”提问直接把学生的思维拉到对美术学科要素的知觉层面上来思考问题，而不是让他们浮在欣赏作品的表面。

美术欣赏的学习中，学生对许多表现性技能所产生的知觉接受过程，需要通过对话的交流来加深对这一问题的理解。例如，学生说：“我喜欢课本右下角那一幅，那幅作品的颜色让人感觉非常欢快。画面中虽然画的是一个‘木’字，但是让你感觉像是一个人在跳舞。旁边好像还有一个人在弹琴。”在最普通的表现性技能的接受过程中，学生更多的是对生活物象与艺术表现所传达的符号本身产生一种心理认知，也可以叫做知觉。在这样的知觉过程中，当儿童的心理被一种现实物象所遮盖的时候，孩子们此刻对于表现符号的认知并没有形成，而其心理的认知仅仅停留在与真实物体的“逼真”或所谓的“象”这一评价个人行为的标准上。而美术教师此刻需要针对儿童这一心理认知水平展开教学引导，因为汉字构成的核心为“象”，这包括字象、物象、易象。在随堂欣赏的过程中，教师引导学生理解了汉字所具有的这样的意象性，随即，学生在艺术表现性技能学习环节里，就能够有比较有意味地进行作品表现。所以，美术教师在课堂教学中要重视随堂欣赏中的对话和交流，强化对学生的审美引导，使教学的内涵不断深化。

中国艺术倡导以生命去体验，欣赏、表达的过程是由瞬间的感悟达到自己意绪的提升。在贾继红老师的课堂上，孩子们在对汉字的体验基础上，用中国水墨的表现形式表达自己的感悟，其决定因素是小学生在欣赏汉字中不仅仅是审美愉悦，更重要的是心灵激荡后的思维唤起，表现创造的情感催生出对汉字理解的“象外之象”。所以，在小学美术课堂教学中，教学形式固然重要，但最核心的还是美术教师要能够在课堂上激发学生学习美术的情感，促进其思维的唤起，这样才能使课堂学习的有效性达成并落实到每个学生身上。

16

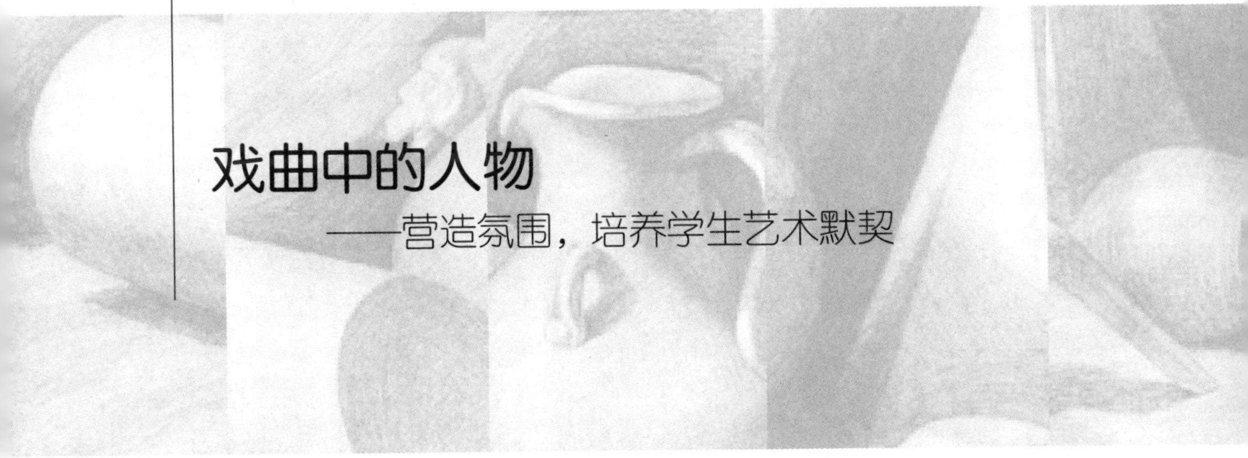

戏曲中的人物

——营造氛围，培养学生艺术默契

名师课堂

“戏曲中的人物”教学实录（六年级）

李茂渊[①]

师：大家好，今天我请来了一个“角儿”，也就是今天的大明星来表演。请大家边看边思考，这是哪一种艺术的表现形式？（师播放短片）

生：京剧。

师：说得好，这就是咱们中国的戏曲，而刚才欣赏的折子是出自京戏中最经典的一出《霸王别姬》的片段。说到戏曲，你最先想到的是什么人的形象？

生：关羽。

① 李茂渊，小学高级教师，成都市实验小学美术教师。

生：曹操。

生：包公。

……

师：怎么都是男的，还是花脸。今天我偏要带你们去见一见那个沉鱼落雁、闭月羞花的世界。（板书：戏曲中的人物——旦角儿）

何谓旦角儿？看这里（出示旦角儿图片）。

生：女的。

师：戏曲中的旦角儿是指女性人物。旦角儿又分五大类：青衣、花旦、武旦、刀马旦、老旦，后来把最漂亮的青衣、花旦和在一起叫花衫，今天让我们一起来感受花衫的魅力。（出示片头）你们觉得她美在什么地方？

生：穿的衣服。

生：漂亮的头饰。

生：舞蹈的动作。

师：同学们观察得很细致，说得也很到位，不过还不够地道。接下来我们就分别从花衫的扮相美、身段美、行头美一起去体会花衫的视角美。

首先请你猜一猜他是男还是女？（出示李玉刚图片）

生：男。

师：确定吗？（生犹豫了）

师：我来问问大家，杨贵妃是男还是女？

生：女。

师：所以她是女人。

师：虽说杨贵妃是女人，可是扮演杨贵妃的的确是一个男儿郎——国家一级演员李玉刚。堂堂一个男子汉，怎么就变成了美女样？

生：因为他在演戏。

师：说得好，穿上了戏服化了妆。

师：戏曲的化妆叫扮相，谁来说一说这样的化妆有什么特点？

生：眉毛很粗、向上扬。

生：脸蛋是红色的。

生：嘴唇也很红。

师：不错，大家都说到了一些。首先我们从脸型说起，这就要讲到化妆的最为精妙之处——贴片子，也就是耳发。片子是用榆木皮和真人的头发制成的，它可以改变人物真实的脸形，如果脸宽，片子就贴宽，脸瘦则贴细，最终保证人物的脸是一个标准的瓜子脸，这种脸型也是现代美女的标准脸型。再来说面部的处理，这种化妆的方法是从唐代演变而来的，额头到鼻尖呈浅色，形成一个“T”形，下巴到眉毛的颜色逐渐变红，这样就增加了中国人脸部的立体感。眉毛上扬显得精神焕发，上挑的上眼线和用红色精致地描绘出的嘴唇显出了女性的妩媚。旦角儿的片子是黑色和粉面亮色，从而构成强烈反差，产生一种强烈的艺术效果，加上它流云一样弯弯的形式，更增加了美感，产生了中国的、民族的、戏曲的内在韵律。

师：正所谓“白额红腮白鼻梁，眼挑红唇眉上扬，墨色耳发称亮妆，亦真亦幻俊脸庞”。我们一起画一画。

请用黑色签字笔，“半片叶子做脸型，银杏叶柄中间放，两片小叶斜上摆，眼珠画在小叶上”。毛笔蘸墨画头发，“柳叶两片包脸夹，花瓣画在银杏上”。现在把笔洗干净，“两点画出红嘴唇，红云两朵在眉下”。（师示范，生练习）

师：脸蛋儿美丽了，根据脸蛋儿加身段儿，人物变得更生动。身段儿就是演员表演的动态，美在何处呢？先来看看这一段。（出示图片）

生：优雅。

生：婉转。

师：回答得很好。用各种身段儿表现人物的喜、怒、哀、乐，加上水袖的运用使得人物动态更夸张。正所谓“亭亭玉立尽优雅，水袖飘飘现妩媚。喜怒哀乐心中事，抛抖招甩台前流。”

现在我们将青衣的身段儿撕出来，注意头部上方要留出来。可以参考

上面的动态。（出示动态轮廓，生撕身段儿）

师：撕好的同学请举起来，大家看一看，感受青衣优雅的身段儿。

师：现在我来问一问，对比图片与这幅作品还缺什么？

生：颜色。

生：装饰。

师：对，这些东西叫行头，其实真的要讲行头，说上几天几夜都说不完。每一件行头都是纯手工制作，一针一线巧夺天工，今天我们只能了解一点点。戏曲的行头很美，美就美在色彩和点缀。主要色彩分为上五色——红黄绿黑白，下五色——紫粉蓝湖香。仔细看看这些戏服，是不是每种色彩在上面都是平均分配。（出示图片，略）

生：不是。

师：那是怎么搭配的？仔细看看整体和局部的点缀。

生：每件戏服都有一个主色，深色调配浅花纹，浅色调配深花纹……

师：说得好，每件戏服都有一个主色，深色调配浅花纹，浅色调配深花纹，暖色调配冷花纹，冷色调配暖花纹，加上金银线搭配在其中，整个服装色彩既有强烈对比，又和谐统一，所以光彩灿烂，极为富丽。正所谓“十色来把角色分，冷暖深浅相互衬。金银二色添光彩，美仑美奂光照人”。（出示美仑美奂的片子）

看看别人是怎么表现这美仑美奂的行头的（出示图片，略），看看使用这种表现技法产生的效果有什么特点？

生：颜色好像在流动。

生：没有明显的界限。

师：这种效果很灵动，这种技法叫做破水法。老师教你们个口诀，保管你们能画得好。清水打湿白纸面，选择主色往上点，注意不要点太满，换种色彩更好看。（师示范）现在请你们试一试，画出美丽的行头。（生练习）

师：画好后把画贴在这里，我们共同完成《魅力花衫》的长卷。

我们的作品完成了，谁来说说今天我们学到了什么？

生：学到了旦角儿中的花衫。

生：用破水法完成作品。

生：懂得戏曲是一种很美很美的综合艺术。

师：是呀，戏曲是我们国家的瑰宝，是东方的歌剧，是极为高雅的艺术。在这个舞台上不仅有我们熟知的梅兰芳、尚小云、荀慧生、程砚秋这四大名旦，还有更多的名角儿；不仅有旦角儿，还有生行、净行、丑行；不仅有京剧，还有昆曲、川剧、豫剧、黄梅戏、评剧、秦腔。

希望大家都去关注它们，我相信有一天我们在座的诸位在人生的舞台上也能成角儿，我会为你们叫好、喝彩。下课！

>>> 教学反思

创生教材备好课

此课是我根据人民美术出版社十二册第三课“戏曲中的人物”所改编的。现将在此课中出现的几个问题提出来和老师们一起探讨。

一、在新时代下用好美术教材

用老百姓常常说的一句话说起：“东西是死的，人是活的。”当然，这里不是指我们的教材是“死”的，而是指我们不能把它用“死”了。我认为，教材是一个非常好的授课蓝本，授课教师只要每节课都按照教材的内容上，就绝对能上出一堂标准的美术课，但我们似乎有一种被教材牵着鼻子走的感觉。

其实这一课，只听题目“戏曲中的人物”就觉得应该好上。教师在课堂上让学生欣赏一些相关的图片，分析一下有关戏曲人物的传统知识，教一些简单的水墨技法就可以了，这也算是完成了教学目标，说不定学生的作业还不错，也算是好课了。按照上述实录来上丢掉了许多有关戏曲人物的知识，岂不片面？但我认为按标准上法学生极有可能上完了，还是不知道戏曲中的人物美在何处，后者内容虽片面但落实了美在何处。在使用教材时，教师要真正读懂教材，应用大美术观指导其教学的安排。教材的资料很丰富，需要取舍，使之详略得当并可从中使学生感受到美之所在。

二、以学生为主体充分发挥教师的主观能动性

教育的主体是学生，为何教师还会提“违反”现代教育理念的问题呢？就我看来，以学生为主体是在选定课题后站在学生的角度思考整个课的知识结构。我认为，在一些课上如果一味地追求学生主体也许会造成课堂时间不必要的浪费。如教师一句话就可以将问题说清楚的地方，就没有必要走一个大圈子让学生去做一些不必要的讨论、分析、思考，一些约定俗成的概念也没有让学生分析的必要，还有的名词只需要学生知道即可。再说到教师，在高度关注学生的同时我们必须更关注自身。在一堂好课中，即使教师是处于配角的位置，我们也不能不赞叹教师的表现，由此可见，教师是课堂真正的灵魂。

下面我从以下两点对此进行阐述。

1. 教师自身的喜好决定了备课的方向。其实这堂课最初是一节随堂课，只是在某一段时间我对戏曲中的旦角儿产生了兴趣，所以把旦角儿作为了我授课的主要内容。试想一下，如果教师自身对某一个课题都没有什么兴趣和激情，就更谈不上用学生的思维去思考了。

2. 教师对文化的理解决定了备课的节奏。在随堂课中，我将这部分内容分成两个课时完成。第一堂课是一堂纯欣赏课，为此我走访了一些京剧界的朋友，在与他们的交谈中学到了许多有意思的东西，并了解了一些逸闻趣事，给学生授课时就像在给学生讲故事，特别有趣。在本节课中，学生本身虽没有进行所谓的讨论、分析、思考等活动，但课后我感觉学生对京剧中旦角儿的视觉美有了很深的印象，这可以从学生第二节课的作业好于以前的作业中看到。而现在它作为一堂示范课，我考虑到必须让学生的作品呈现出来，所以删减了许多有趣的故事内容，但用了一些总结性的语言概括了花衫的扮相美、身段美和行头美，并用了比较形象的语言概括了技法中的难以说明的脸型、五官、化妆等问题，使整堂课的基调和节奏都处于符合戏曲的情调中。所以，我认为教师是课堂的灵魂，学生是在教师的引领下主动地思考，且不拘泥于某种形式。

三、深入了解学生和自己

教师对学生的了解程度决定了课的好坏。在上这一课前，我对自己任教的六年级学生都很了解。首先，他们的求知欲望非常强，对于新鲜有趣的知识如饥似渴，所以我可以在课堂上尽可能地把自己感觉新鲜的知识带给他们。其次，他们对社会性的问题也有着浓厚的兴趣，这样在授课中我们可以交流一些社会、经济等方面的问题，如旧社会中重男轻女的问题、化妆的时尚问题、事物的经济价值问题等。但在示范课中我就无法谈及这些了，因为这是一所农村小学，学生对一些问题的思考不到位，或没有机会接触，所以我在设计中只是让学生感受美在何处。

教师对自己也应该有非常深的了解，这会直接影响到教学的风格。如一堂课在反复的锤炼中常常会有他人提出一些改善性意见，教师如不了解自己就会陷入一种迷茫的状态，所以教师必须了解自己，将别人的好的意见融入自己的思考。在教学中，我习惯把重点的知识和技能总结成短语或顺口溜，这样不仅学生好记易掌握，还节约了课堂的时间。

总而言之，一堂美术课是多方面的集合，美术教师应从多方面去锻炼自己，使课堂更加充满魅力。

>>> 研究与思考

艺术默契与美术接受

李力加

任何艺术创作，都是将客观世界中的各种事物形象统一表现为某种特定的艺术形式。例如，绘画是将万物统一表现为由线条、色彩、形态、空间等组合而成的，由视觉感知的形象。中国京剧艺术有其特殊性，演员在台上走一圈就算是走街串巷或者翻山越岭了，开门关门时用手比画比画就行了……京剧需要听觉、视觉以至嗅觉、味觉、触觉来感知并统一于音乐、节奏、旋律、舞台空间、画面等组合而成的特定形式中。

对于艺术欣赏，金开诚先生提出：“审美教育的最普遍形式是艺术欣赏，艺术欣赏离不开创作与欣赏之间的艺术默契。”[①] 他认为，在艺术欣赏中，建立创作与欣赏之间的默契，才能谈得上审美者对内容的认知、情感的交流、艺术价值的肯定。特别是对于京剧艺术来说，演员的表演、京剧伴奏中的体谅与定式、伴奏与演员演唱表演之间的水乳交融之妙等，都是一种艺术默契。从美术欣赏的角度看艺术默契，对审美者是有要求的，这包括审美态度、欣赏能力、学习态度、知识储备对欣赏的影响，等等。李茂渊老师在教学“戏曲中的人物”这一课时，考虑了小学生在本课学习中艺术默契的程度。只有对这一问题有比较深刻的认识，教学的具体落实才能有好的效果。

一、本课教学为什么要建立默契

艺术默契对美术教育至关重要，没有默契根本无法进行教育。在小学的美术课堂上，小学生必须以正确的态度对待课堂学习，具体地说，就是在课堂上要建立默契、深化默契、发展默契。对于小学生来说，默契本应该是在美术欣赏学习中自然形成的，从表面来看不应该存在所谓的“建立”。但事实上，美术课堂教学中，很多的课题内容都需要学生建立默契的自觉性。京剧艺术这样的学习内容就属于学生需要建立默契的课题。因为，在这个时代，小学生已经没有与京剧艺术建立默契的土壤了，他们根本就不能对京剧艺术有最基本的知觉体验。京剧艺术这个植根于民众的艺术形式，如今离孩子们的生活比较遥远。为什么《阳春白雪》曲高和寡？因为广大听众没有与它建立默契。音乐中的交响乐作品，为什么不容易成为中小学生的学习内容？因为孩子们对它的审美过程，往往需要请专家进行讲解。“戏曲中的人物”作为美术教学主题，李茂渊老师确立的教学重点是对京剧中旦角儿人物的知觉体验与表现。难点是如何运用水墨结合小学生能够操作的方式生动地表现旦角这一形象。在这一学习内容上，小学生与李茂渊老师、教学里呈现出的京剧旦角儿的图像（图片）之间，存在着如何建立更好的默契这样一种关系。

二、从美术接受的角度看艺术默契

京剧艺术是综合艺术，表现上唱、念、做、打的整体知觉给人以综合

① 金开诚著，《艺术欣赏之旅》，北京：中国工人出版社，2000年版，第269页。

的感受。但是，具体到李茂渊老师的这节课上，这个主题就具体到对京剧旦角儿这一个点上的知觉体验活动。学习目标的具体，使教学操作就聚焦在学生的视觉感受上。因此，我认为，本课的教学要从美术接受这样的角度进行研究，才能更好地落实课堂上的艺术默契。

美术接受是美术学研究中一个非常重要的概念，是构成美术活动完整性的重要环节，但是，在中小学美术教学研究中，一般的美术教师对此问题关注很少。“戏曲中的人物”作为美术课堂教学的主题，这其中就存在着美术接受特征。例如，在教学中，李茂渊老师向学生重点呈现旦角儿这个行当的图片，在旦角儿的五大类中主要介绍青衣，提出“把最漂亮的青衣、花旦和在一起叫花衫”这样一个概念，他要和同学们“一起感受花衫的魅力”，体会花衫美在什么地方。这样一个非常明确的教学主题已经呈现给学生，此刻，李茂渊老师的教学思路与实施是考虑学生如何学习的。学生们此时不仅是认可“花衫”的证人，而且还以各自的方式完成了对“花衫”的知觉，最终再对其进行表现。这是一个以美术接受的教学设计来实施课堂教学的典型例子。

随即，李茂渊老师引导学生展开对这一组图像（图片）的欣赏活动，让他们比较仔细地对其造型进行分析，重点研究了其扮相。李茂渊老师提示学生说“这种化妆的方式是从唐代演变而来的”，话语一出，一下子激发了小学生对于探究这个扮相的兴趣。在研究分析的基础上，李老师安排学生们用黑色签字笔进行表现的尝试性练习。

三、如何深化课堂上的美术接受

在小学美术课堂上，小学生对美术作品的接受过程中，他们原有的审美意识、审美理想这些带有倾向性、目的性、概念性的东西，必然参与到知觉体验作品的过程中。小学生在“戏曲中的人物”的课堂上，对花衫这个从来没有听说过的概念，对旦角儿这个从未有过近距离接触的京剧人物造型的知觉中，都带着自己的某种审美倾向。李茂渊老师在关注了小学生们原有审美倾向的基础上，在引导学生们对旦角儿脸蛋表现的基础上，立刻提示学生“脸蛋儿美丽了，根据脸蛋儿加身段儿，人物变得更生动”，将对旦角儿身段儿的塑造表现立刻引出。

但是，怎样能够表现好身段儿呢？一般的美术课堂上多采用直接画的表现方法，但李茂渊老师此环节的教学是在让学生欣赏不同身段儿图片的基础上，提出“撕身段儿”的建议，表现形式这样的出其不意，让孩子们更加兴奋了，他们的心理认同感伴随着李茂渊老师的局部演示活动在逐步深化，接受心理达到理想状态。

学生在这节课学习中的美术接受，有一个有待实现的对象。这其中有两层含义：一是京剧旦角儿呈现在课堂上，由潜在的接受可能性通过李老师与学生的共同努力，转化为理解认同的现实性；二是旦角儿“花衫”作为接受主体有一个召唤结构，这个结构表明，只有接受活动的参与性，才能实现它的意义与价值。李茂渊老师安排学生表现花衫的过程，是由“画脸蛋儿”转化到“撕身段儿”，这个教学设计在“画脸蛋儿”学习阶段已经为学生预留了想象的空间。“画脸蛋儿”的水墨表现方式，李茂渊老师已经考虑到学生们表现手法上的有限性，而教学预设里的“撕身段儿”活动必然存在着小学生在体验时可能产生的丰富性、多义性。这个学习环节由旦角儿欣赏——花衫分析——表现脸蛋儿——撕出身段儿完成，学生作品完成的顺序是一个召唤的结构。在学生们的积极参与中，填补和具体化了“京剧旦角儿”这个艺术图式中的空白和不确定点，使学生作品的召唤结构得以实现。

我国著名的美学家王朝闻先生，早在上个世纪50年代就提出了“美术接受中的再创造、再评论”的理论。在小学美术课堂上的美术欣赏与表现活动，为小学生们的美术接受提供了有限的和有力的诱导物，孩子们利用他们那些和特定的艺术形象有联系的生活经验，发挥想象与联想，接受着艺术形象。这个过程是一种再创造，同时又是艺术默契的发生。在李茂渊老师“戏曲中的人物”的课堂教学中，我们看到了这样的再创造与艺术默契。

17

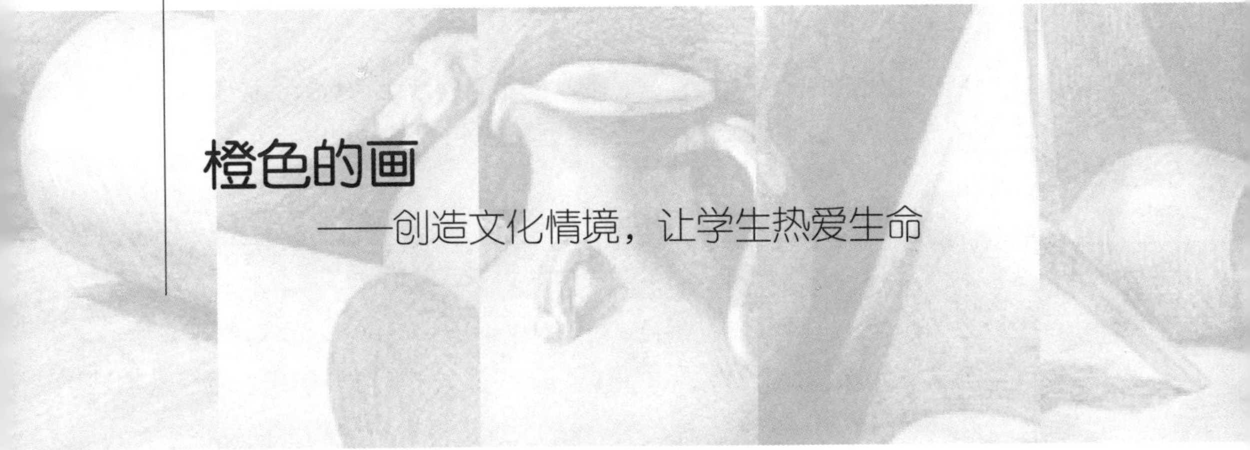

橙色的画

——创造文化情境，让学生热爱生命

>>> **名师课堂**

“橙色的画”教学实录（三年级）

王 蕾[1]

（一）导课

师：（拿出一个橙子）请同学们闻闻空气中的味道！

生：我闻到了，是橙子的香味！

生：有香甜的味道。

（师举着橙子慢慢地从每一个学生的面前走过）

师：请大家再仔细闻一闻，空气中有没有橙子的香味？

---

① 王蕾，小学高级教师，山东省青岛市洮南路小学副校长。

（此时只有个别同学说没有闻到）

师：这几位同学是对的，因为这是一个假橙子。著名哲学家苏格拉底曾经拿着一个假苹果问他的学生们，只有一位学生坚持说自己什么也没闻到，他就是大名鼎鼎的哲学家柏拉图。其实，这个过程告诉我们"真理需要坚持"。许多时候，我们已经接近了真理，但因为缺少自信而离开了真理。

今天让我们带着自信一起来上课，体验色彩带给我们的视觉盛宴。

（师板书：橙色的画）

（二）捍卫生命的安全色

师：同学们，请再仔细看看我手中的橙子，我们称它什么颜色？

生：橙色。（师板书：橙色）

师：这种颜色，我们称为"橙色"。今天老师穿着红色的衣服，这种红色和我手中的橙色哪一种更为明亮？

生：橙色明亮。

师：为什么我们看到很多颜色的时候，橙色特别突出？

生：因为它特别的亮。

师：是啊，聪明的人类发现了橙色特别明亮，便在一些需要警示安全的地方用上了它，看，橙色与我们的安全息息相关。（播放课件）

师：看，我们的救生衣，为什么人们把它设计成了橙色？

生：因为如果有人掉进海里，就能被很快找到。

生：在海里看到橙色，心里很温暖。

师：再来看，他们是谁？

生：清洁工、环卫工人。

师：在我们早上还没有起床的时候，环卫工人已经在清扫马路了，为了让我们的城市干净、美丽，他们非常辛苦，为什么环卫工人也要穿橙色的衣服，是为了漂亮吗？

生：如果是冬天，看起来很温暖。

师：这是其中的一点，但不是最重要的一点。想想，他们在哪儿工作？

生：马路上。

师：那什么最多？

生：汽车。

师：再仔细想想？

生：颜色明亮，在扫马路的过程中可以让驾驶员清楚地看到他们，对他们的人身安全起到保护作用。

师：他们成为马路上最亮丽的风景线。

师：他们是谁？

生：消防队员。

师：2008年5月12日，汶川发生地震，在抗震救灾的队伍当中，消防队员的身影最醒目，因为他们身着橙色的服装，这种色彩不仅在我们眼睛里，也印到了我们的心里。橙色是一种安全色，有助于保障我们的生命安全，你想对橙色说些什么？

生：感谢你，让我们可以避免一些安全事故的发生。

生：你是我们的安全色，谢谢你。

师：今天就让我们带着感情来学习“橙色的画”。

（三）自然中的橙色

师：其实，在大自然当中，橙色会带给我们更多的震撼。

（播放图片，生边看边谈感受）

让我们一起走进大自然：

看丰收的果实，天生就穿着橙色的衣服，在菜市场我们会先看到它。

美丽的晚霞有很多种橙色，深浅不同。

秋日的落叶，如诗如画。深浅不同的橙色，让我们感叹大自然的鬼斧神工。

在某一个下午，坐在堆满橙色落叶的休闲椅上，一定很惬意、很温暖（大家想象和爸爸妈妈一起坐在椅子上看落日）。

漫山遍野的小黄花是顽强的小生命，昭示着处处是生命，处处是生机，处处是希望。

麦田在阳光下闪现的橙色是那么的迷人，“丰收”两字落入我们心底。

两朵向日葵，向日葵又叫太阳花。健康的花朵，好像在对我们说些什么。

（师为同学们带来了拉拉队表演的道具——向日葵）

师：两朵向日葵给我们什么感受?

生：心心相印的感觉。

师：想象一下，充满橙色的教室会是什么样子？把向日葵放在桌子上，你现在感受到什么？

生：好多的橙色，好温馨。

师：拿出我们手中的向日葵，随音乐一起来舞动，我们仿佛置身于一幅描绘向日葵的油画当中。想一想两朵向日葵和满屋的向日葵映入你的眼帘，你又有怎样不同的感受？

生：温暖的感受。

（四）生活中的橙色

师：这么美的橙色，生活中可少不了它，你们在哪些地方看到过橙色？

生：橙色的窗帘、橙色的地板、橙色的衣服。

橙色的家居环境，会让我们有食欲；橙色的床饰品，让人感觉很温馨；橙色的包、鞋子、衣服等小东西，橙色的福特汽车，在马路上是多么亮丽。还有同学们喜欢的手表和学习用品、玩具皮卡丘等。

（五）橙色是怎样调出来的

师：橙色是哪两种颜色调出来的？

生：红色和黄色。

师：红色和黄色再加上蓝色我们称为三原色，调出来的颜色称为——

生：三间色。

师：小组合作，一起试一试。

（生尝试调色，师分析小组作品）

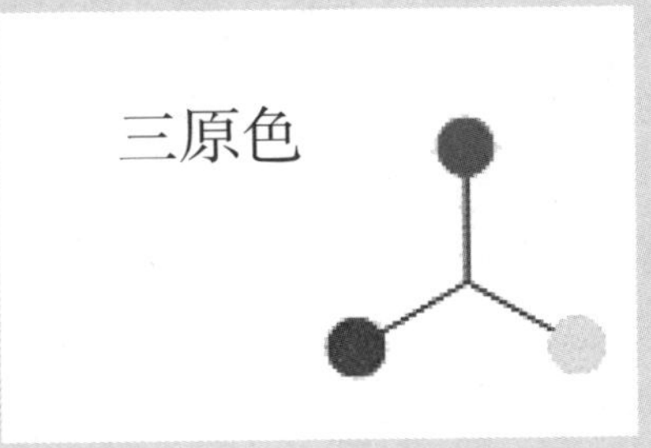

师：都是红色和黄色调出的，为什么颜色不一样？

生：有的偏红，有的偏黄。

生：加入黄多，偏黄；加入红多，偏红。

师：橙色变化无穷。

（六）对艺术家、老师、学生的作品赏析

1. 橙色对画家意味着什么

师：艺术家也喜欢橙色，今天我为大家介绍著名的荷兰画家梵高，他的一生很短暂，只有短短的37年。梵高一生作画无数，但在他活着的时候，卖出去的仅有一幅作品，你们能通过他的作品看出他是一位很不得意

的画家吗?

生：不能。

师：梵高的作品用饱满而纯净的橙色，表现内心永远沸腾着热情与活力，表达了他对生活的渴望和顽强的追求。橙色对他意味着什么?

生：生命。

2. 橙色对教师意味着什么

师：橙色是一家人看夕阳（师范作，揭示深浅不同的颜色）。

3. 橙色对同学们意味着什么。

生：5·12的蜡烛（祝福灾区的孩子们早日渡过难关）。

（七）学生作业，师生互动评价

师：橙色对于你来说，一定也有意义，闭上眼睛想想……

（生开始创作，自主介绍自己的作品，师从绘画方法和技巧上进行点评）

为灾区的小朋友盖橙色的房子；奥运圣火，橙色的火炬；橙色的爱心，祝福所有的人；橙色的棒棒糖，甜甜蜜蜜；荷包蛋（橙色的蛋黄），给妈妈做的。

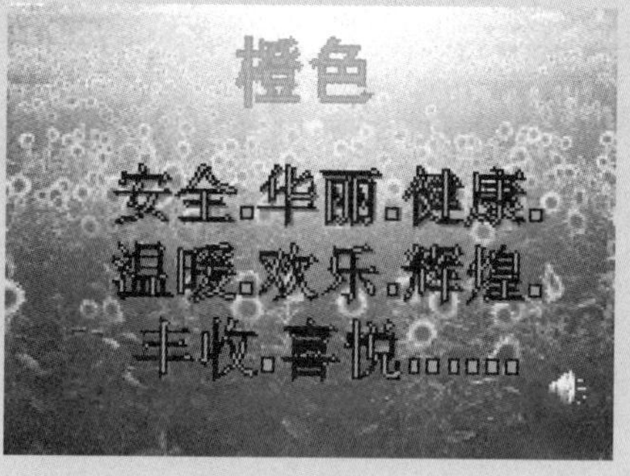

师：橙色是安全色，它华丽、健康、温暖。每一种色彩都会带给我们不同的感受，让我们用眼睛来观察，用心来思考，用情来表达……

教学反思

让学生在广泛的文化情境中学习美术

在现代，人们称美术为造型艺术和视觉艺术。多年来，美术教师在课堂教学中更强调和突出“术”，强调学科中心，关注美术专业的知识和技能，在一定程度上脱离了学生的生活经验，难以激发学生的学习兴趣，主要表现在：

在教学观念方面，教师传统的教学理念和教学模式根深蒂固，重技法传授，轻能力培养，忽略学生个性、情感的发展，并形成了一种难以扭转的巨大惯性。

在教学方法方面，现代美术教学呈现出多元形态，当多方面的知识体系脉络不清晰的时候，面对这些知识，教师就没有什么教学“抓手”，就只会缺少创造性的照本宣科，学生学而无趣，使教师进入行动的盲区。

在教学评价方面，重结果，轻过程，语言单调，针对性不强，对学生学年美术学习效果的评价方法单一，仅凭一幅画、一件作品而定。

基于观察与思考，我在三年级“橙色的画”一课中尝试强调美术课堂教学技能性与人文性的统一，寻求以“视觉文化”为美术教学的突破口，阐释“视觉和情境相融”的美术教学策略，开启学生思维的文化性美术教学，争取达到培养学生积极的审美观和价值观的目的。

一、教学目标的定位，教学设计的思考

顺应时代的要求，新《美术课程标准》提出，美术课程具有人文性，把美术课定义为“必修的文化课”，即美术教育是文化教育，而不是专业技能教育。“橙色的画”一课我是这样思考的：

1. 人文性与工具性相交互，重塑教学目标

在美术的意义系统中，最本质和普遍的应该是人文精神，正是人文精神使得形式化的美术知识和技能变得具有生命力。在本课中，我让学生全方位体验橙色，特别是利用了橙色明视度高这一特点。在工业安全用色中，橙色即是警戒色，让“橙色”与社会发生最大程度和最广泛的关联，人文性着力体现“与生命对话”，努力让学生表达对橙色情感的不同理解。而在引导学生掌握美术的技能方面着力于“与生活融合”，使其了解橙色的调配，学习不同深浅的橙色搭配，带领学生观察生活、热爱生活，体会色彩在生活中所能带来的美好情趣。我想只有在人文性和工具性的基础上提炼、融合的教学目标，才会是有效的，才会激发学生的思维，赋予美术

本体最大的价值。

2. 情境与视觉相融合，形成学生的“体验场”

情境教学是以激发学生的情感为核心。在教学过程中，教师要有目的地运用语言、形象、色彩、音乐，创设生动具体的场景，以引起学生一定的体验。而美术作为一种视觉艺术，是借助视觉与人发生审美关系的。在本课教学中，我设计了三个情境与视觉相融合的体验场：一是导课运用“假橙子”的故事，鼓励学生敢于表达自己真实的感受，同时让学生的目光集中在橙子的颜色上，引出本课探究的主题；二是通过图片，创设学生对“安全色”的情感；三是舞动手中的向日葵，让学生身临其境感受橙色的魅力。三个体验场高度关注学生在美术学习中的生活体验，借助视觉文化这一感性主义的文化形态，构成有学科特点的学生体验场。

3. 积极建构审美观、价值观

让学生观看艺术家、教师、学生的作品，对他们渗透多元文化，沟通、提升他们的审美行为，拓展创造性思维。

艺术作品欣赏，选择了艺术家梵高的向日葵，通过作品和作者经历的对比让学生感受文化的魅力，进而参与文化的传承，表达和创造文化；教师的作品《夕阳下的一家人》表现出价值的取向和思维方式；学生的作品《5·12的蜡烛》让学生学会了用艺术思维的方式认识世界，在表达中提高美术素养。

二、凭借教学录像轨迹，剖析、反思

1. 教师在学生熟悉的生活范围与信息积累中，应该引导学生去体验生活、认识生活，激发学生的学习兴趣。但对三年级的学生来说，他们应该自主地去探究。课前，学生可以搜集一些橙色的小物品，接触生活和生产中的美术素材，体会到美术就在身边，从而引出美术问题。

2. “生活是美术创作的源泉，生活中充满着美术。”在选材时要密切联系学生生活实际，但在教学中，学生情感释放的层面较窄，开展的关联性思考较少，思维的活跃性不足。

3. 在美术教学中重视了对美术作品的鉴赏，特别是经典美术作品，并将作品放在一种人文背景中引导学生对其加以理解，努力从作品中发觉人文内涵，与生活联系，感悟经典。同时，还带领学生对同龄人的作品进行了赏析，消除了学生艺术表现时的陌生感、距离感，激起学生自我表现的欲望。但对于美术作品欣赏的话题，只考虑了线性的深入，没有达到点上泛化、以石击水溅起层层波澜的效果。

4. 教师选择素材，创设情境，使其构成“视觉文化”。“视觉文化”即“图像文化”，或称“符号文化”，是以图形、符号等形象的视觉语言来传达文化的内涵。创设的三个“体验场”较好地解决了教学重点。

当今时代的小学美术课堂教学，受到多元文化的影响，使得构成美术课程的元素不断更新，美术教学方法更加丰富，研究角度趋向全面，思考水平愈加深入。国外的一位教授曾经对他的学生讲：“你们将来教美术，目的不应该是造就几个专业的艺术家，而是培养一批有美感的国民，让他们从最平凡的东西上见到美；懂得利用身边平凡的东西创造美；使他们对生活有一种积极快乐的态度，而不是现实的价值；更使他们能以美的感受，面对人生的苦难。”这一深刻的意义才是美术教育的最高目标，也是我追求的目标。

>>> 研究与思考

如何打造生命的态度

李力加

在中国艺术中，有一种特殊的追求，那就是生命的态度。① 这是一种动态的、生成的，放在整体情境里“看”世界的方式。这样的态度在中国艺术作品中有着特别的表现。例如，王维的著名绝句《竹里馆》：“独坐幽篁里，弹琴复长啸。深林人不知，明月来相照。”这样的诗句并不是描写外在的景物，如果仅仅理解为“独自坐在幽静的竹林里，弹琴长啸；在他人不知的深林中，静静看着当空的明月”，就太肤浅了。在这里，没有外在之“物”，也没有被观的“景致”，没有被关照的主体（作者），

① 朱良志著，《真水无香》，北京：北京大学出版社，2009年版，第141～165页。

没有被观的对象，这是诗人在当下的体验中，人与天地共同形成的一个生命的宇宙，这是被称为“意境”的境地。所以，从中国的晚唐五代开始，中国艺术里的表现并不是“情感”的直接抒发，也不是“景致”的具体描绘，而是“意境”的创造。例如，南宋时期马远的作品《寒江独钓图》，就是一幅典型的创造意境的作品。

以上是王蕾老师“橙色的画”的教学实录启示我生发出的联想。我想到了在美术课堂中如何打造生命的态度这样一个命题。观摩教学以及课后的评课，我不太赞成使用那种就事论事的去说这堂课好在哪里、还有什么缺点的方式。我一直认为，每节课的教学都能够启发人思考些什么。在王蕾老师“橙色的画”这一节课里，她在试图为小学生们创设一个情境，一个思考与研究的境界。这样的考虑是由这节课的七个环节构成的。

在第一个环节的导课中，她创设了一个假橙子的情境，由这个故事，她力图引导小学生们思考这样的问题，“我们已经接近了真理，但因为缺少自信，而离开了真理”。由此，王蕾老师的教学以环环推进的方式，引导孩子们进入橙色的世界展开思考。她想通过自己的教学，为孩子们营造“情境与视觉相融合”的“体验场”，这是王蕾老师的良苦用心。

在中唐之后的中国绘画，最重要的是境界的创造。我们今天所看到的最精彩的作品，并不是画家在画什么外在的景致，而是画自己心灵体验到的境界，这是中国艺术在追求一种生命的态度。橙色，在王蕾老师的课堂上，就是这样一个载体，它同样承担起了一种打造生命态度的功能。

由第二环节“捍卫生命的安全色”开始，教学脉络一直围绕着明亮的橙色展开研究与思考，师生所有的对话，都离不开橙色为生命带来的安全感。这又是王蕾老师在极力营造的一个情境，让小学生们的注意力集中在对橙色的多方面思考中。因为，对小学生来说，他们从来也没有认真想过橙色有什么意义，更没有对橙色进行过什么深入研究。

教学进入第三环节，王老师将孩子们对橙色的初步知觉拉回到他们已有的自然生活感受里，推出“自然中的橙色”。在这一环节，有7个被橙色浸染的情境，这是7个不同的画卷，也是7个需要专门好好审视的美景。这个环节，可以说是对橙色这个明亮颜色造就的物质世界的一种意境的创造。在这一橙色的长幅画卷里，生命相互映发，世界自在一种澄色里，画面中的物似乎被橙色激活了，一切都在流动中……对橙色审美的高潮，出现在王蕾老师手持向日葵的舞动中，这个教学场景阐释了她所设计的“视觉和情境相融”的美术教学策略，也让学生们感受到了橙色的魅力，这个体验情境场已经达到了一定的功效。

“颜色知觉对于我们人类具有极其重要的意义——它是视觉审美的核心，深刻地影响我们的情绪……”① 色彩对人的情绪的影响，已为大量的心理学实验所证实。而美的发生是直接与情感联系的。任何色彩都自有它的美，只要它出现的时间、位置或环境是恰当的。在这些色彩中，橙色的美的感染力似乎尤为强烈。例如，著名艺术家康定斯基就发现，红黄色能使人富有力量，精神饱满，具有野心和决心，能唤起人的欢乐、胜利等情绪。橙色正是这样一种可以引起小学生们的情绪和心境强烈反应的色彩。能够感觉到，此时，小学生们在王蕾老师的激发下，对橙色的审美知觉不断生成、强化。

在第四环节“生活中的橙色”，王蕾老师选择了孩子们生活中曾经看到过的橙色物品图片，作为继续强化学生对橙色进行知觉体验的引线，从而导出第五环节“橙色是怎样调出来的”，这样的转化都是为了美术学科表现学习更容易分解。当学生分小组尝试颜色的调配过程的时候，教师引入了艺术家如何用橙色进行表现这个专题。“生命的态度”这个主题在课堂上被正式提出来，小学生需要好好思考了。在这里，王蕾老师安排了三类作品欣赏：艺术家梵高的作品、教师作品——《夕阳下的一家人》、学生作品——《5・12的蜡烛》，此环节旨在让学生学会用艺术的思维方式来认识世界，能够在主动的表达中提高自身美术素养。

教学重视了学生对情境的知觉感受，强调学生体验橙色带来的境界，接下来，学生们的创作活动自然也就在王蕾老师预设的计划与目标中比较稳妥地行进了。可以看出，这节课的教学设计框架是在一个环节相对紧密、逻辑性比较强的思路中运行的，王蕾老师在打造着一个专题的审美学习内容。

① ［英］R．L．格列高里著，彭聃龄、杨旻译，《视觉心理学》，北京：北京师范大学出版社，1986年版，第106页。

意境，是由心而起的。教学情境，如果没有学生落在实处的知觉体验就不会有境界的高度。在美术课堂上，学生们心生则表现方法生。所以说，美术课堂上首先要创造一种与学生自我生命相关的情境，最重要的就是要强化学生在课堂中的体验，要引导学生在当下的体验中去发现橙色给这个世界带来了什么；其次，要启发学生认识橙色这个情境能够给自己带来什么，也就是一种联想。如果三年级的小学生们在课堂上能够由此境中感受到橙色在大千世界里彼此相关的存在，那么，橙色营造出的意境，就能够促进其初步理解如何对待生命的态度对于自己是多么的重要！

18

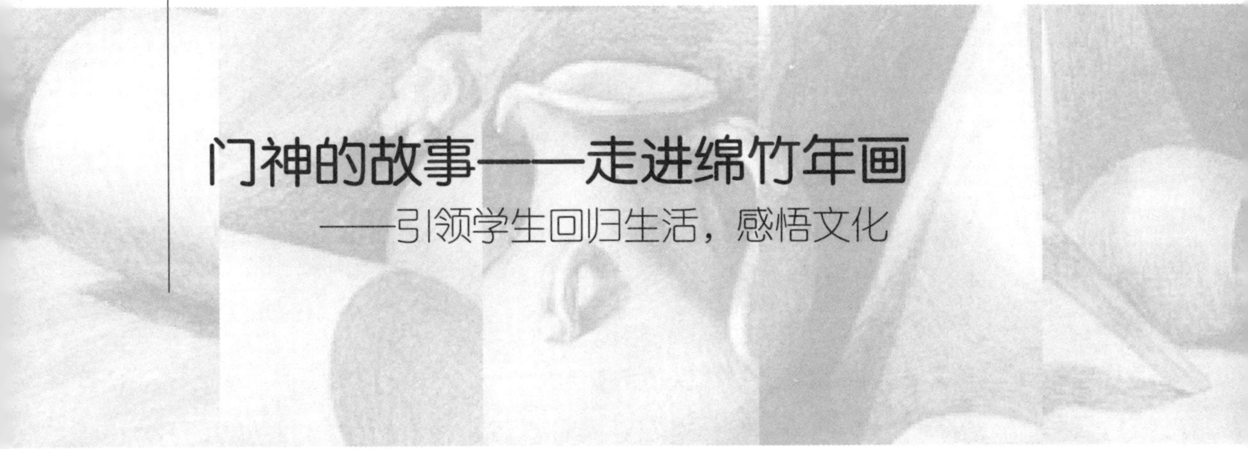

门神的故事——走进绵竹年画

——引领学生回归生活，感悟文化

>>> 名师课堂

“门神的故事——走进绵竹年画”教学实录（初二）

朱文娟[①]

（课间播放《春节序曲》的音乐，师生互问好）

（一）导入课题

师：上课前听到的那首曲子给你们带来了什么样的气氛和感受？

生（抢着回答）：欢快。

生：过年。（还有学生不断举手想要回答）

师：大家的感受都很准确，是过年的气氛，因为这一首曲子就叫做《春节

---

① 朱文娟，中学二级教师，四川师范大学附属中学教师。

序曲》。在过年的时候，我们有很多的民俗活动，比如，放鞭炮、拿压岁钱，那同学们来看这又是哪一种民俗活动呢？（课件展示过年时人们贴年画的照片）

生：年画。

师：什么年画？

生（齐）：贴年画。

师：而且贴的是门神年画。那为什么要贴门神呢？我们这节课就一起来了解门神的故事。（贴出事先用隶书书写的红色标题“门神的故事”）

（二）讲授新课

1. 门神的来历

（一边用课件展示一组门神的图片一边提问）

师：有没有同学认识这两位门神呢？

生：（抢着回答）我知道。

师：好，你说。

生：哼哈二将。

师：名字呢？

生：（加重语气）哼哈二将。（全班笑）

师：看来大家了解得不太全面，这两位门神原本是唐朝大将军秦琼和尉迟恭，那大将军怎么变成门神了呢？（生摇头）

相传唐太宗李世民晚上睡觉时常有小鬼来骚扰，搞得他睡不好觉，很痛苦。于是大臣就给他出了个主意，让秦琼和尉迟恭这两位将军每晚披甲持械给皇帝站岗。自从两位将军站岗以后就再也没有小鬼去骚扰唐太宗了。可是，时间长了呢，唐太宗念两位将军太辛苦，就让宫廷里的画师绘制了两位将军的威武形象悬挂在宫门两边。后来，这个方法流传到了民间，贴门神驱鬼辟邪就这样产生了。我们知道今天贴门神已不再是驱鬼辟邪了，为什么还是要贴门神呢？

生：传统。

师：传统，好。这位同学认为是传统，还有没有同学有其他的看法？

生：习俗。

师：是一种习俗。贴门神其实到了今天仍是人们对于美好生活的一种愿望，同时它也是我国宝贵的民俗遗产。

2. 门神的特点

（1）造型特点

师：接下来我展示一组门神的图片，各位同学要仔细观察哦，一会儿我们有一个门神的模仿秀，（有学生偷笑）看哪位同学模仿的门神最像最传神。请认真观察门神的动作、表情和神态。

（课件展示3组门神图片，生认真观察）

师：有哪些同学愿意来模仿一下？哎呀，都不好意思。那我随便点4位同学，请这4位同学到前面来。（生鼓掌鼓励被点到的4位同学，这4位同学站到讲台上）你们自己组合一下，模仿两组门神。

（4位学生商量后模仿门神的造型，有学生开始议论和哄笑）

师：摆好造型就不要动了。你们觉得哪一组模仿得最像？哪一组？

生：左边那一组。

师：为什么？

生：我觉得他们的眼神看起来很吓人，非常符合门神的面部特点。

师：嗯，点评得很好。那另外这组呢？谁来点评一下。

生：（忍不住笑）他们的动作有点像跳舞，不威严。

师：那动作像吗？

生：（点头）像。

师：好，左边这组表情像，右边这组动作更好，而左边这两位同学在动作上不太一致。门神是一对，动作要相呼应。好，我们谢谢4位同学的精彩模仿。（生鼓掌）

通过刚才的模仿我们发现门神首先是一对，在动作上是相呼应的，动作一样，只是一个向左一个向右，还有就是表情非常威严。（边介绍边展示课件，“形象威武：身穿盔甲、手拿武器、瞪大眼睛、大胡子、表情威严”）门神身穿盔甲、手拿武器、瞪大眼睛、大胡子、表情威严，给人感觉形象威武。门神都瞪大着眼睛，各位同学你们自己瞪大眼睛试试，相互看看，（生嬉笑着瞪眼睛前后左右相互看）你的眼睛瞪得再大也不可能像门神的眼睛那样是圆的，这是什么表现手法呢？

生（齐）：夸张。（师在黑板上板书“造型：夸张”）

师：聪明，夸张。还有一点，大家看门神都没有脖子，这又是什么表现手法呢？（有个别同学摇头）

这是一种变形的手法。（在黑板上“夸张”两字后板书“变形”）

（2）色彩特点

师：门神在造型上是夸张、变形。那么再来观察，门神还有哪些特点？我提示大家可以观察色彩。（课件展示一组门神的图片）

生（齐）：鲜艳。

师：色彩鲜艳，不仅鲜艳，而且明快。（板书“色彩：鲜艳明快”）大家再注意，有一些大红大绿的颜色。红跟绿这是一种……

生（抢先回答）：对比色。

师：非常棒！对比色！那对比色给人的感觉是什么？

生：对比鲜明。

生：对比强烈。

师：对比鲜明、对比强烈，非常好！（在“鲜艳明快”后板书“对比强烈”）所以门神在色彩上的特点是鲜艳明快、对比强烈。红和绿在我们四川有句俗话是怎么说的？

生：红配绿，丑得哭。（意思是不好看，很土，搭配太过火，太刺激了）

师：也就是说不好看。那为什么门神画将两种颜色搭配在一起呢？（生思考）（师笑）我们还有一句俗语“万绿丛中——”（故意放慢语速，留给学生回答）

生（齐）：一点红。

师：美不美？

生：美。

师：还是红和绿，怎么又美了呢？（生有疑惑的表情）一大片的绿，一小点红，改变了什么？

生：改变了两种色彩的面积。

师：对，也就是改变了两种色彩的比例关系。因此，我们的门神都有一个主色调。（板书“主色调”）同时门神是一对，不仅动作呼应，色彩也是呼应的，因此主色调往往是一样的，只是搭配的色彩不同。另外，还可以用黑、白、金、银来调和。老师突然发现一个问题，门神为什么要用这么鲜艳的色彩，柔和一点的不行吗？

生：这样能把鬼吓跑。

师：哦，是这样。门神是在什么时候贴的？

生：过年。

生：烘托过年欢乐的气氛。

师：对，门神画是年画的一种，是在过年的时候张贴的，为了图个喜庆和热闹，因此多用鲜艳亮丽的色彩。我们再来看一些关于门神的配色口诀。（课件展示“色要少，还要好，看你使得巧不巧。紫是骨头绿是筋，配上红黄色更新。黑靠紫，臭狗屎。红靠黄，亮晃晃。红忌紫，紫怕黄，黄喜绿，绿爱红”）让我们一起来念念。

（师生共同念配色口诀，念到“黑靠紫，臭狗屎”的时候都在笑）

3. 绵竹年画

（1）绵竹年画概述

师：说到色彩鲜艳，在我们四川也有一种年画就是以色彩鲜艳而著称的，有没有同学知道？

生：绵竹年画。

（师在黑板上贴出用行书书写的红色副标题“——走进绵竹年画”）

师：老师今天也带了两张绵竹年画，而且还是特大号的，给大家看看。（挂出一对全开纸大的绵竹年画，生发出“哇”的惊叹声）

师：这对门神的主色调是什么？

生（齐）：橙色。

师：嗯，好，主色调很重要。两位门神的主色调是一致的，这是色彩上的相互呼应。绵竹年画是我国四大年画之一，这四大年画分别是天津杨柳青年画、山东潍坊年画、江苏桃花坞年画以及我们四川的绵竹年画。（边介绍边展示课件“其余三大年画的图片”）

绵竹年画历史非常悠久，在明末清初达到鼎盛，那个时候家家户户都要贴年画。年画的题材除了我们刚才看的这种武将门神，后来还发展有文官、财神、儿童甚至有女门神的形象。（边介绍边展示课件“文官、财神、儿童和女门神的图片”）

（2）绵竹年画的制作过程

师：我们来看一下由你们的同学展示的绵竹年画的制作过程，（课件展示制作过程）第一步：起稿，把稿子画在木版上；第二步：刻版，把线条刻出来；第三步：印刷，刷上墨汁，盖上宣纸印刷。这就完成了线稿。以上几个步骤跟其他地方的年画制作过程是一样的，但最后一步填色，绵竹年画是手工填色，显得与众不同。

（3）绵竹年画的填色方法

师：（课件展示两张不同的绵竹年画）大家看这两张都是绵竹年画，在色彩的表现上有什么不同？看这个区域，有什么不一样？

生：那个区域色彩有变化。

师：对，一张年画色彩涂得很工整，而另一张年画色彩有变化。其实这是由绵竹年画的一种填色方式所造成的。这种填色方式也是绵竹年画最具魅力的一种填色方式，它有一个很有趣的名字叫“填水脚”。（有学生重复念“填水脚”，有的学生听到名字在偷笑。师用课件展示“填水脚”的介绍）“填水脚”也叫做“填水足”，它是年画艺人在除夕之夜为老板做完年终活后，趁收拾工具的短暂时间挑了些残余纸张，用揩洗碗内残余颜料的水色，当地方言叫“水脚”，快速涂抹在线稿上，再带着这些年画赶往夜市赚点外快，“填水脚”就是这样来的。所以这种制作方法首先是非常快速，看似寥寥几笔，但由于艺人手艺精湛，制造出来的效果仍然神韵十足，而且色与色之间相互浸染，反而形成了一种类似中国画中大写意的效果，有时候甚至会出现“一笔多色”的效果。因此，用这种方式创作出来的绵竹年画也成为了一种珍品。说得这么热闹，这种方式到底怎么样呢？我

们来画一下。（在画板上挂出事先准备好的全开纸大的线稿，又有个别学生发出“哇”的声音）

师：既然是指洗碗内残余颜料的水色，也就是水比较多，先把笔浸湿，保持充足的水分。我们先来画脸，在笔尖上蘸一点红色，（师示范）始终是侧锋用笔，有的地方是留白的，不是把整张脸都画成红色，然后顺便把手也画了。接下来，我们知道最近魔术特别流行，对不对，老师今天也给你们表演一个魔术，想不想看？注意了，我现在换了一支大笔，（有学生发出惊叹声）还是要保持充足的水分，然后我在笔根的部分蘸一点蓝色，笔尖的位置我蘸一点黄色（快速在线稿门神的衣服上涂抹，顿时整个教室鸦雀无声，生屏息观看）看一下出现了哪些颜色？

生：黄色、绿色还有蓝色。（很多学生都在回答）

师：黄色、绿色、蓝色，3种颜色，可我刚才说了，我只蘸了两种颜色——蓝色和黄色，这个绿色是怎么跑出来的？

生：黄和蓝变出来的。

师：蓝色和黄色在这个画面当中自己浸染，相互之间浸染，我们知道黄加蓝变绿，于是浸染出了绿色，这就是我们“填水脚”的方法。用这个方法可以达到很多你意想不到的效果，也正是这个效果使得绵竹年画魅力无穷。接下来，想一下我们刚才的配色口诀，口诀说“绿爱红”对不对？（蘸红色涂在人物袖口位置）然后还有一句叫做“红靠黄，亮晃晃”，我们来点黄色（蘸黄色涂在人物肩膀的盔甲上）。画一笔就好了，并不是说要全部涂满。老师就先示范到这儿，看一下最后完成的效果。（展示一张完成后的门神）

师：好，现在由你们来尝试一下这种方法。我在每张桌子的抽屉里放了一张线稿，大家把它拿出来。（课件展示作业要求）

门神是一对，所以同桌的两位同学是一组，共同来完成对一对门神的上色。同桌同学先讨论一下，你们今天要搭配什么色彩，然后再进行合理的分工，画主色调的同学请把两张门神的主色调一起完成，搭配色彩的同学也把两张门神的色彩搭配完整。另外，“填水脚”的方法制作要非常快速，你们先商量一下怎么配色。

（三）实践

（生在《春节序曲》的音乐声中制作，师巡视并进行个别辅导和问题的集中讲解）

（四）展示点评

（将学生的作品贴在展板上）

师：大家现在可以来点评一下。

生：我觉得那对画得比较好。

师：为什么?

生：我觉得两张画的色彩搭配得比较好。

师：好在哪里?

生：橙色和黄色在一起很漂亮。主色调是红黄色的，很鲜艳。

师：老师来评一对，中间这一对其实也不错，很亮丽的黄色，配的是蓝色，而且很完整。唯一有一点不足是这幅画的胡须颜色太淡了。这一对又是哪一组的?你们来点评一下自己的作品。

生：我们是用“填水脚”的方法制作的，用红色和黄色做的主色调，盔甲的地方用绿色来搭配，跟红色形成对比。

师：不错，对比强烈。这一张是哪位同学的?（生自己站了起来）我就想问你，你给它加的这个黄色想表达什么意思?

生：我就觉得，它就是代表他的一种力量。

师：代表他的力量，所以你加了一个光圈是吗?（生点头）很好，他赋予了门神更多的力量。我们知道门神是要贴门上的，我请这组的两位同学把你们的门神贴到门上。（播放课件，再次响起《春节序曲》的音乐，其他同学开始鼓掌，两位同学把门神贴到“门”的展板上）

师：两位同学请留步，贴门神是对美好生活的祝愿，你们贴了门神有什

么愿望吗？（下面的学生开始笑，台上的一位同学不太好意思，埋头笑）

生：（想了一下）嗯，希望，希望大家学习进步。

生：我祝大家身体健康。

师：好，谢谢两位同学的祝福，愿大家梦想成真！（生鼓掌）

（五）拓展

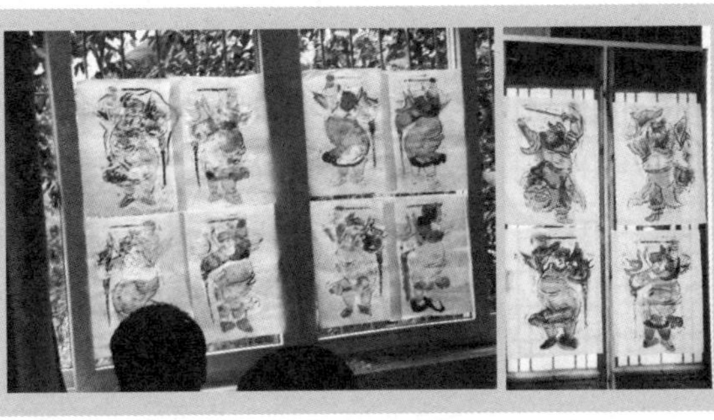

师：门神本来是装饰门的，但大家看老师今天穿的衣服上的图案……

生（个别）：是门神。

师：门神的造型元素已不仅仅用来装饰门了，老师今天就用它来装饰衣服，我们再来看看它在生活当中还有哪些应用。（课件展示）装饰墙壁，做成玩具，包括生活中的水杯、靠垫、广告牌以及宫灯、柱子上也出现了门神的元素。这些都是门神的造型元素在我们现代生活中的应用。

（六）总结、升华

师：门神的造型元素虽然在现代生活中得到了广泛应用，但传统的年画制作包括其涉及的传统文化却在走向消亡。以绵竹年画为例，很多老艺人已经去世了，而他们的后代大多不愿意继承这门艺术，（课件展示绵竹年画的老艺人）如今在绵竹从事年画创作的仅有一位80多岁的老人带着他的子女在进行作坊式的制作。传统年画的境况固然严峻，但可喜的是我们四川的很多专家已经意识到了这点，他们正在对绵竹年画进行一系列的保护工作，包括把这些艺人请到学校为同学们直接讲解绵竹年画。希望通过我们的共同努力，传统艺术能够得到更好的继承和保护，使我们优秀的民族文化绽放出更加耀眼的光芒。

希望各位同学担负起这个重任，在平时的生活中多关注我们的民族文化，多学习我们的民族文化。好，下课。

>>> 教学反思

立足本土文化资源，弘扬中国传统文化

我国是一个拥有五千年历史的文明古国，文化资源非常丰富，可以说是源远流长，影响深远。然而随着时代的发展和资讯的发达，特别是国外流行文化的大量涌入，现在的学生对传统文化、传统习俗知之甚少，却对西方的流行文化趋之若鹜，在对美的理解上也带着很明显的西方文化的烙印。对学生们来说，越是传统的就越是“旧”的，越是民间的就越是“土”的。在这种形势之下，我们要对传统的艺术、民族民间的艺术进行课程开发，以此来培养学生对祖国优秀文化传统的热爱。

培养学生热爱传统文化的基础，首先应该让他们认识自己本地的传统文化，使他们亲近地方文化、了解地方文化、热爱地方文化，进而激发学习的热情，使其由热爱家乡文化升华到热爱家乡，由热爱家乡升华到热爱祖国，从而推进到对各地传统文化的传承。融合了地方文化的美术课，也为美术教学增添了特色。以丰富的民间艺术为背景，开发文化资源，在教学中突出美术文化的学习。《美术新课程标准》中也提出：“认识本土文化是学生学习艺术、认识艺术的基础，是他们走向世界的起点。教师有必要引导学生深入地学习地方文化，从他们的周围环境开始，挖掘生活的美、地方文化的美。”

一、自豪与焦虑并存

绵竹年画以产于竹纸之乡的四川省绵竹市而得名。绵竹年画历史悠久，是我国四大著名年画之一。绵竹传统木版年画是在线版定型的基础上进行手工上色和开相，工艺比较复杂，整体色彩均衡、饱满，多采用对比手法，设色单纯、艳丽、明快，具有强烈的艺术感染力。如此充满魅力的绵竹年画现在却正在远离我们。现代人鬼神意识的淡化、印刷工业的出现，以及人们生活环境、生活方式的改变等都对年画的处境产生了负面

影响。尤其是民间艺人年龄结构老化，而年轻人又不愿意学习这门手艺，老艺人一旦去世，手艺也会随之失传。目前，绵竹仅有孝德镇的陈兴才和拱星镇的李方福还勉强支撑，但其年事已高，恐也难以为继。绵竹年画昔日的辉煌将成为历史的记忆？！

二、提炼一种形象

门神是我国民俗中信仰者最多的神祇之一，其历史之久，流传之广，种类之多在民间诸神中是最为突出的，而且门神造型多样，色彩丰富，相比年画中的其他造型，更加夸张，更加充满了戏剧性和舞蹈感，是美术课上不可多得的艺术素材之一。于是，我从门神的造型和色彩入手设计了“门神的故事”一课，让学生来表现门神，从而了解门神，欣赏门神的美，并通过门神了解整个绵竹年画。

三、传统内容，新的感动

年画的制作工艺是复杂的，先起稿，然后雕版，再印刷，最后人工施彩。一张好的木版年画应当显示出“刀味”“木味”“印味”以及“画味”。烦琐的工艺流程似乎有碍课堂教学的开展，学生也会对此感到枯燥乏味。因此，教学一开始在表现手法上我摒弃了传统的工艺，只借用了门神的造型，而用中国传统水墨画的技法，让学生用水墨的形式来表现门神。看似一箭双雕的好主意，用两种传统文化——门神和传统水墨，来融汇成传统文化的盛宴，可是实际情况却不甚理想。首先，水墨已经是个独立的门类，它已经有自己相关的丰富文化内涵和技法修养，两者放在一起实施显得重点不明朗。其次，违背了授以“传统”的初衷。既然是对传统文化的学习，那么传统的工艺就是必须掌握的，不然何以谈继承，更不用说弘扬了！

其实，对于学生来说，他们之所以对民族民间的艺术没有认同感，就在于他们的不了解，或者是了解得不全面。在平常的生活和学习中，他们很难接触到这一类的工艺制作和绘画手法，虽然这些是古已有之，是传统的，但是对于没有接触过的学生来说，又是“新”的。

于是，重新拾起传统，回归到绵竹年画制作的本质，将课程调整为

"门神的故事——走进绵竹年画"。

四、立足于对教材的创造性利用

立足地方文化资源开发，并不是说要推翻现行的教材一切重新开始。我们现行的教材其实是非常好的一种资源。它是教育专家和一线优秀教师共同智慧的结晶，是适合普遍教学的，至于放到不同的地区，各地有各地的民情和风俗以及一些独特的资源，教师可以结合当地的具体情况加以拓展和延伸，或者直接立足本地的文化，由本地文化再延伸至全国文化。因此，我们要做到不拘泥于教材，也不否定教材，而是使教材与当地文化相辅相成、相互作用。

于是我对人美版美术教材17册中的第14课"绵竹年画"进行了创编，这一课恰巧是由我们四川编写的本土文化资源课程。在这一课的基础之上，我重新设计，以门神画为突破口来介绍民间的年画艺术，让学生通过了解门神的来历以及门神的造型为切入点，重点对其色彩进行分析，来体会年画艺术的特色。教材中并未规定作业的呈现方式，我就让学生在门神的线稿上进行填色练习来加深对绵竹年画色彩的解读，并用绵竹年画中最独特的填色方式"填水脚"的方法来填色，从而让学生感受门神的美，感受年画的美，体会我国民间艺术的独特魅力。最后，鼓励学生弘扬我们的民族文化，让他们明白继承与弘扬民族文化是每一个中国人的责任。

鲁迅先生说："越有地方性就越有世界性。"我们坚信具有浓郁地方特色和乡土气息的课程定能让学生触摸到传统的心跳，感受到中国文化的力量，使他们走进地方文化、热爱地方文化、弘扬地方文化，从而了解我们的国家，热爱我们的国家。

>>> 研究与思考

回到生命本身的美术文化熏陶

李力加

绵竹年画，是中国民间年画中的奇葩，是我国四大著名年画之一。这一课题为人美版美术教材17册中的内容。在美术课堂上，由四川师范大学附属中学朱文娟老师来诠释这样的课题，是再恰当不过的了。绵竹年画作为四川本土文化的一个内容，承载着特定地域的生命本体元素，这些元素与基础学校的美术教育整合为课程时，给学生们带来的不仅仅是美术活动中的表现性技能学习，更重要的是对本地文化的知觉体验。

一、回归生活的启发

在本课的教学导入中，利用《春节序曲》的音乐和四川本地人过年时候贴年画的照片，力图唤起中学生对本土文化的记忆。而“门神的故事”，由一个点将学生引导到与本土文化习俗碰撞的场景中，此刻，学生、教师都将自己置身于个人生命之外的特定的生命之中，强化了对绵竹年画的生存体验与探究。这一环节更多的关注了学生对门神这种文化形态是如何在历史进程里影响老百姓的生活的理解。师生共同讨论、研究门神，成为这堂课教学的重点。例如，朱文娟老师在组织学生模仿门神造型摆动作的时候，有的学生开始议论和哄笑，中学生对这样的教学组织活动是不看好的。这其中，一方面是由于民间年画中的门神造型的形态是特别夸张与变形的，中学生们的体态、神情塑造肯定不到位，课堂上发生哄笑很正常。另一方面，学生们感到这4个同学的神情并不威严，“动作有点像跳舞”，他们忍不住笑。

但是，这样欢快的课堂情境，反而更能够体现朱老师与学生们的精神生命在美术课堂上的自然状态。由于朱文娟老师在教学中采用了回归生活事实本身的启发，中学生们对自己家乡的绵竹年画才有了更深刻的理解。为什么老百姓需要门神，门神的作用在哪里？门神这个内容或主题在绵竹年画中到底有多么重要？中学生们已经开始思考了。

二、对生命意义的初步感悟

当地的老百姓喜欢绵竹年画，是由于它的发生与流传伴随着四川人民的民俗生活及传统。这个课题进入中学课堂，是本土文化与基础美术教育的结合，学生在课堂上生发了对生命意义的感悟。朱文娟老师在教学活动的开始就说："今天贴门神已不再是驱鬼辟邪了，为什么还要贴呢？"有的学生认为其原因归于传统，有的学生认为是习俗。"门神门神扛大刀，大鬼小鬼进不来"这是老百姓生活里求安定、安全的一个希望，门神贴在大门上为了保平安，这是关乎生命安全的。所以，今天的中学生理解和认识民间年画，是需要回到老百姓的生命源头来看问题，由此，中学生们对生命意义的理解是逐渐深刻的，对生活的感悟是一种本质思考。这些民间木版年画看似非常不起眼，但其本身的生命力在于当地的老百姓世世代代都在与其相依为命，它满足了老百姓们精神上的需要。中学生们在没有接受这样的美术学习课题的时候，内心并不能有这么深刻的认识。

三、质朴的审美理解

民间年画的用色，按照朱文娟老师课堂上的提示是"色彩：鲜艳明快"。对于民间色彩的审美理解，这些在城市长大的孩子们开始接触的时候可能是不太适应的，也可以说对这样的颜色会不认同，会感觉"老土"。对于这一点，朱老师在教学中花费了一些时间与中学生们讨论这一问题。例如，对"红与绿"颜色的讨论和分析，按照四川人的审美习惯，红与绿在一起对比太强烈，太"老土"。这一段与学生们的讨论是非常有意义的，绵竹民间年画里在颜色的搭配上，如何处理红与绿这两个颜色的强烈对比呢？朱老师引导学生由"万绿丛中——"出发，到美术表现上"改变了两种色彩的比例（面积）关系"，这样的审美引导对于学生们来说应该是印象深刻的，可能还会影响到中学生们在生活里的色彩审美取向。

上述这个环节说明，美术教师在课堂教学里要关注细节。对于民间年画的色彩分析，看起来好像只是美术学科的问题，实际上涉及中学生基本的审美理解。

四、课程价值取向的延伸

从“门神的故事——走进绵竹年画”的课程价值取向看，教学内容体现的本土文化元素与基础美术教育的对话，其价值在于使美术课堂富有特殊的文化生成性。在这样的课堂情境里，每个中学生在不断发现地方本土文化及其生命本质意义的同时，在了解与发现其他同学此刻想法的同时，也在不时地释放自己内心的灵动之声。对多元文化的认同感，恰恰是长期以来普通学校美术课堂学习中所缺少的。因此，美术教师在倡导师生平等参与、知觉生活、体验文化的同时，在具有本土文化元素的教学内容课堂对话中，要求中学生与教师时刻保持着知觉意识的敏感性，能够在多向的交流中敏锐地感受到自己和其他同学、教师的心理反应，并能够觉察出其中的区别和联系，从而感知和联结对话中更深刻的文化“意义”。

因为，人永远都置身于历史文化中。美术教师要意识到，祖国的传统文化对我们的生活发生的作用在美术课堂教学中是多么的重要，必须对一切使学生们获得文化经验的历史事件负起责任。

五、教学内容实施的讨论

新课程改革以来，具有地方文化元素的学习内容越来越多，有的是直接将地方文化、非物质文化遗产、乡土自然的“物”（材料）等，引进中小学美术课堂。国内现有11个版本的课程标准实验《美术》教科书，都非常关注这一方向的文化素材，有很多课题的内容都涉及了地方文化。但是，当美术教师在课堂上面对这类内容时，最需要做的工作不是照搬教材内容，也不是根据当地文化元素直接进行教学设计，而是需要先考虑学生的文化背景与接受能力，将这些内容重新组合成适应本学校学生学习的资源。

1．教什么？针对地方文化资源、非物质文化遗产、乡土美术、民间美术这类课题内容，在中小学的课堂里教师究竟要教给学生什么？文化，这两个字谁都会说，但将文化与美术学科表现融为一体，更恰当地在美术课堂上触及学生的心灵，刺激学生的体验，发现有意思的问题，这是美术教师需要认真研究的。例如，绵竹年画这一教学内容，是以门神这个具体的形态物呈现的，朱老师的教学重点已经找到，非常好，教学围绕着门神展开设计，具体到学科表现上，40分钟的美术课堂，安排学生进行

"填水脚"，画出"色与色之间相互浸染"对于学生来说是比较有意思的体验。这样的体验活动，就有了具体落实的点，学生在操作上也好上手。

2. 怎么教。朱文娟老师在课堂上引入门神这个关键点之后，学生由此对其造型、色彩表现逐步了解，特别是朱文娟老师又将表现性的操作体验聚焦在民间木版年画的设色环节上。针对这一点，我提一条建议，就是为了强化中学生对民间年画色彩的知觉体验，课堂上关于绵竹年画的基本情况介绍还可以再简化，直接在下一个环节"绵竹年画的填色方法"上再加一点时间（虽然这里的教学时间已经不少），如果学生的体验时间更充足的话，效果可能更出彩。

3. 整体设计。像地方文化资源与民间美术等这样的教学主题，一般情况下内容含量都比较大。因此，建议教学设计时要采用单元式整体设计，每节课教学的时候，以局部深入挖掘的方式展开。实际上在一节40分钟的课堂里，是不可能讲授这么多的内容的，教学的时候美术教师只需要在课的开始说一句"我们上节课曾经……"，在教学结束的时候有一个交代"下一节课……"，采用这样的教学方式能够把课上得更深入，学习效果也更扎实，其他教师观摩时也会感觉这样的课更实在。

19

后印象主义与西方现代派美术

——对比分析，提高教学实效

>>> 名师课堂

“后印象主义与西方现代派美术”教学实录（高二）

屠晓蓓①

（一）导入

师：同学们好！大家一定对我国刚刚成功举办的奥运会记忆犹新，本届奥运会我们提出的主题是——

生（齐）：同一个世界，同一个梦想。

师：说到世界，我们一生下来到这个世界上，就看到了山、水、花、木等，这是一个客观存在的世界，是人类和其他生物共同生存的家园。其

① 屠晓蓓，中学一级教师，山东省青岛市第二中学美术教师。

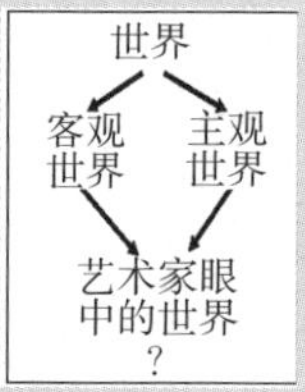

图1

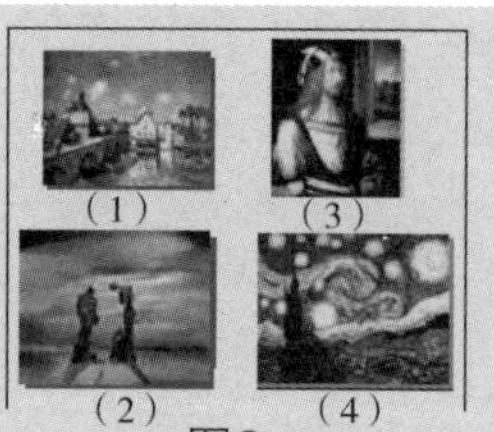

图2

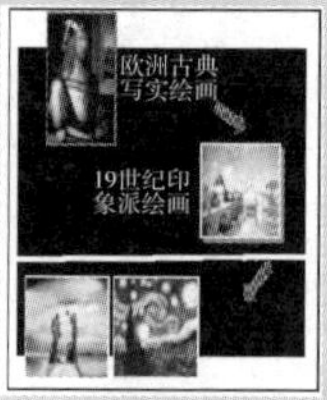

图3

图4

实我们人类还拥有另一个世界，它看不见、摸不着，却承载着人类的梦想和希望，那就是人类的主观世界。（出示图1）既然如此，艺术家是怎样表现世界的呢？他们更倾向于对哪一种世界的表现呢？请观看一组图片（图2），回答刚才老师提出的问题。（师边操作课件边与学生对话，倾听他们的判断，适当提问学生判断的依据是什么，启发学生进一步比较同一类作品中哪一件的倾向性更明显，激发学生的思考）

师（生）：（共同得出结论）根据初步判断，作品1、3更倾向于对客观世界的表现，2、4更倾向于对主观世界的表现，其中作品2比4的主观倾向性更为明显。

师：（引导）1、3两件作品分别创作于哪个时期？同学们回忆一下前几节课所学文艺复兴时期的内容，（借助图3展示）西方绘画由古典写实到印象派追求更加真实的光色——更客观。再继续发展为艺术家不满足于客观表现，逐渐在作品中融入个人的主观思想，从逐渐摆脱客观形象的束缚，即介于客观到主观之间，到几乎完全主观表现，也就是以2、4两件作品为代表的作品。对于这一类作品我们应该如何鉴赏呢？这就是我们今天的课题——后印象主义，西方现代派美术。

（二）新授

1. 20世纪西方现代主义产生的背景

师：说到西方现代主义艺术风格，它其实是西方20世纪出现的多种艺术风格的总称。那么，为什么会在20世纪的西方出现这么一大批反传统、求创新、富有个性的艺术家和艺术流派呢？让我们来了解一下当时的背景：大家都知道自19世纪欧洲工业革命以来，机器大工业代替了手工作坊，试想这一切新事物的产生有没有改变社会生产力？有没有改变人们的生活节奏？有没有改变人与人之间的关系？有没有改变人们的观念？有没

有改变人们的审美追求呢？答案是肯定的。（随着教师抛出一系列问题，生思考工业革命对人的观念产生的影响）

师：科学的发展拓宽了人们的视野，人类的科学探索从外太空到微生物，使人们对客观世界有了更广阔的认识，同时，在精神领域出现了许多新的学说。同学们可能听说过尼采、叔本华、弗洛伊德等，这些哲学家、心理学家都提出了新的思想观念，启发人们重新认识世界和自我。更重要的是，两次世界大战带给人们太多的“副产品”，使人们的思想和心理呈现出前所未有的变化。对于绘画而言，还有一个原因就是照相机的出现使传统写实绘画受到了挑战，只满足于再现性的艺术创作已不能真正发挥美术的作用。大家想，艺术家是一群什么样的人呢？他们敏感而富有创造性，既善于体验又善于表现，他们怎么会沉浸在已有的传统模式中停滞不前呢？于是就出现了否定传统艺术观念、追求精神世界、展现个性的现代主义艺术。

（生边听边理解现代主义艺术产生的原因，从而更好地进行学习）

师：其实现代主义不是突然诞生的，它也有从萌芽到发展的过程，其萌芽阶段就是“后印象主义”。后印象主义起到了承前启后的作用（出示图5）。这里的箭头说明现代主义艺术有许多都是受到了后印象派的启发发展起来的，所以在后期作品中我们可以看到其借鉴和学习前期艺术家的影子，流派之间也互相借鉴，形成既有关联又各具风貌的多元化艺术成果。在接下来的鉴赏过程中请大家注意这一点。

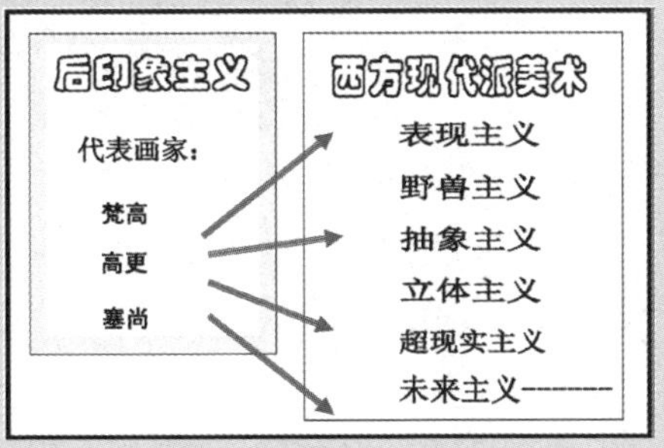

图5

2. **各流派的艺术特征鉴赏**

（1）后印象派代表梵高和表现主义代表蒙克

师：后印象派有三位代表人物，分别是梵高、高更、塞尚。他们虽然是同一流派，但是各自却具有鲜明的风格，而且他们都对后代艺术家起到了不同方面的启发作用。接下来，我们将要把他们三位“拆开”，让他们各自担任一个小组的“组长”，每人分别率领一组现代主义的流派依次和大家见面。

（看到后印象派出现梵高的名字，生很兴奋）

师：我注意到大家对梵高很感兴趣，那我们就从梵高“组长”开始吧。

①梵高及后印象主义的艺术特征

师：关于梵高，同学们一定知道不少有关他的事情，谁愿意向大家介绍一下这位艺术家？（生竞相发言，相互补充）

师：刚才有同学说到梵高是自杀死的，那是不是因为他不热爱生命呢？答案应该从他的画中寻找。（出示图片——《星月夜》，师引导学生观察画中形象的特点）夜空是强烈的蓝色、星星月亮是发光发热的、云是旋转的，近景的树造型如同升腾的火焰，动感的形象、夸张的色彩、明确的笔触，这些突破客观原形的形象是画家内心思想的写照，如果没有对生活的炽烈的热爱，画家会画出这样的形象吗？

（生体会梵高作品中的艺术手法和强烈的个人情感，并深入理解）

图6

师：（出示图6）从传统风景到印象派风景对物象的客观表现，与梵高作品相比较，可以看出梵高作品虽运用了与印象派相像的鲜艳的色彩，但与印象派不同的是其色彩具有更加鲜明的主观性，而非对客观色彩的再现，对于内心情感的表现强于对自然物象的表现。在欧洲几百年的绘画历史长河里，梵高可谓独树一帜，他的作品甚至令当时的人们无法接受，以至于梵高非常痛苦，但是他并没有为了迎合别人的标准而改变自己的艺术探索，虽然他早早地结束了自己的生命，但是他的作品却成为表达生命激情的巅峰之作，而为后世人们所推崇。所以，梵高的艺术魅力在于他借用客观形象表现丰富的精神世界。

师：（小结）以梵高为代表的后印象主义流派的特征是：客观事物、主观感受、承前启后。

②表现主义的艺术特征

师：既然后印象主义具有承前启后的作用，那么让我们来看看现代主义流派是怎样受到梵高的启发从而进一步创新的？（出示图7——《呐喊》《星月夜》、蒙克的文章摘录）

这是现代主义画家蒙克的作品《呐喊》，你们有没有感觉他的画和刚才哪件作品比较像？

图7

生：《星月夜》。

［师出示《星月夜》，引导学生比较两幅作品的相似之处（共性比较）］

生：曲线、色彩的强烈对比、排列的笔触、动荡的画面感等。［师进一步引导学生比较《呐喊》是否具有梵高画中的对生命的渴望和向上的激情（差异性比较）］

生：《呐喊》似乎表现得是相反的情绪，压抑、恐惧、沉重感。

（师出示蒙克文章摘录：“我和两位朋友一起去散步，太阳将要落山了，天空被染成鲜血般的红色。突然间，我像死了一样疲倦不堪，一动不动地停立下来。蓝色的海湾和小镇上空的血的炎舌在蔓延。友人相继前进，只留下我一个人。这时我突然感到不可名状的恐怖和战栗，我听到了自然的喧嚣声。”引导学生感受艺术家与众不同的敏感而脆弱的神经，进一步认识艺术家的这种感觉并不是瞬间的，在蒙克的其他作品中还可以看到类似的场景和精神状态，再引导学生猜测是什么原因造成蒙克会有如此的精神状态）

生：这好像是个悲观、消极、敏感的人。我猜测他可能受过打击，可能是童年不幸，可能是他性格孤僻，也可能是因为他对战争的恐惧。

（师简要介绍蒙克童年的不幸经历及战争带给当时人们的心灵创伤，生结合教师的补充，感受艺术家创作的心理环境，体会作品的情感表现）

师：（小结）蒙克作品的目的不是为了再现某个场景，而是运用一切绘画元素表达自己内心的情感，较之前的后印象派的梵高的作品，他的情感指向性更明确，可以说是将个人情感的表达发挥到极致，他所代表的表现主义都具备这一特征，即表现主义—— 强调表现人的内心情感。

（2）后印象派代表高更与野兽主义代表马蒂斯、抽象主义代表康定斯基及蒙德里安

①高更的艺术特征

师：在开头我们提到过后印象派的三位“组长”，除梵高外还有两位，接下来我们认识一下同样特立独行的后印象派画家——高更。（出示图8——《自画像》，生对高更的自画像感觉很新奇）

师：大家觉得两幅作品画的是同一个人吗?

生：仔细对照发现尽管风格不同，但人物特征是一样的。

师：（进一步引导）哪一幅更不写实，主观性更强?

生：左面的。

图8

师：左面这幅与梵高的画比较有什么特点?

生：色彩种类更少了，看不到笔触，许多地方像图案的画法。

师：很好！大家开始注意到造型、色彩、笔触等绘画语言应用的特点了，可否再仔细比较色彩的纯度又如何变化了?

生：色彩的纯度比较高。

师：是的，如此特色鲜明的作品一定出自性格独特的人之手。其实高更也是一位特立独行的画家，他放弃了在法国优越的工作和幸福的家庭，独自一人来到太平洋的一个小岛——塔希提岛上，和土著人一起生活，创作的主题也是塔希提岛上的土著居民。请看他的代表作，（出示图9——《我们从哪里来，我们是谁，我们要到哪里去？》）同学们能否感受到画家在作品中想表达什么?

（师引导学生寻找画中的人物形象，体会其寓意，引导学生分析图中标示出的三个形象代表人生的三个阶段，体会人生及社会的意义）

生：画家想返璞归真，表达了对人生意义的反思。

[师（出示图10）再进一步引导学生，归纳高更画面色彩、造型、空间、笔触与传统绘画的不同，指出高更的艺术同样是借助客观形象表现主观思想，所以尽管和梵高的作品有许多不同之处，但是同样符合后印象主义的特点]

图9

图10

②野兽主义的艺术特点

师：既然后印象主义具有承前启后的作用，那让我们来看看现代主义流派是怎样继高更之后，进一步走向极致的？（出示图11中右边的图片——马蒂斯的作品）

生：（惊诧地喊）这是什么画啊，这么幼稚——

师：马蒂斯的作品与高更的作品比较有没有相似之处呢？（共性比较）

生：都用了鲜艳的红色，皮肤都用了较纯的土黄色，使用的都是平涂画法——

师：空间方面的表现呢？（差异性比较）

生：不太像，高更的作品的背景空间虽然不是严谨的焦点透视，但还有点接近真实的空间，介于立体和平面之间，马蒂斯的作品的背景几乎和前面的人在一个平面上。

师：不错，马蒂斯的作品特点我们基本归纳出来了，那么他属于哪一个流派呢？（师出示图11，生看到野兽派的名称都感意外继而都笑了）

图11

师：大家是不是觉得野兽派这个称呼很奇怪啊？野兽派名称的来历是在一次画展上，一位写实派画家临摹了古典画家多纳泰罗的一张绘画作品参展，而其作品周围全都是像马蒂斯画的这样的高纯度平涂大色块的作品，人们戏称多纳泰罗被一群野兽包围着，于是，野兽派因此而得名。

（生听后顿觉释然）

［师小结，引导学生继续欣赏马蒂斯的其他作品（《生命之舞》《剪纸作品》）引导学生感受作品中简练的造型、单纯的色块及充满趣味感、愉悦感和装饰感的视觉效果。与学生一起总结流派特征：野兽主义色彩高纯化、形象单纯化、效果装饰化］

③抽象主义的艺术特点

师：野兽主义的形象趋向于单纯化，那么可不可以在此基础上继续简化呢？再简化会是什么样子呢？（师出示图12——康定斯基的作品《红黄蓝》，生略显茫然）

师：是不是有的同学觉得不可理解啊？能看出画面中有什么吗？

生：好像有人脸的侧面和眼睛，其他就看不出了。

师：真的没有了吗？（指着其中的一条弧线问）这是什么？

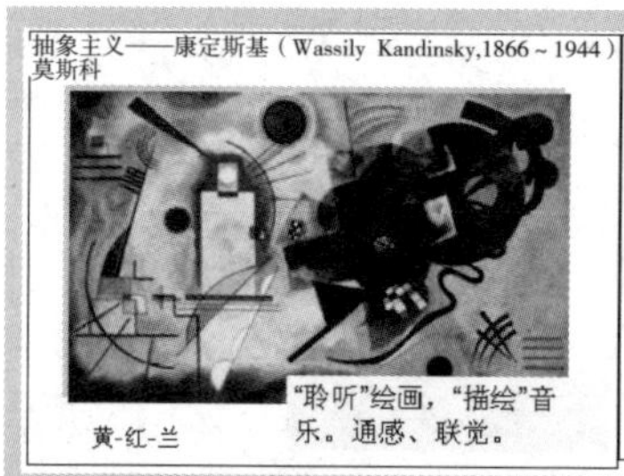

图12

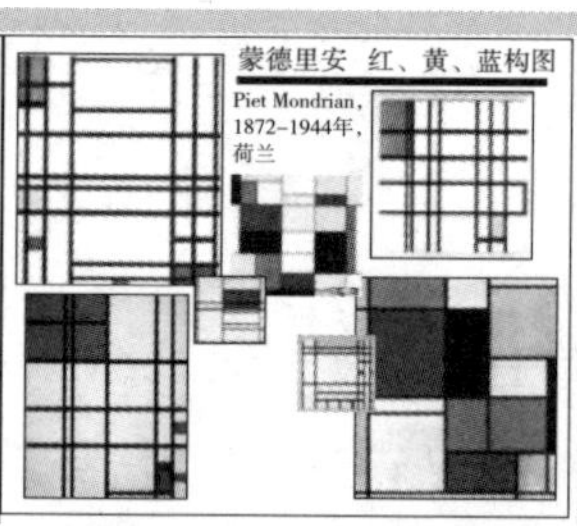

图13

生：弧线。

师：很好。继续找，除了弧线还有什么？

生：（在教师的启发下继续寻找）直线、曲线、点、大点、小点、面、圆面、曲面、方形面、三角形面、色彩……

师：很好，这幅作品中几乎看不到具体的物象形态，似乎是由点、线、面、色彩等符号构成的交响曲。康定斯基是一位音乐造诣极高的抽象派画家，他运用美术语言的基本元素，借助“通感”的艺术手法，表现了可视的音乐节奏和韵律，是视觉的交响乐。课下同学们可尝试边听柴科夫斯基的交响曲边欣赏康定斯基的绘画作品，体会音乐与美术的相通之处。

师：如果说康定斯基的作品还洋溢着某种情感或指向某一种事物的特

征的话，那么接下来的作品则是将抽象艺术“抽象”到极致了。（出示图13——蒙德里安的《红黄蓝构图》，引导学生感受纯理性的冷抽象所呈现的视觉特征和艺术风格）

师：（小结）以前有的同学一看到形象有点夸张或变形的美术作品就以为是抽象作品了，通过今天的学习，大家就明白了以前的认识是不全面的。今天我们给抽象作品下一个定义：抽象主义，摆脱客观形象、追求视觉体验、游戏视觉符号。

（3）后印象派的塞尚、立体主义的毕加索以及超现实主义的达利

①塞尚的艺术特征

师：在开头我们提到过后印象派的三位“组长”，梵高和高更我们已经了解了，接下来出场的这位可谓是重量级的人物，他被称为“现代主义之父”，可见他的艺术探索给后代艺术家所带来的启发和影响是十分广泛的，他就是塞尚。塞尚对于绘画的观念有多方面的创新，由于时间关系，我们仅对其在某一方面的探索进行了解。（师出示图14）请同学从透视方面来看，塞尚所画的静物与传统绘画有何不同？（生多数看不出来）

（师画辅助线，引导学生再观察）

生：有点明白了。传统绘画的花篮具有严格的对称式造型，塞尚画的盘子和底座是错位的。

师：很好，继续（出示图15上图）。

生：塞尚画的盘子口好像时宽时窄，歪歪扭扭。

师：（师出示图15下图——视点上下移动的不同角度下盘子的透视变化）大家可以联想一下生活中的经验，当我们完全俯视一个圆形盘子时，其形状为正圆形，如图所示。随着我们视角的变化，由俯视渐渐变为平视，所看到的圆盘形状由正圆变为椭圆，宽度不变，高度越来越小，越接近平视角度圆盘的轮廓越趋于平直。再看塞尚的盘子，左边略大于右边，似乎观者看左边时站的位置更高一点，看右边时

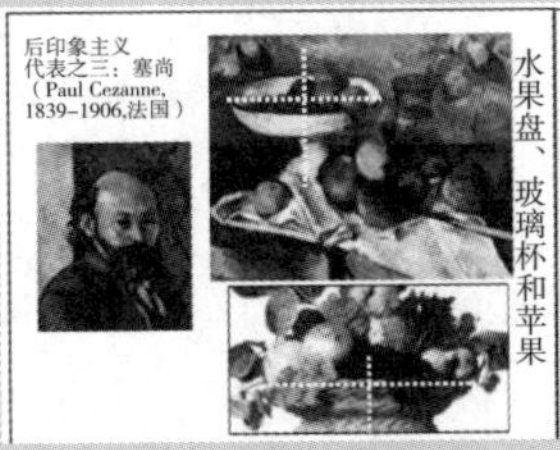

图14

图15

略下降了一点，看后面时视点略高，看前面时视点降低，接近平视，这些都是塞尚有意识做出来的。

（生体会教师所解释的塞尚画面中运用的多角度透视原理）

②立体主义的艺术特征

师：这种打破传统视角的观念被20世纪的艺术家发扬光大了，他们开创了又一个新的艺术流派，那就是毕加索的立体主义。（出示图16、17、18）

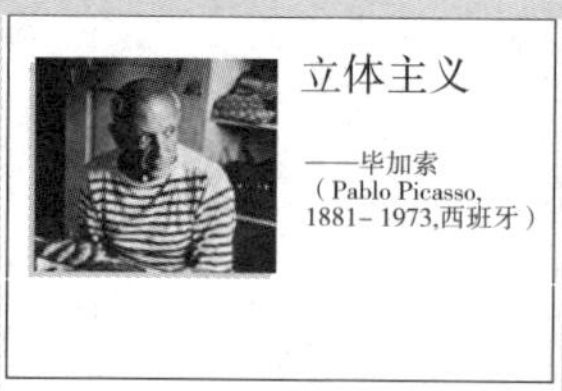

图16

图17

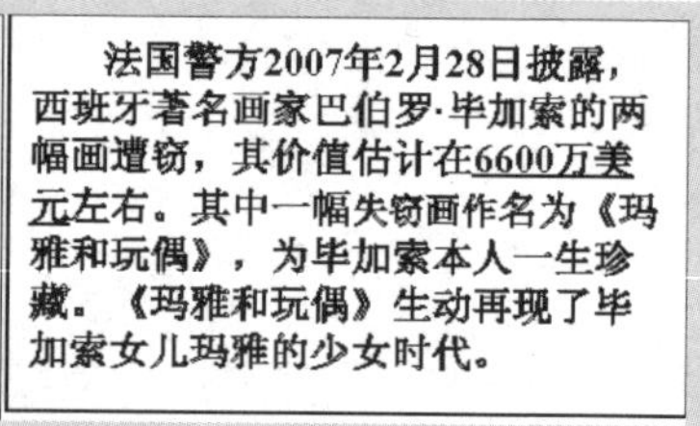
法国警方2007年2月28日披露，西班牙著名画家巴伯罗·毕加索的两幅画遭窃，其价值估计在6600万美元左右。其中一幅失窃画作名为《玛雅和玩偶》，为毕加索本人一生珍藏。《玛雅和玩偶》生动再现了毕加索女儿玛雅的少女时代。

图18

从毕加索不同时期的自画像来看，你们认为他的艺术之路经历了怎样的过程？

生：开始是很注重写实的，而且有相当的写实功力。1901年那幅有蒙克的画的感觉，1906年那幅又似乎有点高更的风格，1907年以后的几幅就开始变形夸张到基本看不出他自己的模样了，越来越怪异了，挺有个性但不好看。

师：很好，同学们大胆地表述了自己的感受，而且还发现毕加索在前面非常注重风格的探索甚至向其他艺术家学习，而最终他找到了适合自己的独特的艺术观念和表现手法。其中最重要的启发就是塞尚从多角度表现同一画面，开创了立体主义画派。通俗的讲，传统画家是从单一角度观察和表现对象，作画时画者和物象之间处于相对静止的状态，而毕加索作画时，会围着模特来回走动，甚至忽而俯视忽而仰视，模特也可以很放松地表现自己，而画家会将自己全方位观察的形象根据需要有选择地同置于一个画面当中，甚至可以把不同时间、不同空间的形象画在一起，实现了真正意义上的立体主义。

下面我们来欣赏毕加索的几幅具有代表性的作品。首先为大家介绍毕加索为其女儿画的一幅肖像画，这件作品还有一段特殊的经历（出示图18，生阅读文字，产生好奇心）

师：毕加索是怎样表现他天真烂漫的小女儿的呢？（出示图19，生全体哗然，开心地笑了）

是不是觉得很意外，一个小姑娘怎么变成了这个样子？让我们应用刚才所介绍的知识来理解，就会感受到毕加索的匠心独运了。（出示图20，操作每一个动画演示，引导学生理解每一部分形象的角度变换和组合手法，感受立体主义形象构成的规律）

图19

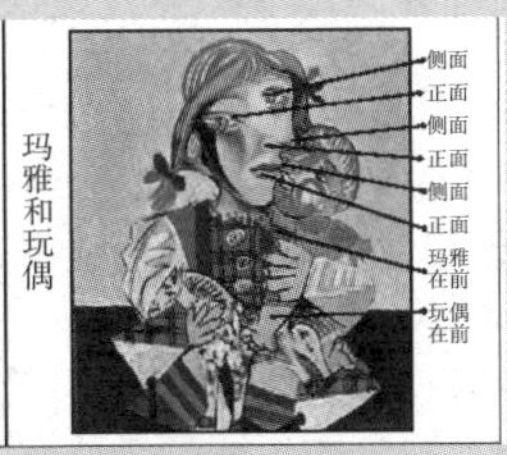

图20

（师用粉笔即兴在黑板上演示毕加索的两幅作品中的形象，边画边进一步解说，加深学生的理解）

师：是不是很有意思？想不想尝试一下？请大家在准备好的纸上即兴为你的同学画一张立体主义肖像，时间6分钟。

（生兴致高昂，积极地投入创作，师巡视，看到有意思的作品进行适时点评和鼓励。时间到，生意犹未尽，师鼓励学生课下可以继续创作）

师：关于毕加索的作品，同学们有没有兴趣多看几幅？

生：有！

（师出示图21——《格尔尼卡》）

大家知道该画是为何而画的吗？

（生大部分不知道，有的说是为西班牙内战而画的）

格尔尼卡 长7.766米 宽3.493米 毕加索

图21

（师不直接回答，先讲述了毕加索与德国军官关于这张画的对话的小故事，进一步引起学生的兴趣，而后播放创作《格尔尼卡》的背景录像）

（生体会战争带给西班牙人民的苦难，并了解了该画创作的背景）

（师引导学生体会画中的主要形象：马、士兵、母子、灯、自由女神等所象征的寓意，从而使学生加强对毕加索艺术创作的理解，鼓励学生课下搜集有关这件作品的资料以对其做更全面的了解）

师：（小结）现在我们总结一下立体主义的艺术特征：立体主义，

立体观察、平面表现、突破时空、重组造型。

③超现实主义的艺术特征

师：有没有人能把毕加索的艺术再继续发展呢？

生：（普遍摇头）不可能了。

师：有人给毕加索画了这样一幅肖像画。（出示图22左图，生惊诧地大叫）

图22

师：这位艺术家不仅精辟地诠释了毕加索这个人，同时应用了立体主义的造型手法，而且还有创新，这位敢于向毕加索挑战的艺术家是谁呢？（出示图22右图文字）这个人曾说过这样一段话：“毕加索是西班牙人，我也是。毕加索是天才，我也是。毕加索举世闻名，我也是。”这个人就是达利，他所属的画派是超现实主义，想了解他的艺术就要先来了解艺术家本人，摄影师应达利的要求为其拍摄了以下形象（出示图23——达利的各种怪异的头像）。（生精神为之一震，激发起新的学习兴趣）

图23

师：你们能感觉到达利是个怎样的人吗？

生：标新立异、搞怪、自我欣赏。（注意到蒙娜丽莎与达利）这是抄袭吧？

师：你观察得很仔细，但这张照片是有原因的，达利对摄影师要求：“你能把我和蒙娜丽莎拍成一张照片吗？”摄影师做到了，所以这是对传统作品的再创作而不是抄袭，由此是不是看出达利在向传统挑战，极具反叛性呢？（生赞同）

下面我们来欣赏达利的超现实主义作品（出示图24——《内战的预感》）

生：哇，这是什么？

（师与生一起寻找画中形象：人头、肢体、大地、散落的土豆……然后引导学生思考，这些形象是以何种方式出现在画面中的）

生：似乎是肢解后重新组合的。

师：这种手法类似于谁的艺术手法？（共性比较）

生：毕加索。

师：很好，但是毕加索使用的技法是平涂，达利呢？（差异性比较）

生：有立体感、光影明暗，是古典写实技法。

师：很好，我们已经看出达利的部分艺术创作手法了，那么，他为什么要这样画呢？他想表现什么样的主观思想呢？他画中的场景显得既真实又荒诞，现实中可能出现吗？

《内战的预感》

图24

生：不可能，好像做噩梦似的。

师：有同学提到梦境，感觉是相当敏锐的。大家是否知道20世纪有位非常著名的心理学家叫弗洛伊德？

生：好像听说过。

（师对弗洛伊德的潜意识学说与梦境的关系稍加讲解，指出达利的艺术深受其影响，生结合教师所讲和自己的体验分析作品）

（师出示达利另一幅作品深化学生对达利的超现实艺术的理解）

师：（小结）超现实主义流派的特征是——立体主义造型、古典主义技巧，超越现实，表现潜意识。

（三）阶段性总结

1．流派特征总结（略）。

2．归纳西方美术发展规律。

（师生对上阶段知识进行回顾）

（四）知识巩固：学生判断作品流派

师：接下来我们试着运用今天所学的知识，判断不同作品的艺术风格和所属流派。（出示图25、26）

（生判断并简要说明理由，遇到不确定的，师适当启发）

师：（小结）这节课我们学习了西方后印象主义的3位代表画家及20世纪现代主义的5个流派的艺术作品，让我们一起来总结一下西方美术的发

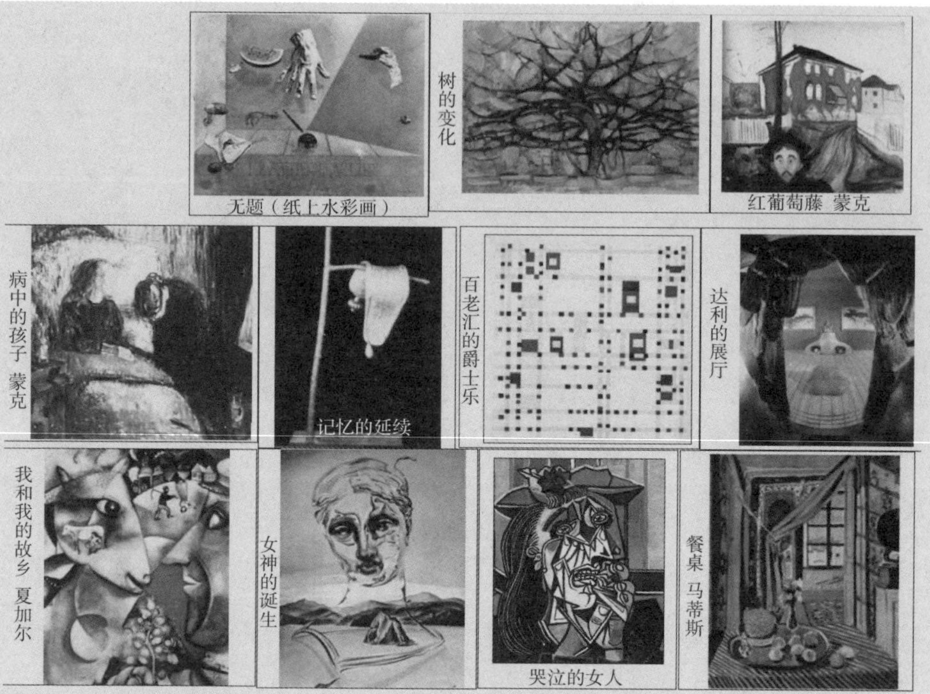

图25、26

展规律，总结西方美术从传统的以写实再现、重内容逐渐向主观表现、重形式过渡的发展规律。西方现代主义是以西方文化及历史渊源为土壤成长起来的丰富多彩的审美成果，是西方精神意识成果的视觉产品。

（五）知识拓展——中西比较，归纳异同

师：我们中国画追求意境，重意而不重形，妙在似与不似之间；追求外师造化、中得心源；讲究章法布局、笔墨韵味，这些都近似于西方现代主义的主观表现、重形式。那么，纵观中西的美术发展，我们是否可以得出这样的结论：无论过程怎样，美术归根结底是通过丰富的美术语言，表达人类对客观世界的认识和对主观世界的追求，所以中西美术的发展是殊途同归的。

（六）作业

运用任一种现代主义绘画手法，以“汶川地震”或“音乐课”为主题，创作一幅绘画作品。纸张为8开，时间为1周。

学生作业《汶川地震》

学生作业《我的音乐课》

教学反思

如何在教学知识点多的情况下提高课堂实效

由于本课教材知识点多且分散，45分钟的时间并不充裕，教师在授课时只有掌握好节奏，松紧适度，才能取得良好的效果。因此，我对本课教材的教学内容进行了梳理，并对知识结构做了重新的设计布局，既充分运用了比较鉴赏的手法，让学生对各艺术流派之间的共性与差异性进行了由浅入深的多层次感受，又突出了重点，解决了难点，还避免了相似内容的无效重复从而节约了时间，很好地完成了本课的教学。

我力求在教材的指导下取得最佳的课堂实效，不拘泥于教材，灵活运用教学手段，积极引导学生看、思、疑、解、试，为学生形成良好的鉴赏思路奠定了基础。多媒体教学手段使教学内容更加丰富；动手实践活动的恰当运用，合理缓冲了学生的视觉疲劳，教学素材的精选以及趣味化的语言活跃了课堂气氛，这些都使学生始终保持了高昂的学习积极性。

本课留给学生表现的时间仍然不足，尤其是学生活动环节，时间只有7分钟，绘画工具材料也很单一，学生只能浅尝辄止，最后只好通过课后作业来弥补不足。另外，本课仅局限于让学生了解绘画方面的成就，未能引导学生结合现代雕塑艺术等其他艺术形式进行鉴赏，这一点要在今后的教学中改进。另外，我在教学中总结归纳了每一流派的部分典型特征，这有利于学生在概念上有比较明确的认识，这是基于学生现有的知识水平而设计的，但从艺术理论的角度来看是不全面的。

>>> 研究与思考

详尽分析与转化理解

李力加

看了屠晓蓓老师的课，最大的感受是单节课教学容量非常之大。这样的教学内容，就是在大学本科的西方美术史课教学里，也不是很容易把握的。由此，更钦佩屠晓蓓老师的教学能力，以这样有难度的课获得了山东省高中美术优质课一等奖，没有一定的教学水平是做不到的。

高中美术新课程改革，对美术鉴赏教学模块的指导，是从美术语言及鉴赏方法两个方面来要求学生的。学生进行美术鉴赏，首先需要了解美术语言，这包括美术元素和组织原则。高中美术教师讲述这些美术元素和组织原则的过程，必然涉及许多美术专业的术语，而且还会包括不同流派在不同历史时期的著名画家、当时的历史背景与美术表现发展的态势分析等。面对这样的教学内容，如何组织教学，使知识传递结构化，成为教学设计与备课时最重要的准备。

一、整体教学内容结构化处理后的详尽分析

在“后印象主义与西方现代派美术”这一课中，由于教材内容设置的缘故，屠晓蓓老师的教学设计在把握这样大跨度的美术历史、画家、事件及作品的时候，注意对四个知识点的重点研究：第一个知识点为“后印象派三位画家”，第二个知识点为西方美术中的“表现主义”，第三个知识点是“野兽派、立体主义、抽象主义”，第四个知识点为“超现实主义”，清晰地划分出这四个知识点后，屠晓蓓老师的教学思路沿着这一纵

向的历史线索展开。

确立知识点后，整体教学内容按照结构化原则划分清楚，最重要的是，屠晓蓓老师针对不同的知识点，又把自己的教学设计思路进行了详细地梳理，确立了在本课教学中讲述的重中之重，例如，康定斯基的作品。这是一个非常值得其他美术教师备课时学习的亮点，分段研究教学内容，注意了学生对知识掌握的重点与难点，找到了自己教学时需要关注的问题，并在课堂教学的落实中，注意与学生对话交流的分寸。这些都是这一课教学设计与操作很值得学习与研究的地方。

二、对各知识点内容的详尽分析

在针对每个知识点的教学设计里，屠晓蓓老师都有不同的教学设计思路。这样的研究方式促进了她对每个知识点的详尽分析，而且有重点地对某个画家及作品展开研究和讨论。例如，根据教材的编写意图，她采用了比较分析的方式，分别对“印象派代表梵高和表现主义代表蒙克”“后印象派代表高更与野兽主义代表马蒂斯、抽象主义代表康定斯基及蒙德里安”进行了有重点的介绍，引导学生参与讨论，提出问题，并进行比较深入的思考。

在关于每个知识点的具体内容上，屠晓蓓老师都进行了挖掘式的研究，而不是蜻蜓点水般的介绍，这就为学生把握整个教学内容积淀了知识素材。这样的教学设计与操作，对美术教师素养的要求是比较高的，要求教师不仅对教学内容要熟悉，而且，对可能出现的问题要有预测性，对学生学习中的反应还要有所估计。我们看到，这些问题都在屠晓蓓老师较强的教学能力与智慧的作用下化解了，因为本课的教学设计与实际操作环节考虑得已经非常周到。

三、解读作品后促进学生转化理解

对于西方现代美术作品，高中学生如何理解是美术教师教学中需要解决的转化工作。在这一课的教学里，屠晓蓓老师采用了详细解读作品的方式，来促进学生的转化理解。例如，在对塞尚静物作品里的“盘子”进行解读式分析时，屠晓蓓老师“请同学从透视方面来看，塞尚所画的静物与传统绘画有何不同？”多数学生看不出来，这是很正常的现象，单单让学生看塞尚作品的画面，他们怎么也看不明白教师所讲述的问题是什么。这个时候，教师“出示辅助线，引导学生再观察”，当学生看到塞尚画的盘子与传统绘画中的盘子出现形态差异的时候，他们说：“有点明白了。传统绘画的花篮具有严格的对称式造型，塞尚的盘子和底座是错位的。”这样的解读式分析有效地促进了学生的转化理解。

又如在分析毕加索的立体主义这个概念的时候，屠晓蓓老师将毕加索作品用动画进行解构，她“操作每一个动画演示”，以此“引导学生理解每一部分形象的角度变换和组合手法，感受立体主义形象构成的规律”。这是非常重要的解读与分析环节，当学生看完了这一系列的演示之后，他们对毕加索创作的意图已经了解，内心理解的过程重新构成了对毕加索这个人比较整体的印象。

四、对高中美术鉴赏教学的建议

高中美术新课程改革以来，全国各省实验区对美术鉴赏课的教学进行了比较多的探索。当然，教学研究都是基于目前几个版本的高中美术教材展开，例如，湖南美术版的覆盖面在全国是最大的；还有人民美术版、人民教育版、山东美术版，等等。以下教学建议是根据教材内容的分析提出的，具体的把握依靠教师自身对教材的理解水平。

1．用好教材。所谓的“用好”，我的观点是，高中美术教师在拿到教材后，要依据自己的学科背景和文化基础重新思考如何用这本教材。一个优秀的美术教师是不会去照搬教材内容的，而是会对教材内容进行本土化的重新改造，特别是对学习内容与学生具体情况了解之后的重构，要依据自己的实际情况，研究教材内容，思考在每一课时到底纳入多大的容量，到底为学生带来什么样的美术知识，美术学科知识与美术文化的关系是如何的，要从研究自己学生的角度，深入研究教材，重新构成适合自己学生学习的课堂学习内容。

2．归纳知识。目前，各个版本美术鉴赏课教科书的每个单元、每个课题内容的容量之大，已经不亚于大学的通识教材读本。所以，美术教师在上课之前要归纳出一节课需要传递给学生的知识。针对这种教材的教学设计，特别提倡由一个点进入、以小见大，深入挖掘美术史上的一个事件、一个流派里的一个画家或者代表作品，对其进行较深刻的解读与分析，这样有利于学生的转化理解。例如，在印象派中，选择某个画家及其作品进行专题欣赏和研究，以此了解这个时期美术历史发展的动向。又如对中国元代山水画的鉴赏，可以由当时的文化与哲学思想的某个观点来阐释。当然，这需要美术教师自身有很好的文化知识储备做基础，才能把握好教学。

3．强化体验。学习美术，最重要的是体验。学生的体验包括学生的自主学习、课前上网查阅相关资料、课堂上与教师共同演绎一个教学主题。学生对美术鉴赏学习的体验由何处来呢？是人文情感的唤起和对美术学科的认识。美术教师研究自己的教学如何能够唤起高中学生对美术家、对美术作品、对美术历史事件、对美术文化的知觉感受，是达成高中美术鉴赏教学有效性的关键所在。例如，学生有了比较深入的知觉体验，课堂上的美术批评就会自然发生，他们就有话要说，就要评论作品，要谈自己的感受。又如只有唤起学生的知觉，他们对美术鉴赏课的学习才会有所期待。

在信息化社会全面到来的今天，高中美术课堂教学不应该是单一美术学科知识的传递，而应该是学生与教师共同研讨美术文化的交流平台。美术鉴赏课教材文本里的知识内容，在当下，学生们从网络上都能够查阅到，这些属于博物馆美术的知识，也叫做有结论的美术知识。而在高中美术课堂上，美术教师应该为学生创设一种共同创造新知识的平台，高中学生在这样的课堂上能够畅所欲言，能够提出问题，探究美术文化对自己成长的作用，而不能仅仅是接受美术教师所传递的知识素材。当然，达到这样的目标，需要高中美术教师在主动研究高中学生身心发展特点的基础上，重新构建属于自己课堂上的美术学科知识，这是由“美术教师关于学习者（高中学生）的知识、教师对美术教育的理解、美术教师的个人生活经验与实践智慧、美术教师已经具备的美术学科知识”四个方面构成的整体对美术文化的理解。

20

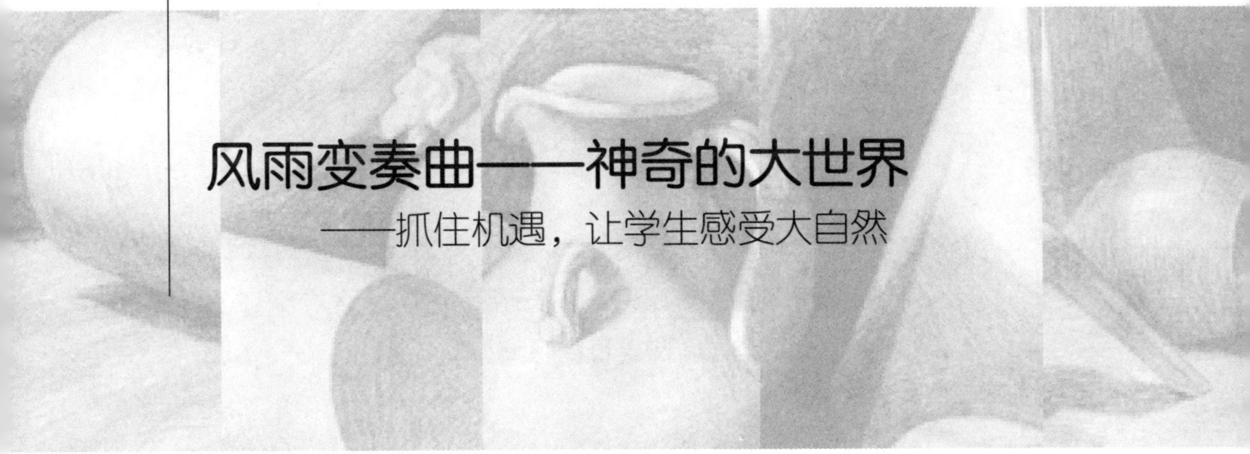

风雨变奏曲——神奇的大世界

——抓住机遇，让学生感受大自然

>>> **名师课堂**

“风雨变奏曲——《神奇的大世界》”教学实录（一年级）

吴艳红[1]

（一）创设情境，激发兴趣

（今天下午是一年级小朋友的美术课，我打算让他们到户外观察神奇的大世界，可在上课前，一层层乌云压过来，眼看要下大雨，看来我的计划要泡汤了。这可怎么办?我望着窗外变了脸的天，灵机一动，暴风雨不也是大千世界的奇观吗？就让孩子们画一画这壮观的一幕吧）

师：同学们好！你们还记得在显微镜下七彩的肥皂泡和团结合作的蚂

① 吴艳红，小学高级美术教师，广东省中山市实验小学教师。

蚁吗？原来小小世界有那么多奥妙！其实不仅小世界，大世界也一样十分神奇。今天你们是不是因为没有机会到户外观察感到很失望？

（生没精打采地点了点头）

师：其实今天是天赐良机，虽然我们不能到户外去观察大世界，但我们可以在室内观看难得一遇的暴风雨，一样可以做出好的作品，表达自己的感受，你们想试一试吗？（生露出灿烂的笑脸，异口同声地喊道："想！"）

师：咱们往窗外看到了什么？

生：天好黑呀，乌云密布！

生：好像要下雨啦！（话音刚落，斗大的雨滴密密麻麻地从天而降）

师：对，下暴雨了。咱们闭上眼睛来听听外面有什么声音？

（生仔细聆听后，纷纷说出自己的感受）

生：我听到风在呼呼地叫。

生：我听到树叶发出刷刷的声音。

生：雨滴打在铁板上会铛铛作响。

生：雷声轰隆，像坦克在行进……

师：我们靠近窗户，从形状、颜色方面观察雨景，好吗？

（生纷纷离开座位，走到窗前认真欣赏眼前的美景）

生：我看到小树在弯腰，大树的枝干、树叶往一边倒。

生：雨滴聚成一串串，像白珍珠。

生：雨水有时是倾斜的，有时是垂直的。

生：雨滴落在水泥地板上会溅起白色的小浪花，落在泥沙里就将泥沙打开一个小洞。

生：雨水就像瀑布一样飞泻而来。

生：闪电划破深灰色的天空，是Z型的。

师：大家观察得真仔细！现在我们看到的雨景十分壮观，它就是我们今天要了解的大世界。（板书课题：神奇的大世界）

（二）启发引导，积极探究

师：大世界真的变幻莫测，今天中午还风和日丽的，现在就大雨倾盆了，这么神奇的大世界，你们想把它画下来吗?

生：老师，雨景确实很美，可是太难画了。（一句话冒了出来）

生：雨滴是白色的、透明的，怎么画?

师：这问题提得好！是啊，要表现雨水，我们得想想办法。谁有什么好计策?

生：那天下雨，我没带伞，小欣主动与我共伞，我很感激她，我想把当时的场景画下来。

生：雨后地面很滑，我摔了跤，我想画画自己狼狈的样子。

师：你们的构思都很有意义！雨水虽然是透明的，可它与我们的生活息息相关，我们经常碰到雨天，可以选择自己看到的雨景，跟你的同桌说说所见所闻。（生交流所见雨景）

师：画的内容我们定好了，怎样才能把画画得漂亮，我们要好好研究研究。现在我们一起看看大师们是用什么方法表现大世界的。

（生欣赏关山月的《长河颂》、黎雄才的浪花习作、冯汉江的《丰腴大地》等）画家们是用什么颜色、线条表现景物的?

生：《长河颂》是用粗细各异的曲线表现瀑布和流水，黄色的是河水，白色的是瀑布。

生：浪花习作是用旋转的线画浪花。

生：《丰腴大地》是用连绵不断的弧线表现麦浪。

师：你们说得真准确！关山月爷爷的《长河颂》是一幅大气势的山水画代表作。远处，作者运用淡淡的横波纹，描绘夕阳下的长河水天一色的壮观；近处，作者用曲线描绘波浪像一头头猛兽直奔而下，气势磅礴；崖下，作者使用多样变化的水波纹线表现长河水汹涌澎湃的壮丽场景。画家通过画壮观的长河表达自己热爱祖国山河的丰富情感。由此看来，我们不但可以用不同的线表现各种物体，还要表达出自己的思想感情，这样的作品才有生命力！

师：雨滴落在田里，庄稼欢迎它；雨滴落在果树上，树木感谢它。它不但是动植物的朋友，还是我们人类的朋友。今天我们就和风、雨、乌云交个朋友吧。那同学们打算怎样与它们交朋友呢？大家分小组说说。

（教室里顿时出现一片叽叽喳喳的声音，生激烈地讨论起来）

生：老师，我们要和雨滴跳庆丰收舞。

生：我要把雨滴带回家，热情款待它。

生：我们到郊外去，和雨滴一起玩乐。

生：下雨时，雨滴在我的伞上滑滑梯。

生：我想拉着风、乌云、雨滴的手，合唱一支风雨颂曲。

生：我要让雨滴落在身上，把我冲洗干净。

生：我也变成小雨滴，在天空中自由自在地飞。

生：我被风大哥抱上了天空，骑在乌云的背上，跟雨滴聊天。

……

师：你们真棒！看，雨滴都被感动了，它们正准备进来和大家交朋友呢！（这时，风将雨水送到教室的走廊上、窗户上，奏起了美妙的风雨交响曲，同学们都目不转睛地欣赏着这神奇的大自然景观）现在，大家一起把我们的朋友——雨滴画下来，好吗?

生（响亮地回答）：行!

师：好，你们就把喜欢的场景画下来吧。不过在绘画前，老师有些提示。（出示作业的相关要求）

（三）自主实践，勇于创新

1. 展示作业要求

师：运用各种各样的线条和简单的色彩把你喜欢的大自然的壮观场景画下来。

2. 绘画技巧提示

师：画面构图饱满；线条要有规律、有节奏，装饰性强；突出主色调，搭配和谐。

3. 学生积极创作，教师深入辅导

（师指导学生细致观察，给学生以信心，充分表现自己的感受；指导时尊重学生的想法，不轻易否定，鼓励学生大胆落笔，激发创作兴趣；及时表扬用线流畅、表现生动的同学，激励其他同学努力）

（教室里只听到窗外滴答的雨声、呼呼的风声、沉闷的雷声……）

（四）交流评价，审美愉悦

（20分钟就在孩子们“沙沙”的笔声中流过，此时，呈现在大家面前的是一曲构思奇特、五彩缤纷、稚气十足、流露真情的风雨变奏曲，风雨成为了孩子们真正的朋友）

（张贴学生作品，让学生以4人小组为单位，选出最喜欢的作品，并说明理由）

生：我们觉得魏源的画人物表情丰富，最能表现自己害怕的心理特点。

生：我们发现诗韵的画最美，不但色彩鲜艳，还构图饱满。

……

师：（小结）你们的作品表达了真情实感，都是成功的作品。如果想把画画得更好，就要学一学别人绘画的好方法。

（五）课外拓展，深化主题

师：今天，我们有幸欣赏了如此壮观的雨景，你们一定感叹大自然的神奇，可这样的景观是要靠大家维护的，因为从天而降的雨水是源于地面的，离开了它，人类就无法生存。你们知道为什么吗?

生：雨水浇灌庄稼，雨水滋润万物，雨水供养人类……

生：那天我看电视，知道土地缺水就会被风化为沙漠，我们的耕地就会越来越少。

师：所以我们要节约用水，保护我们赖以生存的环境。其实除了雨景，大自然还有很多奇特的景观，只要我们用心观察，就会发现美原来就在身边。

教学反思

在风雨中享受美

“风雨变奏曲”是岭南版美术第一册的教学内容，我及时抓住“突如其来的暴风雨”这一契机，引导学生亲历神奇的大世界，感受风雨粗犷的美，再现风雨的线条美，陶冶了学生美的情操。

一、亲历雨境，感受美

一节优秀的美术课应创设有效的教学情境，激发学生学习美术的兴趣，让学生感受事物的美。因此，许多教师创设了游戏表演、故事导入、音乐激趣、身临其境等方式吸引学生的注意力。而那天，我也计划带领学生走向大自然，让他们投身于五彩缤纷的校园，在大自然中学美术，感受生活中的红、黄、蓝。可惜天公不作美，下起暴雨，把我们困在教室里，我只能随机应变，及时调整策略。于是我抓住“突如其来的暴风雨”这一契机，用语言激励学生，引导学生亲历神奇的大世界，感受风雨粗犷的美，体验大自然给人带来的视觉艺术美感。没想到效果还不错，学生不但对风雨有了更深刻的认识，而且不再畏惧雷电，并发现雨景也很壮美。

教师上课虽然有备而来，但也要应对突发变故，对教学内容做适当改动。所以，教师在备课时，就得多角度、多方面预设问题，这样上课时才不致于被动。

二、模仿雨境，再现美

有生命的课堂始终以学生的发展为本。学生是学习的主人，他们轻松地探究与学习，而美术课堂就好像一个乐园，学生可以快乐地徜徉其中。在这节课里，我启发学生认识到：在宏观上，暴风雨是一种粗犷的美；在微观上，暴风雨是一种流动的美。为此，我引导学生观察雨水的变化，有风时，雨倾斜而下；没风时，雨垂直而下；雨滴时大时小、时长时短、时粗时细……这时，我告诉他们，我们可以模仿这些变幻莫测的雨滴线条表现雨景流动的美。经过点拨，学生会用变化多端的线随心所欲地画风雨，拓展了写生画的内涵及特征。

因为这节课教师临时做了调整，所以准备的参考资料可能不够齐全，学生虽然可以模仿实境创作线条，但要靠教师系统地归纳，水平才能提升，这对教师的绘画技能要求比较高。因此，教师就要养成平时积累知识的习惯。

三、绘画雨境，创造美

注重学生的个性发展，培养学生的创新能力是课堂教学的目的。在教学过程中，我始终关注学生的个性发展，让他们的创新思维得到展示。例如，在选择画面内容时，我鼓励学生截取印象最深刻的场景进行绘画，并启发他们展开想象的翅膀，把雨滴变成我们的好朋友。本来雨是无色无味、透明的，很难表现，这就要求我们利用参照物进行绘画，雨落在屋檐上，屋檐的凹陷处会聚集很多的水，并形成水柱倾泻而下；雨落在雨伞上，雨伞外雨点不停，伞下却没有雨滴；雨落在水泥地板上，会溅起更大的雨滴；雨落在植物上，叶子、花、细枝干会摇晃……与此同时，我们还可以把自己融进情境中，下雨很冷，人与花等植物也有感觉，人在打颤，花也跟着发抖，这就赋予了事物以生命。由于每个人的经历和感受都不一样，他们画出的雨景没有一张是雷同的，创造了五彩纷呈的美。

同一雨景很容易让学生产生错觉，以为要依葫芦画瓢地把风雨画下来。这时，教师就要引导学生从自身出发，既要把自己真实的感受表现出来，又要发挥想象力，把自己对雨滴的认识画下来，这样的画才有生机和活力。

四、交流雨境，评价美

在课堂上及时进行激励评价，让学生体验成功的乐趣，是课堂教学走向成功的一条有效路径。在这节课上，我先让学生在小组内评一评别人的画好在哪里，再以小组为单位张贴作品，师生共同评议哪些作品构图、色彩、线条用得好，哪些作品的某些地方欠完美，可以怎样修改等。这样，学生的个性得到张扬，并知道哪些地方可以继续发扬，哪些技法需要改进，再次燃起学生渴望学习更新更有难度的知识的激情。除此之外，交流的过程中他们欣赏了不同画家的绘画风格，还知道怎样的画面才美，审美能力在不知不觉中提高了。

一年级的孩子毕竟年龄小，在互评时未免有偏差，所以教师要为学生的评价指明方向：好作品首先要能体现出画者的生活经验和情感，其次要有新意（或独到之处），最后画面较熟练地运用了绘画技法。

以上所述，是我教学过程中习得的点滴体会。一节富有生命力的课是教师不断学习、不断积累、不断钻研的结果，为此，我会孜孜不倦地努力，让学生在一个宽松、和谐、平等、有趣的学习氛围中掌握绘画基础知识和基本技能技法，全方位地发展学生的自主能力、合作能力、审美能力、创造能力，进而健全人格，保留个性。

>>> 研究与思考

整体知觉，感受自然

李力加

岭南美术出版社出版的新课程标准实验教科书《美术》，是一套在编写思路上比较有特色的教材。整个教材的编写采用单元式结构，每节课的内容整合于单元主题的框架里，注重了课题内容间、学科要素与人文主题、美术文化与社会精神的关联。一年级第二单元是“神奇的大世界”，内容以“美与自然”为主题，教师要从动态的视觉感知活动切入教学，引导一年级小学生通过参与多视点的美术探秘情境，关注、热爱大自然，从而初步感悟到“美”是无处不在的，鼓励他们用自己的眼睛发现美、用自己的双手创造美，进而表达自己对美的感受。

吴艳红老师面对这个单元的宏观教学内容时，从中选择了大自然中的一个现象——风雨，进行优化设计，构成一个独特的教学课题，以拓展小学生思维入手，着力深入教学。这节课的设计，采用并借鉴了综合课程的方法，注意了事物间的关联性，在启发小学生整体感官知觉的基础上，对物象——风雨的变奏现象展开探索。

一、在情境中感受美的发生

研究知觉，首先要弄清楚的是感觉这个概念。对于人来说，感觉是直接与明显的：我感觉到了绿色，我感觉到了风雨。感觉绿色的是视觉，感觉风雨的有视觉、听觉、还有触觉，这是一种整体的感知。吴艳红老师的教学是由“聆听风雨声，感受大自然的魅力”，再到“观察风雨美景，体验大世界的奇妙”，这是身临其境的感受，或者是对情境的记忆唤起。而“大胆想象，拉近人与自然的距离”，则引导小学生的知觉进入对自然世界的意识；“绘画创作，表达自己的思想”，是一种思维调动后的创造过程，是由发现到表现的转化；“评价作品，产生环境保护意识”，是由感性的表达转向理性的思考。这个教学脉络的走向是比较严谨的，教学实施是在生成中发展的。因此，整个教学趋向一种完美的追求。

人的感觉体验，是一种生命过程，是动态成长的。“风雨变奏曲”的教学情境，前3分钟的设计是感受自然现象，但吴老师的目的在于引导一年级的小朋友们从自然现象里有所发现，在教学实录里6个孩子的话语，分别描述了不同的风雨中的现象，在这一现象的背后是吴老师要让孩子们提炼美术元素都有什么：有形态、有点、有线、有空间、有体积、有色彩、有肌理……但此刻，吴艳红老师什么也没有说，她是在引导孩子们自己说。

在这样的教学环节里，一年级小朋友们的话语并没有说出“美”这个字，但他们在对自然感受的诉说中已经在描述对风雨的美感，这是由小朋友们主观的感觉生发出的意念。

二、在发现中探索表现方法

在美术课堂上，对一年级的小朋友如何指导呢？他们到底会怎么画？他们如何表现风雨等自然现象呢？小学美术教师几乎都有过这样的教学经历。吴艳红老师在“启发引导，积极探究”方面用了10分钟，目的是让孩子们依据感觉自主表现。探索表现性方法需要参照艺术家的表现，吴老师在这个环节安排了随堂欣赏，引导学生在艺术家的作品里发现表现方式。例如，“用粗细各异的曲线表现瀑布和流水，黄色的是河水，白色的是瀑布。”“用旋转的线画浪花。”“用连绵不断的弧线表现麦浪。”有了这样的发现，学生的体验产生了一定的效果，在接下来的讨论与描述中，孩子们的思维被打开了：他们有了自己想如何表现的基本思路，有了一定的情境设想，也有了想象的心理图像。

按照罗恩菲德的观点，儿童的绘画表现是一种自我塑造的心理表达，不再是其视觉经验的表现。虽然在这节课的开始，吴老师让学生欣赏风雨的情境，孩子们的听觉、视觉有了一定的感受，但在孩子们想表达自己感情的时候，往往表现出的是对他自己重要的东西。此刻的讨论与描述，调动了孩子们的情绪，激发起他们想表现的欲望，所以，这个时候孩子们讨论出的表现方法已经让位于情感上的释放，他们要把自己的想法画出来。

这是一个非常重要的学习环节，一年级的孩子完成美术创作，一般都要经历这样一个情感被激发的过程。

三、关于知觉的整体性与表达的建议

吴艳红老师在本课的教学设计里提出了“在听觉、视觉的体验中发展想象力”，这是一个过程与方法的目标。一年级的小孩子是比较容易进入知觉状态的，课堂上教师调动他们听觉与视觉的整体感受过程，也能够唤起孩子们的学习热情。这里需要注意的问题是，在听觉、视觉的感受被唤起后，教师需要对其感受转化为表现的环节进行强化。例如，吴艳红老师确立的知识与技能目标为“能以直观的方式，感知大世界外形的庞大、线条的粗犷、色彩概括的美”，这个目标的达成，需要有一个课堂小练习的过程，让学生们都能够对表现方法有所尝试。具体教学过程如下：

1. 在10分钟的“启发引导，积极探究”时间内，要安排学生在黑板上进行自主的创意性表现，启发学生针对自己感兴趣的图片，借鉴艺术家作品中的表现形式，表达一下个人的感受，以此达到对表现方法的初步理解。

2. 还可以在这个环节里设立一个集体小练习环节。教师可发放一张纸，让全体学生都进行“练笔”。教师随即对部分学生的练习作业进行评价，以暗示孩子们什么类型的表现比较恰当，同时再列举几种新的方法。

四、美术课堂中表现方法的限制性与发散性

一般在一年级的美术活动里，美术教师已经注意了在技能表现中启发学生思维，防止单一性范画临摹造成的对学生思维的禁锢。这是非常好的一个教学指导原则。

但是，需要注意的是，在一年级的美术表现性学习中，还有进行表现方法的限制性教学要求。也就是说，在一节课里，需要规定工具、材料、表现形式，美术教师的指导是在这样的限制性中启发学生发散思维，创新表现方式的。这样的教学是有难度的。

例如，在“风雨变奏曲”这一课中，如果教师对工具、材料、表现形式有所限制，规定孩子们在确立的工具、材料范围内进行表现，而且对作画的方式也有所要求，孩子们的思维必然受到抑制。如用彩色水笔勾线条的时候，要求用深颜色的笔来画，这是一种限制性。这样限制的目的在于给孩子们一个“法”，但这一要求又有在使用中变化的余地，黑色、深蓝色、褐色、深紫色等都属于深颜色，小孩子能够有自己的选择。选择深颜色的好处，美术教师要告诉孩子们，深颜色的线条在白色的纸张上可以使画面的颜色整合，特别是当画面里有多种颜色的时候，深颜色的线条就起到一个统一画面色彩的作用。这样的要求给了小孩子们“法”，又让他们在采用“法”的过程中自主选择，是有法到无法之间的创造性尝试。

这只是一种要求，还有很多限制性表现的方法。艺术创作给人类创新的一个最重要的启迪就是，艺术家总是能够在限制性中找到自己创新的方法与思路。美术教师要从一年级开始就给予孩子们这样的教育和引导。

五、教学评价的常态化追求

这个问题并不是针对本节课提出的，而是整个美术公开课教学里经常会出现的问题。当然，本节课的教学也进入了一种基本的评价模式。例如，“评价作品，产生保护环境意识”列入本教学的最后一个环节。当然，这样的设计是合理的。教师们会说，学生作业没有出来的时候，怎么能够评价呢？终结性的评价是需要的，但也需要创新评价的形式。

教学评价的常态化追求是一个目标。美术教师在教学设计的时候可以思考，如何才能打破套路式的终结性评价方式，包括时间分配、基本程式

等，从而使评价更自然地融合在教学的整体过程里。

例如，在学生作业的表现过程中，教师要随堂选出几份学生作业，即兴点评，引导其他学生的表现，这样的评价需要大大加强。在终结性评价中，可以针对学生的表现，教师再进行现场表现性的讲解及局部示范（黑板上或实物投影仪下），为下次的课堂学习指明方向。这样的评价是留下学习表现的伏笔的，能够让学生产生新的联想。

21

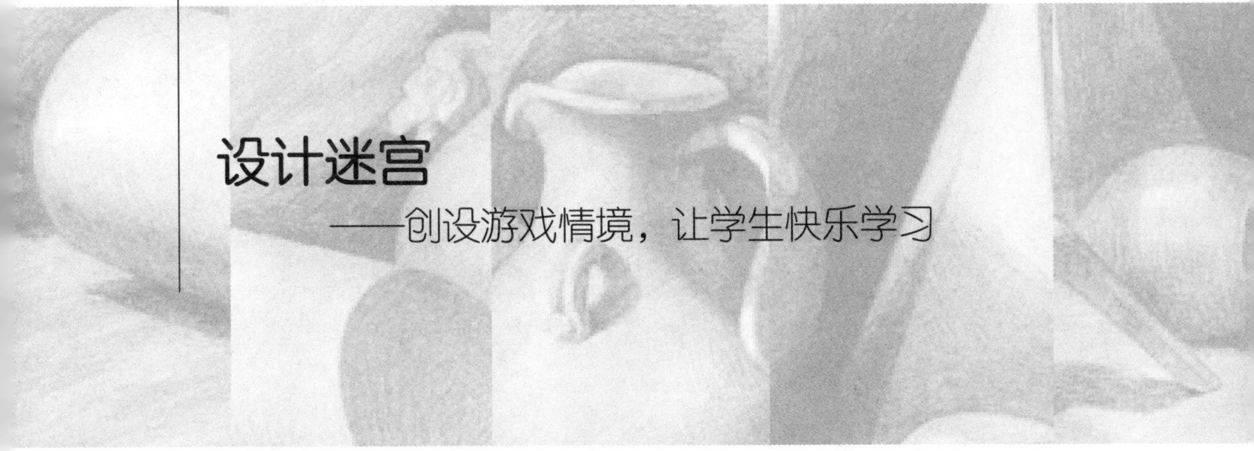

设计迷宫

——创设游戏情境，让学生快乐学习

>>> 名师课堂

“设计迷宫”教学实录（四年级）

蒋孟英①

（一）体验迷宫

（多媒体出示平面迷宫，带领学生游戏）

师：同学们，喜欢玩游戏吗？你们能在15秒内从这个起点走到终点吗？开始！5秒……10秒，倒计时开始：5、4、3、2、1，游戏结束！

师：（指一生）我看到你用了5秒就举手了，采访一下：你为什么这么快？

① 蒋孟英，小学高级教师，长沙国防科大附小美术教师。

生：我是先从终点开始的。

师：原来你有绝招啊！（课件出示正确路线）刚才你的路线是这样的吗？

生：是！

（二）了解知识

师：刚才我们玩的游戏叫什么？

生：迷宫。

师：大家都知道是迷宫，那什么是迷宫？

生：有很多弯曲的路线，要你去找，找到出口。

生：有一个终点，你要从起点出发，走很多路，到达终点。

师：迷宫是对结构复杂、道路难辨、进去后不容易找到出口的建筑物的总称。

1. 介绍米诺斯王宫

师：大家看，这是米诺斯王宫，是传说中最古老的迷宫。它位于地中海的岛屿上，据说宫内道路错综复杂，不论是谁，一旦进去，就找不到出口。后来有人仿照这种迷宫建筑创造了平面的迷宫图，就有了刚才玩的迷宫游戏。

2. 讨论分析，方法讲授

师：（课件出示四幅不同的迷宫图）这些各不相同的迷宫有什么共同之处？（根据学生回答，用课件演示起点、终点、通路、岔路、堵路）

生：有起点、终点和复杂的路线。

师：你说了两点（结合课件）：起点和终点；红色路线是唯一一条可以到达终点的路线，取个名字吧——

生：就叫往返路吧。

生：出路。

生：成功之路。

师：这些名字都很好！总之只有一条通向终点。那像这样的呢？（出示图片，略）

生：十字路。

生：岔路（多媒体出示“岔路”这一名词）。

生：还有障碍物。

师：这个名称很专业哦！这里的障碍物是什么？

生：怪兽。

师：（课件展示）我们来看看这个城堡迷宫的障碍物是什么？

生：僵尸。

师：岔路上设置障碍物后怎样了呢？

生：不通了。

师：叫——

生：死路。

师：死路或堵路都可以（多媒体出示“堵路”这一名词）。

师：刚才同学们总结了三点：起点与终点；复杂的路径，包括通路、岔路、堵路；还有障碍物。除此以外，你们还发现了其他共同点吗？

生：还有那种环形路，走一圈又回来了。

师：啊！环形路可是高难度的复杂路线。不过我们已经讨论过迷宫路线了，你们还发现了其他共同点吗？

生：还有背景。

师：（课件展示）在这幅迷宫图里，背景包括哪些？

生：云朵。

生：大石头。

生：星星。

生：城堡。

生：草地。

师：同学们观察得很仔细。请大家想一想：如果我们把这些浮石、云朵、城堡等背景通通都去掉，只留下路线，会怎么样？

生：不好看。

生：很单调，没意思。

生：那就不好玩了。

生：这样的迷宫图就没人买了。

师：看来好的迷宫不能缺背景。

3. 小结

师：谁能总结一下，好的迷宫需要什么？

生：起点与终点、通路、岔路、堵路、障碍物、背景。

师：（多媒体出示板书）好的迷宫需要有：起点与终点；复杂的路径包括通路、岔路、堵路；障碍物；相关背景主题。

还有一点刚才我们没有说到——主题。（多媒体再次出示古墓迷宫）这个迷宫的主题是什么？

生：小男孩在古墓里面寻找古墓之谜。

师：（出示8幅主题图片：向日葵、汽车、鞋子、猴子，等等）如果你们来设计迷宫，你们会选哪个内容作为你的迷宫主题？

生：那两只鞋子。

师：能不能说具体点？起点、终点，鞋子怎么样？（生沉默）

师：这位同学选好了内容，但还没想好，谁来帮帮他？

生：一只蚂蚁碰到大鞋子，逃出去的故事。

师：真有趣！

生：美人鱼带着小鱼找珍珠的故事。

师：很美的故事！

生：迷宫的外形是向日葵，维尼熊在起点，终点放着很多蜂蜜。

师：哇！你的设计真巧妙！除了这8个内容外，你们还能想到别的主题吗？

生：我喜欢奥特曼，他要经过复杂路线去博士家里研究一些武器打败怪兽。

师：（竖大拇指）好主意！

4. 示范制作方法及步骤

师：最近，老师经常听小朋友唱“虽然我只是一只羊”。

生：喜羊羊！

师：我们把喜羊羊放在起点（进行示范），终点设置什么？

生：灰太狼。

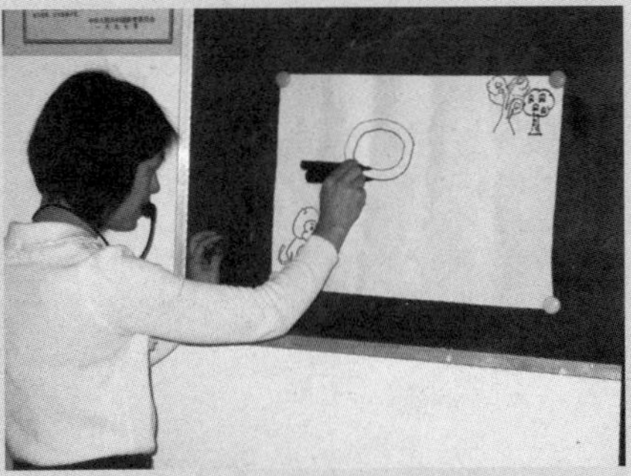

生：美羊羊。

生：羊村。

师：起点、终点设置好了，接下来要干什么？

生：画路线。

师：大家看老师的笔——

生：两支。

师：取个什么名字呢？

生：双头笔。

师：（示范）先任意画一条路线作为唯一的通路，注意中间留几个缺口。想想：留缺口干什么用？路线拐弯时可以像这样改变手的方向，也可以转动纸张，然后从缺口处添加岔路，并且在部分岔路上设置障碍物，障碍物可以设置什么？

生：红太郎。

生：灰太狼的亲戚。

生：炸弹。（师添画炸弹）

师：路线、障碍物画完了，请大家帮我检查路线是否合理，有问题吗？

生：没有。

师：接下来该到哪一步了？

生：添画背景。

师：这是一位同学设计的摩尔庄园迷宫，我们来看他添画了些什么背景？（多媒体演示背景添画过程）

生：房子……树……庄稼……

师：添画背景可能比较费时间，这一步能不能省？

生：不能！

师：然后着色完成（多媒体出示着色后的摩尔迷宫）。

师：说到这里，大家是不是想自己动手了？今天请同桌同学合作，设计制作一幅既好看又好玩的迷宫图，别忘了用上老师介绍的“双头笔”。

（三）设计创作（略）

（四）评析作品

师：哪个迷宫最吸引你？为什么？

生：陈思齐的迷宫外形是一座塔，孙悟空要到塔顶才能拿到《练功宝典》，我觉得很新颖。

生：程奕铭的《耳朵里的迷宫》很有趣，而且黑底色上的彩色路线和小人很鲜艳、很漂亮。

师：每一个迷宫都有自己的特色，老师注意到这个迷宫不光有障碍物，还有奖励，你喜欢吗？

生：有障碍物，还有奖励，更好玩！

（五）拓展

师：（出示一张迷宫图）老师这儿还有一个有点儿特别的迷宫，它特别在哪儿？

生：有很多立体的房子。

师：有一件辅助工具帮助这张迷宫图形成了迷宫路线，是什么？

生：梯子。

师：生活中还有哪些东西也有这种功能？

生：绳索。

生：藤。

生：桥梁。

生：秋千。

师：希望同学们课后能设计、制作出更多新颖、有趣的迷宫，一起玩一玩。刚才我们谈到的迷宫更多的是一种游戏。（用多媒体出示水上迷宫、向日葵迷宫、充气迷宫、迷宫地毯、迷宫手包、迷宫蛋糕）大家看这是江苏的水上迷宫乐园；这是德国的向日葵迷宫，里面种满了比人还高的向日葵；这是儿童爱玩的充气迷宫；这个呢？

生：地毯，画上了迷宫图案。

生：手包。

师：吃过迷宫形状的蛋糕吗？

生：没有。

师：老师也没吃过。其实迷宫与我们的生活有着千丝万缕的联系，只要我们细心观察、用心创造，我们将会拥有更多美好而有趣的东西！下课。谢谢大家！

>>> 教学反思

美术课堂里的探究学习

“设计迷宫”是湘版小学美术教材第八册的内容，属于设计应用的范畴。一看到教材的这部分内容，我就觉得孩子们会喜欢。因为孩子们对迷宫游戏很熟悉，有的孩子甚至有很多本关于设计迷宫的图书，而且设计完以后还会当玩具和同学玩。“兴趣是最好的老师。”所以，接到教学比武的通知后，我毫不犹豫地选择了这一内容。

迷宫的组成要素是本课重点、难点所在，但是对于四年级学生来说，应该能够通过观察、讨论总结出来。所以，我在教学设计时初步确定教学分以下6个环节展开：体验迷宫→了解知识→讨论分析，方法讲授→设计创作→评析作品→拓展。其中，学生自主观察、比较、讨论、探究，从而总结迷宫的组成要素是非常重要的一个环节。这一环节主要以学生的观察、讨论、探究的学习方式进行，而且这种探究的学习方式使师生间的互动贯穿整节课，也成就了本课的亮点。

一、收放自如，开阖有度，把握调控艺术

小学美术课的课时就40分钟，在新课程理念下，学生完成学习任务，是需要不断交流、探究、合作的，而这个过程往往是一个循序渐进，由浅入深的过程，那么如何调控和把握时间？这就要求作为引导者的教师，懂得调控艺术，在教学时做到收放自如，开阖有度，在能够引发学生思考的地方一定要放，让学生充分讨论、交流、探究，尽情地享受驰骋思维的乐趣；但当学生已完成了这个思维过程后，就要及时收，像这节课中的讨

论，当学生的描述处于不断重复时（生：还有那种环形路，走一圈又回来了。生：有很多路口，走几圈又会绕回去的那种路线。），就要及时进行下一个环节（师：啊！环形路可是高难度的复杂路线，不过我们已经讨论过迷宫路线了，你们还发现了其他共同点吗？），用新的信息再次激发学生新的思维。只有这样开阖有度的教学过程，才能在完成一节课的教学任务的基础上，注重学生交流、讨论、探究的体验过程。

二、关注个体差异，促进整体的全面发展

首先，个性化学习是新课程所提倡的，这里个体与个体之间的差异既指学生个性化学习带来的差异，也包括发展快的学生与发展慢的学生之间的差异，这种差异在探究的学习方式中越来越明显，特别是学生发展快慢之间的差异。如要学生跟小组里的同学说说自己选的迷宫主题，然后让他们在小组内互相讨论、整理思路，这时候，有些孩子能够畅所欲言，而反应慢的孩子则呆坐一边默不作声，这种差异会带来整体发展的不协调。此时，教师就要走过去轻声询问，并鼓励其大胆发言，虽然他可能说得不完整［比如，生：那两只鞋子。师：能不能说具体点？起点、终点，鞋子怎么样？（生沉默）师：这位同学选好了内容，但还没想好，谁来帮帮他？］，但却是良好的开端。其次，学生自主、合作、探究中的一些细节和具体的方式还有待解决。教师应教给学生合作的方法，把不同个性、不同特长的学生组合在一个小组，如两人合作设计制作迷宫，可以两人分工合作，分别负责路线和背景，让他们互相融合、互相学习。

美术是一门特别的学科，它能让学生学到绘画与制作的本领；能培养学生的综合能力，发挥学生在各个方面的才华；能使学生感受美；能使学生热爱学习。在本课教学中，我秉持着以学生发展为本的观念，使学生成为学习的主人，更注重学生在学习过程中的探究，让他们学得轻松，学得快乐。所以，下课时，学生满怀期待地问我什么时候还能再给他们上课，这是对我最大的鼓励。区教研员罗炜老师说，“我们几个评委在听这一课时有眼前一亮的感觉。”市教研员宋子正老师对我说：“你的那份从容令人难忘！”

这种观察、讨论、合作探究的学习方式适用于小学美术课堂教学中的

很多内容。在以后的教学工作中，我将进一步探索学生思维的多样性、开放性与准确性、完整性之间的问题。这是“设计迷宫”一课教学中被我忽略但是已经浮出水面亟待解决的问题。

>>> 研究与思考

设计生活，快乐成长

李力加

美术新课程改革后，美术学习的内容发生了较大的变化。关注现实生活、联系儿童情感世界的学习课题比较多地出现在美术课堂上。蒋孟英老师的“设计迷宫”就属于这类学习内容，这也是孩子们比较喜欢的教学主题。

谈到“设计”，几乎所有的孩子都能领会其大概的含义，例如，孩子们经常把“设计”这个词语挂在嘴巴上，动不动就会以设计冠以名头，所谓的“设计生活”“我来设计”等。设计，这是一个大概念。按照尹定邦先生的观点：“如果我们一定要追溯它的起源，我想，那些生活在远古的先人们，当他们或者他们当中的某一个人，用一块石头砸向另一块石头以便打造出有某种功能的工具时，设计就在这一瞬间自然而然地产生了。”① 当然，在小学生的美术课堂上，美术教师也无须把设计这个概念让小孩子背出来，但特别要重点关注对他们设计思维的引导。“设计其实就是人把自己的意志加在自然界之上，用以创造人类文明的一种广泛的活动。”②

一、视觉辨认与生活

“设计迷宫”这一课的教学，以我的体会，教学重点应确立在开发、引导孩子们艺术的视觉发现这个目标上。最早提出这一目标的是著名的贡布里希先生。实际上，这一课的学习最直接的应是引导孩子们进行一种图像知觉。有了视觉发现，特别是艺术的视觉发现，在小学生的思维方式中，设计的意识就占据了主要地位，看问题的时候，就能够将其贯穿其中。

---

① 尹定邦，《贡布里希论设计》，长沙：湖南科学技术出版社，2001年版，第1页。
② 尹定邦，《贡布里希论设计》，长沙：湖南科学技术出版社，2001年版，第1页。

在“设计迷宫”的学习中，蒋老师花费了相当多的时间与学生讨论，关注的焦点虽然在每个具体的问题上，但其本质依旧是孩子们的眼睛（视知觉）与图画再现之间的关系。学生们在蒋老师的引导下，发现迷宫“有很多弯曲的路线，要你去找，找到出口”。视觉辨认成为学生需要首先解决的问题。蒋孟英老师用多媒体出示四幅不同的迷宫图，其最终的讨论结果还是集中在起点、终点、通路、岔路、堵路等这些让孩子们看上去眼睛发花的路线构成里，这些交错的路线使孩子们的视觉产生了错觉，也就影响了他们对迷宫的具体识别。

视觉辨认，是人人都要经历的生活体验。在这样的体验中，人们通过辨认产生发现。在人的生理上，有一种对“模仿”能够产生快感的习惯性知觉。人总是一边看，一边学习，并且迅速地推断出眼睛所看到的是什么，这样的快感属于每个人。但是，“迷宫”的图形，是出于与人的习惯视知觉的对立而设计的，当孩子们在看迷宫的时候，自己的眼睛必须时时处在辨认的状态里，在这样的视觉反应中，孩子们常常会产生错觉，于是，这样的课题正好对应了贡布里希先生研究的重要问题：艺术与错觉。

尽管每个孩子的辨认都是一种记忆活动，但在辨别“迷宫”的时候，它不能和记忆的另一个方面——自己的会意能力混淆起来。辨认和回忆的区别在于，当小学生的眼睛在辨认迷宫的某个局部图形时，尽管此刻很难回忆起到底是岔路还是起点，但有时候还是会根据原来有过的视觉经验回忆做出自己的决定：这是什么……

从这一分析看，“设计迷宫”的课题在美术课中的意义不言而喻。当在人的视知觉过程里，出现了一个陌生的形态成分，并扰乱了人的视觉过去熟悉的景象时，人会感觉心烦不安。这也就是在视觉图像社会全面到来的今天，学校的美术教育功能——引导学生合理地使用自己的眼睛，以便能够在千姿百态的世界中发现和分辨出问题。

二、设计自己的生活

“设计迷宫”这一课的美术表现是，学习设计复杂的迷宫路线。当小学生有了比较清晰的视觉辨认基础时，用彩色水笔或者铅笔来完成具体的迷宫设计，就会感觉比较容易把握。由于这个课题本身与学生们的生活联系比较紧密，孩子们在日常生活中也经常能见到类似的迷宫游戏。因此，在课堂学习中，美术教师能够在视觉辨认的思路上打开学生们的思维，这样他们操作时难度也不会特别大。

具体表现中的问题是，教师在教学中要设立用笔的限制性，比如，彩色水笔，要求学生在限制中求变化，出新意，这样才能保证作业有意思。在添加迷宫背景的表现方面，最大的问题还是出在对教学时间的把握上，可否考虑本课教学前面的讨论研究时间再缩短一点，以给学生们留出更多一点的时间，保证孩子们的作业能够表现得更丰富。

教学拓展的部分可以这样考虑：是否在课结束前安排家庭作业这样的环节，请同学们按照本课学习的设计迷宫的基本思路，结合自己生活里的爱好，设计新的迷宫图形（例如，由自己家到学校或者是到某个自己喜欢去的娱乐场所的路线图）。这样的学习内容，孩子们喜欢、有兴趣，自然也就有连续表现的动力支撑自己不断学习和表现。

在小学的美术课堂教学中，教育价值的取向不同，教师的教学设计也是迥异的。如果教学设计是着力于“学案”的设计与实施，把小学生置于教学的中心地位，课堂上就要使孩子们的“独立思考”“小组思考”“全班思考”贯穿教学的全过程。通过反复讨论、研究、思考，引导小学生逐渐达到美术教师所期望的思想境界。这样的教学设计是为了学生的快乐成长与发展的。而有些美术教师的教学设计是一种着力于自己“教案”的设计与实施，这是以教师为中心的“教学思路”，这样的教学旨在按照美术教师预设的某种逻辑顺序，为小学生们铺就课堂上的学习之路。可以看到，前者的课堂学习是由小学生们讨论、自己独立创作来完成的，而后者则是由美术教师预设的。蒋孟英老师“设计迷宫”课堂教学的实践，为我们比较清晰地分辨出在不同教育观下的美术课堂图景，其最终的目标走向是什么样的。优秀美术教师的课堂不是由教师的力量来推动教学的进程，而是借助小学生们的内在力量来创造教学，这就使学生们摆脱了某种控制力的设计与影响。

论证：美术课堂教学即研究

李力加

问题：美术课堂教学是什么？

一、教学即研究，而非现成美术知识和技能的传递与训练

在基础学校美术教育的第一线，美术教师的课堂教学与教师的美术教育研究应该是完全融为一体的。中小学美术教师依据自己的课堂教学实践本身做研究，或者直接把美术课堂教学变成自己的研究课题是非常重要的。很多美术教师经常说，我不知道应该如何做教学研究，有的说不知道做什么样的研究。希望你读了这本书后，能够在21位名师的课堂教学实录文本里，在其教学反思的字里行间，领悟到这样的道理：中小学美术教师的教育研究，时刻都“嵌入”在自己日常的美术课堂教学实践中，美术教学研究本身就是自己教学的内容。因此，时刻关注自己的日常课堂教学细节，并对其展开思考，寻找改进、调节的方法、策略，就是美术教师的教育研究。在这个研究中，既研究学生，又研究教师自己，研究围绕的主题都在课堂教学中。如果围绕着这些细节、问题、方法、策略再读书思考，并撰写论文，提出相关课题，那就是更深入、更高层次的研究。

中小学美术教师，如果把自己日常的美术课堂教学和教育研究割裂开来，必然会造成异化教学，进而异化美术教师和学生。当前，有关这种“割裂”的观点有两种：一是认为，研究“美术学科知识”应该是美术学科专家的事，美术教师在课堂上只要等着“传授”美术知识和技能即可，不必也不用去研究“美术学科知识”；二是认为，研究美术课堂教学，即是去寻找美术课堂的“教学规律”，一经找到这个“规律”，即可将其转化为某种教学的“规则”或“规范”，从而可以一劳永逸地遵循或应用，而美术教师的课堂教学过程本身无须再去研究。上述认识，其目的在于控制教学。这两种“割裂”有着共同的错误根源：基于“工具理性”

的理论来控制美术教师及其课堂教学的鲜活性。在这种观点看来，美术教师只是一个传递美术知识和技能的“工作者”，而非是一个“美术教育研究者”；美术课堂教学只是“传授”学科知识，而非“研究”教育学问。对这个问题的思考，可以从本著作中美术特级教师魏瑞江的教学反思中得到启示：魏瑞江老师对于美术课堂教学的认识，是站在学生成长、教师发展、课程研究整体的高度上，对自己的每节课都以研究教育学问的态度来要求自己，对教学进行深入的思考。他的成长就是由普通美术教师转化为美术教育研究者的过程。

二、“课堂教学研究”过程是课堂教学中创造新知的过程

这种“新知”包括下列几个方面或因素：

1．美术教师基于自己的经验和知识，对所教授的“美术学科知识”重新进行研究，课堂教学中，美术教师不能把教材里现成的素材拿过来照本宣科。

2．美术教师对所教美术学科之相关问题所进行的“跨学科”研究，即探讨别的人文学科是如何理解课堂教学里“某个”问题或与之相关的问题的。

3．美术教师对所教授的美术课程与社会、生活“适切性”的研究，即“美术学科知识”与社会及生活的互动的实质及表现。

4．美术教师对学生关于美术的理解和如何学习美术的研究，既包括所有学生对美术学科共同的理解，又包括每一个学生对美术独特的理解。

5．美术教师基于理论文献和自己的课堂观察，研究美术课堂学习中的学生（儿童）对自己的教学有何种心理反应。

6．美术教师基于理论文献和自己的课堂观察，研究整体美术教育与社会的关系。

美术教师的教育研究是将上述的这些“新知”因素整合起来，使之表现为具体而鲜活的课堂教学，最终指向学生的个性发展和美术教师的专业成长。

尤其需要指出的是，美术教师的“课堂教学研究”有自身的独特内容和呈现方式，有自身的内在标准。倘若用美术学科专家和大学、研究机构从事专职美术教育研究的研究人员的研究标准，来衡量美术教师的“课堂教

学研究”，必然会扭曲、损害美术教师的“课堂教学研究”和专业身份。本书中21位名师的课堂教学研究，展示了这个独特研究领域的特点与研究方向，既有特级美术教师的思考，又有担任教研员后的教师对课堂教学的研究，还有身居领导岗位的美术名师对教学的理解、分析，更多的是基层美术名师对美术课堂教学实践不懈的研究与追求。例如，本书中李启云老师的教学文本，孙飒老师的教学反思，朱敬东、朱国华老师的教学文本，都在各自的美术课堂教学中展开了创造新知的研究，进行了有效的探索。由此，可以管窥我国中小学美术教师课堂教学这个方面研究的现状。

三、基于学生知觉体验的美术课堂，是创造美术文化的过程

当美术教师的课堂教学研究回到美术课程的本质上思考时，美术课堂教学就是美术教师与学生精神生命的体现，其核心是，美术课堂上美术教师和学生能够释放自己的思想，注重切身的体验。在这样的课堂上，无论是美术“学科知识”还是社会生活，均是美术教师和学生创造自己思想和体验的现场。

21位美术名师的课堂教学实录，验证了这样的道理：课堂教学是美术教师和学生集体创造美术知识与文化的过程。无论是“美术学科知识”这样的“有结构的领域”，还是社会生活这样的“无结构或弱结构领域”，它们在课堂上只有成为美术教师与学生共同质疑、探究、理解和创造的对象的时候，其教育价值才能得以发挥。因此，重新建立基于学生知觉体验唤起的美术课堂，是达到这一教学目标的必由之路。当美术课堂上学生的知觉体验被唤起的时候，师生之间持续的倾听与对话、观点的冲突与辩护、探究与实验、同情与理解等反思和体验的过程，使得“美术学科知识”和社会生活作为课程与教学资源，转化为美术教师与学生的“个人知识”，美术课堂教学的理智探究价值和教育价值得以融合，这就是美术课堂教学的创造本性。一言尽之，美术课堂教学即创造新知的过程。

在学生知觉体验被唤起的美术课堂上，学生在美术教师的指导下，在与同伴合作的过程中，在课堂上创造美术文化的“新知”。学生的“新知”包括：

1．学生基于自己的生活经验和知识储备，对美术学科知识与技能所

建构起的自己的理解、思想和体验。

2．学生将美术学科知识运用于社会和生活的过程中所建构的主体意义和社会价值。

3．学生在美术学习中探究、体验、服务自身生活，以及在与成人共享的生活的过程中，所建构的对生活理解、探究的能力和热爱生活的情感。

无论是面对美术学科知识、技能还是生活，美术学习的本质都是探究与创造。衡量学习是否发生的基本标志是：学生是否在美术课堂学习的过程中产生了自己的思想和体验。在美术学习课堂上，让学生在探究美术学科知识和生活关联的过程中不断生成精彩观念和美好体验，逐步理解与传承美术文化，最终指向创造个性的发展，是美术课堂教学的根本目的。

我国中小学美术课堂教学存在的问题是，美术教师们受“灌输中心的教学”影响过深，课堂上过分强调对教学的控制，教学定型化的倾向抑制了学生的思维发展，特别是在常态的美术课堂上，学生的美术学习成了单一的画的或者制作的训练。虽然新课程改革已经进行了9年，但课堂教学实践依旧缺乏“对话中心教学”的创造性特征，对儿童的主体性，课堂上的师生对话、参与、合作等强调得还很不够。本书推出的21位中小学美术名师课堂教学范例，为改善这一状况，提供了最好的实践与诠释。

四、美术教师的课堂教学研究即对美术教学的深入理解

教学，是人类特有的现象，围绕这一现象，形成了一个专门的“教学研究领域”，其从业人员主要是大学教育学专业的教授和研究机构的教育研究者。由于这些教学研究者一直信奉一个观念，即学科教学里存在普遍适用的“教学规律”，因此找到“教学规律”并一劳永逸地控制教学、提高教学效率，就是教学研究者的使命。美术学科教学同样也受制于这个观念，认为在中小学美术课堂教学中也有这样一种规律。

但是，随着时代的发展与进步，100多年来，世界范围的教学研究已经发生了太多的变化。特别是在1986年以后，研究者发现了这样的问题：学校教育中，普适性的教学规律、原理或原则，实际教学中根本不存在。学生是不一样的，学校也是不一样的，即便使用同样教材，上同样主题的课，也不可能用一样的教学方法。在中小学的美术课堂教学中，到底有没

有那些普适性的教学规律、原则以及原理呢？实践证明，美术课堂教学里所谓的“普适性”是为了达到普遍控制课堂学习的目的而制造出来的概念框架，原本是一些人在追求某种“技术理性”的套路，想用一种方式套用在所有学生的头上。美术的人文性质，呈现出对结论的多元解释，尽管“普适性”的美术教学规律或原理自我宣称“价值中立”，但其实质是试图控制课堂与学生，美术学习目标的“普遍主义价值观”对于评价美术课堂教学显然不合适。

当今世界的教学研究领域，已经进入“范式转型”或“概念重建”后的教学研究这一层面，开始寻求对课堂教学的多元理解，因为“理解”原本就是课堂教学的内在特性。对于中小学美术课堂来说，当今与未来的目标是，走向理解的美术课堂教学研究，致力于恢复美术课堂教学和教学设计的历史性、理论性、批判性和建构性。本书中的21位中小学美术名师，带来了各不相同的美术课堂教学，这些鲜活的教学实录文本和他们的教学反思，都从不同的角度阐释了该学科教学研究领域已经发生的变化。读了21位美术名师的课堂教学，能够让我们对美术课堂教学研究有更深入的理解。

钟启泉先生有一段很精彩的论述：“我欣赏建构主义的主张——‘我思故我在’，我更欣赏社会建构主义的主张——‘我们思故我们在’。真正的学生的学习是如此，真正的教师的研修也是如此。我们需要在‘我的思考’和‘我们的共同思考’之中，不断锤炼心智，不断重建概念，不断改造我们的知识观、学生观、教学观，打造教师的一双慧眼——这就是作为革新的教育工作者应有的姿态。”[①] 21位中小学美术教学名师，已经将他们的思考展现给我们。因此，“我们思故我们在”，在对美术教学的深入理解中，打造美术教师的一双慧眼。

小结

人类历史上积累下来的璀璨的美术文化知识，在中小学美术课堂上，能仅仅用一套办法简单地把它传承下来、机械地记录下来吗？答案是：不

---

① 钟启泉，《打造教师的一双慧眼——谈“三维目标”教学的研究》，全国第四届有效教学理论与实践研讨会主题报告，http：//www.kcs.ecnu.edu.cn/newsDetail.asp?news_id=311。

能。大家都明白这其中的道理，学校美术教育，一定要让学生们过有意义的探究生活。如何探究？那就是在美术课堂上一定要有知觉体验。体验是什么？体验是学生在美术课堂上不断地发现。美术课堂上的知觉体验，并不是学生临摹了什么，也不是学生完成了什么作业，而是一个学生在美术课堂上发现了什么。学生在美术课堂上有了知觉体验，产生了一定的境界，产生了一定的思考和问题，才是真正意义上的体验，境界是心灵中所呈现出的事实，不是简单的去画什么、做什么。

实现具有知觉体验的美术课堂学习有两个途径：一是学生对美术课程中任何一个门类的美术学科知识、元素的把握过程，都是联系了既有的知识体系和经验，自主地同知识发生关系（联系）、重组先行知识，用来解决问题，达成探究学科知识、体验学科知识、创造学科知识的目的；二是不能空谈什么体验，说学生已经体验了，如果没有发现那体验就是假的。发现，就意味着美术课堂学习中的这个境界是我所创造的，是独特的、是唯一的、是无法重复的、是一个新颖的东西、是新的世界。美术教师的教学研究要思考如何调动学生的实践经验，去习得从生活经验中不能自然地掌握的概念，实现美术学科知识的结构化。

有教育良知和专业良知的美术教师，必须对学生进行独立的思维教育引导。所谓的独立思维，就是教师想问题的时候需要从孩子（学生）的角度出发来思考问题，而不能从特定时期的意识形态角度出发思考问题。教师是什么？我界定，教师是儿童的研究者。

后　记

基础学校的美术（艺术）教育，是一个人一生成长发展中不可或缺的教育。但是，由于历史的原因，学校美术教育一直没有得到其应有的地位，中小学美术教师长期以来属于基层学校中的弱势群体。虽然自从基础教育美术新课程改革以来这样的状况有了极大的改善，但中小学的美术课在整个学校课程中的地位依旧偏低。在这样的现实中，有相当一批中小学美术教师为了艺术教育与人的全面发展这一目标，为了自己所热爱的基础学校美术教育事业，默默地、扎实地、百折不挠地对美术课堂教学进行研究。近年来，各地涌现出很多省级美术特级教师、学科带头人、教学名师，同时，他们还获得了全国五一劳动奖章、劳动模范、全国优秀教师等荣誉称号。他们最拿手的课堂教学是其取得显著成果最重要的标志。本著作中所收录的21位中小学美术名师及其课堂教学，就是这样一批国内美术教育领域的佼佼者及其教学成果。为了推进全国中小学美术课堂教学的研究，促进中小学美术教师的专业成长，《名师如何炼就名课（美术卷）》向人们展示了基础学校美术名师们不懈的努力与追求。

钟情于中小学的美术课堂教学，这个情结与自己的成长、文化背景有着紧密关系。在中国的整个美术教育领域里，能够参与教学并研究的人为数不多，自己是一个幸运者，可以经常在这些领域里亲自实践。因此，主编一本中小学美术名师课堂教学研究著作的念想，时常萦绕在自己的思绪里。可喜的是，21世纪走完第一个10年的时候，这个目标得以实现。

在西南师范大学出版社及北京策划中心确立选题后，我分别与各省市自己熟识的美术名师联系，并通过几个省、市美术教研员推荐，最终确定21位名师的名课入选本著作。由于我身在浙江，服务于本省的基础学校美术教育，因此著作中浙江省的美术教师占多数，这也从一个侧面反映了浙江省对美术名师培养的重视程度，全省至今已经有10位美术特级教师。

接到出版社的邀请函后，每位美术名师都特别认真地准备了自己的教学文本，这是相当不容易的。各位美术名师有的担任教研员、有的担任学校校长以及各级领导，他们的日常工作任务非常繁重，为了按照出版社规定的时间高质量地完成教学实录文本和教学反思，他们付出了相当大的努力。正是由于各位美术名师的精彩教学，激发了自己对其教学案例研究的激情，我深刻地体会到，为他们的教学进行解析的过程，就是自己向名师学习的深刻体验场域。

对中小学美术课堂教学的研究，我主张在大教育观、大文化观、大艺术观的基础上，以整体课程的视野看待每个教学细节，本书中我撰写的“研究与思考”栏目就是按这样的思路进行的。写作的过程，要求自己同时进入阅读状态，使读书学习与对教学案例的研究融为一体。因此，为每位美术名师写出的文本可以说都是读书学习的成果。当然，本书中所阐述的对中小学美术课堂教学的思考、观点，仅仅是自己学习过程之感言，如有不当之处，恳请读者批评指正。

感谢浙江师范大学美术学院徐佳美、史利嫦、杨蒙蒙3位同学为两位名师做现场教学实录。感谢国家《美术课程标准》研制组组长、首都师范大学美术学院博士生导师尹少淳教授欣然为本书撰写序言。

李力加

2009年岁末于浙江师范大学丽泽花园

2010年初秋日修毕于齐故地北海